MÔN, CYMRU A'R BÊL

Osian
Roberts

I Mam a Dad.
Diolch am y cartref a'r sylfaen berffaith i mi,
ac am y cariad a'r gefnogaeth ddiamod wnaeth
fy ngalluogi i droedio fy llwybr unigryw fy hun.

MÔN, CYMRU A'R BÊL

Osian Roberts

HUNANGOFIANT

GYDA LYNN DAVIES

Argraffiad cyntaf: 2016

Dymuna'r cyhoeddwyr gydnabod cymorth ariannol
Cyngor Llyfrau Cymru

Llun y clawr: David Rawcliffe, Propaganda Photo
Cynllun y clawr: Y Lolfa

Rhif Llyfr Rhyngwladol: 978 1 78461 227 6

Cyhoeddwyd, rhwymwyd ac argraffwyd yng Nghymru gan
Y Lolfa Cyf., Talybont, Ceredigion SY24 5HE
gwefan www.ylolfa.com
e-bost ylolfa@ylolfa.com
ffôn 01970 832 304
ffacs 832 782

Palais des Congrès, Paris, 12 Rhagfyr, 2015

Mae'n noson gyffrous yma wrth i Ysgrifennydd Cyffredinol UEFA, Gianni Infantino, gychwyn ar y seremoni fydd yn penderfynu pa wledydd fydd yn chwarae yn erbyn ei gilydd yn rowndiau terfynol Euro 2016 yn Ffrainc yr haf nesa. Mae'r lle'n llawn o wynebau cyfarwydd y byd pêl-droed, pobol fel Joachim Löw, Vicente del Bosque, Roy Hodgson, Didier Deschamps a Martin O'Neill, a dwi'n teimlo'n freintiedig iawn yn eistedd efo Chris Coleman yn eu canol nhw. Mi rydan ni i gyd ar dân, wrth gwrs, isio gwybod pwy fydd ein gwrthwynebwyr ni ym mis Mehefin 2016, ond cyn hynny mae 'na gyfle i ni fwynhau *razzmatazz* sioe lwyfan sy'n cyflwyno taith gerddorol drawiadol yn cwmpasu diwylliant traddodiadol Ffrainc. Rydan ni'n cael gwledd o eitemau lliwgar gan gynnwys dawnsio cancan ac eitemau gan berfformwyr syrcas y Cirque du Soleil enwog a chantorion amrywiol. Mae 'na hefyd eitem arbennig gan 24 o ddawnswyr wedi'u gwisgo mewn dillad yn cynrychioli baneri'r holl wledydd fydd yn cystadlu yn Euro 2016, ac mae ymddangosiad y Ddraig Goch ar y llwyfan yn rhoi tipyn o wefr i mi'n bersonol.

Mae'r awr fawr wedi cyrraedd. Ruud Gullit sy'n llywio'r gweithgareddau, ac yn gynta allan o'r het bydd enwau'r chwe thîm ucha o blith y detholion a bennwyd yn ôl rhestr FIFA, yn cael eu darllen gan y cyn-chwaraewr rhyngwladol o Ffrainc, David Trezeguet. Yn eu plith mae Lloegr, a dyma gyhoeddi eu bod nhw yng Ngrŵp B, a'u cynrychiolwyr nhw yn y neuadd yn disgwyl yn eiddgar rŵan i weld pa dimau eraill fydd yn ymuno â nhw yn y grŵp hwnnw. Bydd y set nesa o enwau yn cynnwys y chwe thîm o'r pedwerydd dosbarth o dimau, yn ôl asesiad FIFA, a Chymru yn eu plith. Y cyn-chwaraewr rhyngwladol enwog o wlad Groeg, Angelos Charisteas, sy'n eu darllen... a dyma gyhoeddi enw'r tîm fydd yn ymuno â Lloegr yng Ngrŵp B... y ni, tîm Cymru! Mae 'na floedd o blith y gynulleidfa – yr ymateb mwya brwd a gafwyd yn ystod y noson hyd yma. Mae'n rhaid cyfadda bod y cyhoeddiad wedi mynd â 'ngwynt i braidd. Go brin bod angen codi lefel brwdfrydedd chwaraewyr a chefnogwyr Cymru ar gyfer Euro 2016, ond mae'r newydd arbennig hwn yn golygu y bydd y diddordeb yn Lloegr ac yng Nghymru, o ran y cefnogwyr, aelodau'r wasg a'r cyfryngau yn enwedig, yn ferw gwyllt erbyn mis Mehefin nesa. A dwi'n siŵr y bydd hogia tîm Cymru, yn dawel bach, yn falch iawn o gael y cyfle i brofi eu hunain yn erbyn eu gwrthwynebwyr mwy 'adnabyddus' mewn cystadleuaeth ryngwladol.

Daw'r newydd yn y man y byddwn ni hefyd yn yr un grŵp â Slofacia a Rwsia, a fedra i ddim disgwyl i fwrw iddi. O'r tri thîm, dim ond Lloegr sy'n uwch na ni ar restr FIFA erbyn hyn, ac yn fy marn i mae gynnon ni gyfle ardderchog i wneud ein marc yn Ffrainc. Eto, o feddwl 'nôl wrth i'r seremoni dynnu at ei therfyn, roedd hi'n anodd credu, ar ôl 57 o flynyddoedd, ein bod ni o'r diwedd wedi cyrraedd un o brif lwyfannau pêl-droed y byd.

Mae'n rhaid cyfadda, efo deng munud i fynd allan yn Andorra yng ngêm gynta'r ymgyrch 'nôl ym Medi 2014 a'r sgôr yn 1–1, rown i'n dechrau poeni mai ymgyrch siomedig fyddai'n ein hwynebu ni unwaith eto. Roeddan ni'n chwarae'n ddi-fflach yn erbyn tîm oedd yn isel iawn ar restr FIFA, ac oedd ddim ond wedi ennill tair gêm ryngwladol erioed. Er inni weithio'n galed a bod ymdrech yr hogia i'w edmygu, bu'n rhaid dibynnu ar ddewiniaeth Gareth Bale efo ciciau rhydd i gael y gôl ddaru sicrhau'r fuddugoliaeth o 2 i 1.

Nesa roedd y ffefrynnau i gipio'r ail safle yn ein grŵp ni yn ôl y gwybodusion, y tu ôl i Wlad Belg, sef Bosnia, a ddaru ni wneud yn dda i gael gêm gyfartal 0–0. Yn wir, ddaru Edin Džeko a'i gyfeillion ein rhoi ni o dan dipyn o bwysau ar brydiau ond roedd ein hamddiffyn ni'n gadarn ac yn ddisgybledig gan amlygu rhyw ddycnwch arbennig a ddaeth yn nodweddiadol o'n chwarae ni drwy'r gêmau rhagbrofol.

Ymhen tri diwrnod roeddan ni'n chwarae Cyprus yng Nghaerdydd ac ar ôl mynd ar y blaen o 2 i 0 hanner ffordd drwy'r hanner cynta roedd pethau'n edrych yn dda. Ond yna bu'n rhaid chwarae am 50 munud efo dim ond deg dyn, wedi i Andy King gael ei hel oddi ar y cae. Mi ddaru ni greu sawl cyfle i sgorio ac unwaith eto, yn benna trwy ddal yn gadarn a threfnus yn y cefn, mi ddaru ni sicrhau'r fuddugoliaeth o 2 i 1.

Mi fyddai'r gêm nesa yn ein rhoi ni ar brawf go iawn, yn erbyn un o'r timau cryfa yn y byd, a hynny ar eu tomen eu hunain ym Mrwsel. Er i ninna hefyd greu digon o gyfleon i sgorio, ddaru Gwlad Belg, efo'u tîm yn llawn sêr, fygwth drwy'r adeg. Ond doedd dim trechu ar ein llinell gefn ni. I danlinellu ymroddiad y tîm cyfan i'r achos, ym munudau ola'r gêm, efo Belg yn ymosod yn gryf, mi welwyd Gareth Bale yn clirio'r bêl oddi ar ei linell gôl ei hun. Dyna gadarnhau'r ysbryd arbennig gafodd ei amlygu gan yr hogia drwy'r gystadleuaeth ac a roddodd fodolaeth i arwyddair y tîm, sef 'Gyda'n Gilydd. Yn Gryfach', arwyddair sydd hefyd yn crynhoi'r berthynas arbennig a dyfodd rhwng y tîm a'u dilynwyr yn ystod yr ymgyrch. Mi fu cefnogaeth y ffyddloniaid yn ysbrydoliaeth fawr i'r hogia drwy gydol y gystadleuaeth. Roedd 2,500 ohonyn nhw'n gwylio'r gêm ym Mrwsel, er bod 5,000 o Gymry wedi gwneud cais am docyn, ac wrth iddyn nhw ddathlu'r gêm gyfartal gerbron y chwaraewyr ar y diwedd roeddan nhw'n sylweddoli iddyn nhw fod yn dyst i berfformiad arwrol.

Erbyn 28 Mawrth, 2015, y ddau dîm ar frig y grŵp oedd Israel, hwytha wedi ennill eu tair gêm gynta, a Chymru, felly roedd 'na ddisgwyl brwd am yr ymryson rhwng y ddau dîm yn Haifa. Roedd hi'n noson gofiadwy a ninna'n cael cyfle i chwarae pêl-droed ymosodol a graenus. Doedd y sgôr terfynol – ein buddugoliaeth ysgubol ni o 3 i 0 – ddim yn datgelu gwir fesur ein meistrolaeth. Dangosai'r ystadegau i ni anelu 18 cynnig llwyddiannus at gôl Israel, a dim ond 5 cynnig gan y tîm cartra y bu'n rhaid i Wayne Hennessey ddelio â nhw.

Wedi curo Cyprus ddechrau Medi mi gafwyd gêm gyfartal arall yn erbyn Israel, a falla i hynny fod yn siom i rai, gan y byddai buddugoliaeth wedi sicrhau ein lle ni yn y rowndiau terfynol. Yna, ym mis Hydref, a ninna erbyn hynny'n chwilio am un pwynt yn unig i gyrraedd Ffrainc yn yr haf, ddaru ni golli o ddwy gôl i ddim yn erbyn Bosnia yn Zenica. Ddaru hyn arwain at un o'r profiadau mwya rhyfedd a ges i erioed, sef bod yng nghanol môr o ddagrau o lawenydd mawr ac o ddathlu gorfoleddus a ninna newydd golli gêm! Oherwydd ar ddiwedd yr ornest ddaru ni glywed bod Cyprus wedi curo Israel, oedd yn golygu y bydden ni'n chwarae yn y rowndiau terfynol ym mis Mehefin 2016.

Mi rown i'n teimlo mor falch dros y chwaraewyr, oedd yn griw clòs iawn o hogia dymunol dros ben y bu'n bleser cydweithio â nhw. Rown i'n teimlo'n falch hefyd dros Chris, gafodd amser caled ar ddechrau ei dymor fel rheolwr, a dros y cefnogwyr a fu'n dilyn y tîm yn ffyddlon ar gymaint o siwrneion ofer ar hyd y blynyddoedd. Wrth gwrs, ddaru mi deimlo rhywfaint o falchder personol hefyd, a minna wedi breuddwydio, ers 'mod i'n hogyn bach, cael gweld fy nhîm yn llwyddo yn y fath fodd, heb ddychmygu bryd hynny y baswn i'n rhan o'r llwyddiant hwnnw. Roedd un gêm ar ôl, yn erbyn Andorra ar Hydref y 13eg, a drodd yn un parti mawr wrth inni gloi ein hymdrechion â buddugoliaeth o 2 i 0. Roedd o'n brofiad i'w drysori ond yn sicr, i mi, gêm fwya cofiadwy'r ymgyrch i gyd a'm holl yrfa yn y byd pêl-droed oedd yr ail ornest a gafwyd yn erbyn Gwlad Belg yng Nghaerdydd fisoedd ynghynt.

Botffordd

Magwraeth

O ran fy niddordeb yn 'y pethe', yn blentyn mi ddaru mi ddod yn drwm o dan ddylanwad pentra Botffordd, a mawr yw fy nyled i'm rhieni, i 'nheulu ac i'r gymdogaeth honno am sicrhau imi gael fy ngwreiddio yn y gwerthoedd hynny, gan roi oriau lawer o bleser i mi. Eto, mae f'atgofion cynhara yn crynhoi bob amser o gwmpas y weithred syml iawn o gicio pêl yn erbyn wal. Roeddwn i'n byw ar y pryd efo Mam a Dad, fy chwiorydd hŷn, Llinos ac Olwen, a babi bach y teulu, Eirian, ym mwthyn Tŷ Hen rhyw chwarter milltir y tu allan i'r pentra. A minna'n rhy ifanc i fedru cerdded i'r pentra i ymuno yn chwarae'r hogia eraill, mi fyddwn i'n fy niddanu fy hun yn y 'Wembley' fach o flaen y tŷ. Roedd to'r bwthyn ar ddwy lefel a dyna lle byddwn i bob dydd, unrhyw gyfle gawn i, yn cicio pêl nid yn unig yn erbyn wal y tŷ, ond i ben y ddau do am yn ail, fel y cawn i fwy o her wrth i mi geisio rheoli'r bêl pan fyddai'n disgyn oddi yno ar wahanol gyflymdra ac ar onglau oedd yn amrywio tipyn. Yn ogystal, cawn gyfle i ymarfer penio a tharo'r bêl ar y foli ac yna, er mwyn cyflwyno rhyw sialens fach ychwanegol i'r sefyllfa, mi fyddwn yn gosod Eirian yno i weithredu fel rhyw fath o 'ddiffendar'. Felly, hyd yn oed yn 5 mlwydd oed, mae'n rhaid bod fy meddwl i ar bwysigrwydd meithrin sgiliau fyddai'n ddefnyddiol ryw ddydd ar faes llawer mwy na gardd fach ffrynt Tŷ Hen.

Cicio pêl bob dydd, meddwn i? Dim ffiars o beryg... Doedd Dad ddim yn caniatáu i ni chwarae pêl allan yn yr ardd ar y Sul. Yn un peth, rown i'n byw ar draws y ffordd i Gapel Gad, lle bydden ni fel teulu'n mynd yn rheolaidd, a fasa fiw i hoelion wyth yr achos fy ngweld i'n amharchu'r Saboth drwy ymserchu yn y bêl gron yn yr ardd ffrynt. Ond dyna wnes i... un waith. Doedd Dad ddim yn digwydd bod adra ar y pryd felly dyma fentro allan yn ddistaw bach efo'r bêl. Yn anffodus, ddaru mi lithro, taro 'mhen yn erbyn y wal ac agor fy nghlust. Bu'n rhaid i gymydog caredig, John Ifans Preswylfa, fynd â fi a Mam i syrjeri Dr Parry Jones yn Llangefni i gael triniaeth. Pan gyrhaeddon ni adra roedd Dad, ac ynta wedi cael yr hanes yn barod, yn prowlan o gwmpas y gegin yn flin fel cacwn ac yn chwifio cerdyn melyn yn ei law, fel petai! Ddaru mi ddim mentro allan i chwarae pêl ar y Sul wedi hynny.

Yn sownd yng Nghapel Gad roedd y tŷ capel a theras o bedwar tŷ – cartrefi Mr a Mrs Ifans Preswylfa, Yncl Norman ac Anti Ruth Cartrefle, a Mrs Jones 'Nymbar 3', hen wraig oedd yn byw ar ei phen ei hun ac yn glanhau stepan y drws ffrynt byth a beunydd er mwyn gwneud yn siŵr nad oedd hi'n colli dim o'r hyn oedd yn digwydd ymhlith ei chymdogion. Yn y man, ar ôl colli Taid, mi symudodd Nain o fferm Penbryn gerllaw i fyw i'r pedwerydd tŷ, sef Arosfa. Flynyddoedd yn ddiweddarach, pan oeddwn i yn y chweched dosbarth a ninna wedi symud i Fryn Parc yng nghanol y pentra, daeth Nain i fyw drws nesa, oedd yn gymaint o fendith. Roedd hi'n ddynes arbennig iawn; roeddwn wrth fy modd yn chwarae draffts efo hi ac mae 'na golled anferth ar ei hôl.

Roedd ein cymdogaeth ni yn y pen hwnnw o'r pentra yn un glòs a chymwynasgar iawn, ond roedd yno un diffyg mawr o'm rhan i. Doedd dim un plentyn yn byw yn y tai hynny ac felly doedd gen i ddim mêt i chwarae efo fo, tan i deulu Afallon yn y pentra, sef Yncl Jac, Anti Magwen a'u plant Maldwyn (yr actor adnabyddus a llwyddiannus Maldwyn John) a Gwenda symud yno.

Pan ddes i'n ddigon hen i gael cerdded – neu redeg, yn hytrach – i'r pentra, i ardd Raymond Sharpe, 5 Bronheulog, y byddwn i'n mynd, gan mai fan'no y byddai'r gêmau pêl-droed yn digwydd. Ar y pryd roedd yn teimlo fel cae mawr lle bydden ni'n cael gêmau da iawn, ac atyniad ychwanegol oedd y ffaith mai gan Raymond bob amser y byddai'r bêl orau yn y pentra.

Yn ddigon buan daethon ni'r hogia bach yn barod i chwarae ar gae'r ysgol hefo'r hogia mawr a'r genod. Yn wir, roeddan nhw'r genod llawn cystal os nad gwell na ni'r hogia ac yn medru edrych ar ôl eu hunain yn iawn.

Roedd y gêmau ar gae'r ysgol yn wefreiddiol, weithiau'n ddau yn erbyn dau a dro arall yn 15 bob ochr. Pwy bynnag oedd isio chwarae, roedd yna le iddo fo neu iddi hi, a rywsut neu'i gilydd roedd yna drefn. Gêmau 'Wembley', 'three goals and in' neu 'cic yn erbyn wal' oedd y gêmau rown i wrth fy modd hefo nhw. Am ryw reswm, roedd chwarae hefo'r hogia mwy yn rhoi tipyn o bleser i mi. Roedd yn rhaid i mi ennill eu parch drwy chwarae yn y gôl i ddechrau, dim ond er mwyn cael gêm, a falla cael chwarae allan am ychydig funudau. Ond cyn bo hir rown i'n cael fy newis gan y capteiniaid yn reit fuan yn y broses o benderfynu ar ddau dîm... a doedd neb isio bod yn 'last pick'! Roedd yna chwaraewyr da yn y pentra bryd hynny, rhai fel Iorwerth, Einion, Geraint, Aled, Terry, Dafydd, Malcolm a John, er mai wrth eu glasenwau y byddai pawb yn cael eu nabod – Ioffi, Toffi, Swmi, Handsome, Terry Bach, Dafad, Stwffwl a John Glan Llyn. Dyna un arall o'r atgofion cynnar dwi'n eu trysori hyd heddiw.

Wrth gwrs, roedd gan y teulu gyfraniad pwysig o ran sicrhau 'mod i'n gallu edrych yn ôl ar fy mhlentyndod ym Motffordd fel cyfnod dedwydd a gwerthfawr dros ben. Roeddan ni'n glòs iawn ac yn gwneud tipyn efo'n gilydd. Un o uchafbwyntiau fy nghalendr cymdeithasol i pan oeddwn i'n fychan oedd cael mynd efo Mam a Dad ar nos Sadwrn un ai i dŷ Anti Cassi ac Yncl Oscar ym Methesda, lle rown i wrth fy modd yn chwarae Lego a Meccano a sglaffio 'fish and chips' i orffen y noson, neu i gartra Yncl Bob ac Anti Buddug, Brynia Duon, lle cawn fy nifetha efo llond bol o fisgedi a danteithion eraill.

Perfformio

Mae gen i atgofion melys o'm dyddiau ysgol hefyd, yn gynta yn Ysgol Botffordd o dan arweiniad ysbrydoledig Mr Robinson, y prifathro. Yno, trwy'r eisteddfodau a'r cyngherddau, y ces i flas ar berfformio, ac yn aml byddwn yn cael rhannau o bwys i fynd i'r afael â nhw. Dwi'n cofio teimlo'n browd iawn o gael bod yn Thomas Charles o'r Bala pan ddaru ni berfformio stori Mari Jones a'i Beibl. Wrth gwrs, roedd 'na ddigon o sylw hefyd yn cael ei roi yn y cwricwlwm i bêl-droed ac i griced yn yr haf, neu fasa f'atgofion i o'r ysgol ddim mor felys, falla!

Yn yr un modd, bu gan Gapel Gad rôl allweddol yn fy magwraeth i. Byddem fel teulu yn mynd yno ddwywaith bob Sul, i'r gwasanaeth bora ac i'r ysgol Sul yn y prynhawn. Roeddan ni'n rhan o griw bywiog o blant, sef Maldwyn, Trefor, John, Eurwyn, Meinir, Catrin ac Elena, a byddem yn mwynhau'r arweiniad cyfeillgar roeddan ni'n ei gael gan J O Jones, Anti Lizzie a Nain, ein hathrawon yn yr ysgol Sul. Roedd ein gwersi hefo Anti Lizzie druan yn rhai oedd yn ein cadw ni blant ar flaenau ein traed ac roedd yn rhaid canolbwyntio go iawn – nid yn gymaint o ran cynnwys y wers ond yn fwy oherwydd ei bod hi, yn ei chyffro, yn siarad mor sydyn fel bod yna boer yn saethu o'i cheg ar gyfnodau a ninna'n trio'i osgoi, ond heb wneud hynny'n amlwg. Ond, yn ogystal â Nain, mae'n rhaid dweud mai Dyfnwen Davies oedd fy ffefryn i am ei bod hi'n ifanc ac wedi gwirioni ar bêl-droed.

Ar adegau roedd y capel hefyd yn fwrlwm o berfformio a chystadlu, a'r Gylchwyl flynyddol yn binacl ar ein hymdrechion ni. Math o eisteddfod oedd hi lle byddai ysgolion Sul y gwahanol gylchoedd yn cystadlu yn erbyn ei gilydd. Er fy mod yn dod o gefndir cerddorol, ac ambell aelod o'r teulu, fel brawd Mam, Alwyn (Humphreys), yn adnabyddus trwy'r byd yn y maes hwnnw, ches i ddim fy menndithio â dawn canu o gwbl. Felly un o 'siocs' mawr y Gylchwyl un flwyddyn, yn enwedig i Mam, oedd fy mod wedi cael llwyfan am ganu! Ddaru mi ddim troi fy nghefn ar gerddoriaeth yn llwyr chwaith yn blentyn. Mi fûm i'n cael gwersi piano ar un adeg gan Anti Mair, sef Mrs Roberts Tyn Rallt, gan basio Gradd 1. Ond roedd ganddi gi ffyrnig o'r enw Cymro, a chan fod gen i lond bol o'i ofn o bob tro y byddwn yn mynd i'w thŷ hi mi rois y gorau i ddysgu canu'r piano. Y gwir amdani oedd nad oedd cerddoriaeth a finna'n cyd-dynnu, a rhan orau'r gwersi oedd cerdded i Tyn Rallt trwy gae pêl-droed y pentra. Yn ystod y munudau hynny'n unig y byddai fy nychymyg i'n dod yn fyw.

Trwy gydol fy nyddiau ysgol mi ges dipyn o hwyl ar adrodd. I ddechrau byddwn yn cael hyfforddiant gan Dad, fel y byddai Medwin Hughes, sydd bellach yn Athro ac Is-ganghellor Prifysgol y Drindod Dewi Sant. Daeth y ddau ohonon ni'n ffrindiau da, fel ein rhieni, a ddaru ni gael tipyn o hwyl a llwyddiant wrth gystadlu yn lleol ac yn genedlaethol. Roedd Medwin ychydig flynyddoedd yn hŷn na fi, felly gan fod y ddau ohonon ni'n berchen ar gnwd reit dda o wallt cyrliog du, roedd o'n adnabyddus fel 'y cyrli mawr' a finna oedd 'y cyrli bach'! Roedd Dad yn un da am ddysgu adrodd a byddai un neu ddau o bobol eraill yn cael hyfforddiant ganddo fo, fel Owain Parry, Llangwyllog, a ddaeth yn adroddwr o fri. Roedd o'n gweithio ar y rheilffordd a dwi'n cofio mynd efo Dad fwy nag unwaith i'r bocs signal wrth i Owain fynd trwy'i bethau yno cyn rhyw gystadleuaeth arbennig. Ond fel y byddai diwrnod yr eisteddfod yn nesáu byddai'r hyfforddiant yn symud o'r bocs signal i festri capel Llangwyllog.

Mae Dad yn dal i hyffordi adrodd ambell dro, ond pan oeddwn i wrthi roedd ganddo stabl go dda o adroddwyr oedd yn cynrychioli gwerin yr ardal. Ond, er cystal oedd o, roedd o'n ddigon doeth, yn fy achos i, i gynnig profiadau newydd ac agor drysau gwahanol i mi. Ddaru o sylweddoli y gallwn elwa'n fwy taswn i'n derbyn cyngor a hyfforddiant gan ambell arbenigwr arall ar adrodd. Yn hynny o beth mi fuas i, fel llawer i un yn y pentra, yn cael fy nysgu gan Yncl Charles (a gâi ei alw'n 'Yncl' gan bawb o blant y pentra), sef yr enwog Charles Williams, a ddaru mi wneud yn fawr o'r cyfle. Roedd gen i berthynas dda efo Yncl Charles ac rown i'n ffrindiau mawr hefo Dylan, ei ŵyr, oedd wedi cael ei fagu gan Yncl Charles ac Anti Jinnie, ei wraig. Roeddwn i'n falch dros ben, tra own i adra o America un adeg, fy mod i wedi cael y cyfle i weld Yncl Charles cyn iddo fo adael yr hen fyd yma. Mi ges y fraint hefyd o gael hyfforddiant gan y llefarydd gorau rydw i erioed wedi'i glywed, sef W H Roberts,

Dwyran. Hwn oedd y meistr yn y maes i mi. Yn ogystal â bod yn adroddwr penigamp ei hun, roedd ganddo ddawn arbennig o ran trosglwyddo i rywun ifanc fel y fi yr hyn oedd yn bwysig wrth adrodd yn gyhoeddus, ac roedd ei ddull o gyflwyno hynny i'w ddisgybl yn unigryw.

Pan fyddwn yn bwriadu cystadlu ar ddarn arbennig byddai WH yn gynta yn rhoi'r adroddiad ar dâp, lle bydda fo'n dehongli'r darn ar fy nghyfer i. Byddai'n egluro beth oedd gan yr awdur dan sylw fel bod gen i ddealltwriaeth well o gefndir y darn a'r hyn roedd y bardd neu'r llenor yn trio'i gyfleu. Byddwn i'n gwrando ar y tâp ac yna'n mynd ati i ddysgu'r darn, cyn mynd at WH wedyn i gael hyfforddiant ganddo. Hyd yn oed heddiw, yn fy swydd bresennol, dwi'n medru tynnu ar y profiad hwnnw. Mi fydda i'n trio cael chwaraewyr yn gynta i weld beth yr ydan ni fel hyfforddwyr yn trio'i gyflawni ar y cae o ran y tactegau y byddan ni'n eu mabwysiadu. Yna bydda i'n trio cael yr hogia i fynegi beth maen nhw'n tybio y dylan nhw fod yn ei wneud er mwyn cyrraedd y nod hwnnw, yn hytrach na'n bod ni'n dweud wrthyn nhw be ddylan nhw ei wneud. Mewn geiriau eraill, y bwriad yw eu cael nhw i ddehongli drostyn nhw eu hunain be fyddai'r ffordd orau o fynd â'r maen i'r wal. Gwers bwysig arall a gefais i gan WH oedd y grefft o nabod gwerth gair, pryd i bwysleisio a phryd i daflu geiriau i ffwrdd yn naturiol. A minna yn fy swydd o ddydd i ddydd yn gorfod annerch yn gyhoeddus yn gyson, neu mewn ystafell newid, mi fydda i'n ffindio fy hun yn dibynnu ar y cyngor hwnnw'n aml.

Mi ges i lwyddiant go lew fel adroddwr, yn eisteddfodau'r pentrefi bach fel Botffordd, Llanddeusant a Melin-y-coed ac yn Eisteddfod Môn. Ddaru mi fentro hefyd i'r Eisteddfod Genedlaethol, gan ddod yn ail o dan 15 yn Wrecsam a Chaerdydd yn 1977 a '78. Mi enillais yn Eisteddfod Môn yn Llanfairpwll yn 1978, diolch i'r beirniad, y Parch. John Gwilym Jones, cyn mynd hefo Yncl Charles, Anti Jinnie a Dylan i rali hen geir lawr y lôn yn Plas Coch. Bu Medwin yn llawer mwy llwyddiannus na mi, gan ennill yn rheolaidd am flynyddoedd, a bu Owain Parry yn fuddugol yn y Genedlaethol ar sawl achlysur hefyd.

Ychydig iawn y buas i'n cystadlu o dan 19 oed gan fod pêl-droed bellach yn graddol lenwi fy mywyd. Tan y cyfnod hwnnw mi fu gen i dipyn o ddiddordeb mewn actio hefyd. Pan oeddwn i rhwng 10 a 14 oed mi fu Yncl Charles yn mynd â Dylan, Maldwyn a fi i sesiynau dysgu actio yn Theatr Fach Llangefni, a fyddai dan ofal Malcolm 'Slim' Williams a'i wraig Iona. Roeddwn i wrth fy modd yn mynd yno bob bora Sadwrn i berfformio. Dwi'n cofio chwarae rhan Elvis Presley mewn siwt wen a gorfod canu yn y sioe gerdd *Côt Amryliw Joseff*. Mae'n rhaid nad oedd Slim wedi fy nghlywed i'n canu ar lwyfan y Gylchwyl ychydig flynyddoedd ynghynt! Ond yn fwyfwy aml mi fyddai galwadau pêl-droed yn golygu bod rhaid i mi golli ambell sesiwn, ac yn y man bu'n rhaid dewis rhwng y ddau, a phêl-droed enillodd. Er, rown i'n gallu cynnal fy hoffter o berfformio mewn ffyrdd eraill.

Ar ôl mynd i Ysgol Gyfun Llangefni yn 11 oed rown i'n gyson yn cael un o'r prif rannau yn y sioeau a'r cyngherddau fyddai'n cael eu cynnal o dan ofal Valmai Rees, ein hathrawes Gymraeg. Un flwyddyn, y fi a Maldwyn oedd y Starsky and Hutch mwya peryglus a fu ar lwyfan erioed. Mi ges i'r cyfle hefyd, dro arall, i ddefnyddio fy noniau lledrithiol wrth chwarae rhan Dr Who. Ond toes dim amheuaeth mai fy ngeiriau cynta yn fy sioe gynta yn Ysgol Llangefni ddaru greu'r argraff fwya ar gynulleidfa. Yr adeg honno, ar gyfer y cyngerdd Dolig, byddai neuadd yr ysgol yn llawn dop ac o'r herwydd câi pobol eu rhoi i eistedd yn y cyntedd ychydig y tu allan i'r neuadd hyd yn oed. Fi oedd y cymeriad Wil Tatws a fy rôl i oedd cerdded i lawr trwy'r gynulleidfa o'r cefn gan wthio berfa'n llawn o datws, stopio yn y tu blaen gyferbyn â'r ddirprwy brifathrawes a gweiddi'r geiriau bythgofiadwy "Anti Kitty [mi roedd hi'n perthyn], dach chi isio prynu tatws?"!

Mi fyddwn, yn ystod y dyddiau hynny, yn cael pleser mawr o gystadlu mewn nifer o feysydd. Bob blwyddyn mi fyddwn i'n cynrychioli'r ysgol yng nghwis llyfrau'r Cyngor Llyfrau.

Ddaru ni gael sawl brwydr anferth efo'r ysgolion eraill ar yr ynys, yn enwedig Ysgol Syr Thomas Jones, Amlwch. Roeddwn i hefyd wrth fy modd yn cystadlu'n flynyddol ar y gân actol yn Eisteddfod yr Urdd, am ddau reswm. Yn y lle cynta, byddai hynny'n cynnal fy niddordeb i mewn actio ond heb i neb glywed fy llais canu. Hefyd, roedd y gystadleuaeth honno'n arfer denu nifer o ferched del iawn, gan roi cyfle i mi ddod i nabod rhai ohonyn nhw a minna'n rhy swil i wneud hynny mewn unrhyw ffordd arall. Rhaid bod perfformio yn fy ngwaed bryd hynny achos mi fyddwn i hefyd wrth fy modd yn cael crwydro gogledd Cymru yn rhan o barti Noson Lawen oedd gan Yncl Charles.

Fy arbenigrwydd i, ar y cyd â Dylan, oedd gwneud triciau hud a lledrith, ac er na fu 'na erioed berygl y bydden ni'n fygythiad i Paul Daniels na sêr eraill y Cylch Hud ar y pryd, roedd yr hwyl y bydden ni'n ei chael yn werth chweil. Mi fuon ni ar y teledu ar raglen *Sêr* ar HTV, efo Bryn Fôn yn cyflwyno, ond roeddan ni ar ein gorau, neu ar ein gwaetha, ar lwyfan. Dwi'n cofio Noson Lawen ym Mhwllheli pan oedd ganddon ni dric lle roeddan ni'n gwneud i'r gwningen wen yma ddiflannu. Roedd o wedi gweithio'n dda ym mhobman cyn hynny. Ond ym Mhwllheli roedd y llwyfan yn ymestyn allan a rhai o'r gynulleidfa yn eistedd y naill ochr a'r llall i ni ar siâp pedol. Y broblem i ni fel consurwyr oedd bod y gwningen, wrth 'ddiflannu' oddi ar y bwrdd, yn disgyn i mewn i rwyd fach oedd gynnon ni o dan y bwrdd. Roedd yna ddarn o goedyn du yn cuddio popeth ar y tu blaen i'r bwrdd, ond yn anffodus doedd yna ddim byd yn cuddio'r ddwy ochr. Felly roedd hanner y gynulleidfa yn meddwl ei fod o'n dric go dda a'r hanner arall yn deall yn iawn beth oedd wedi digwydd. Ond, chwarae teg i bobol Pwllheli, ddaru neb ar yr ochrau yngan yr un gair.

Roedd y trafeilio i'r Nosweithiau Llawen yn wefr ynddi ei hun, efo Yncl Charles ac Anti Jinnie yn y ffrynt a Dylan a finna yn y cefn. Y sialens ar bob trip i mi a Dylan oedd trio meddwl am unrhyw bwnc na allai Yncl Charles ddweud

jôc amdano fo. Er yr holl oriau o drafeilio ac o feddwl am
y pynciau mwya od, ddaru ni erioed lwyddo i gael y gorau
arno fo. Yn fy marn i, y fo ydy'r digrifwr gorau mae Cymru
wedi'i weld erioed a bu Botffordd yn ffodus iawn o'i gael o.
Yn anffodus, mi gollwyd Dylan hefyd rai blynyddoedd yn ôl,
a hynny'n llawer rhy fuan.

Dilyn y bêl gron

Yn amlwg, roedd yr holl ddiddordebau eraill yn rhedeg ochr
yn ochr â'r obsesiwn oedd gen i am bêl-droed. Mae plant yn
amrywio o ran eu campau llefaru cynhara, boed hynny'n
bennill, adnod neu ymadrodd bachog. Ond mae'n debyg mai fy
forte i, yn ystod fy nyddiau cynnar ddiwedd y chwedegau, oedd
medru rhestru holl aelodau tîm pêl-droed Everton, ac enwau
fel West, Wright, Labone, Hurst, Kendall, Harvey, Morrissey,
Ball a Royle yn llithro'n fyrlymus oddi ar fy nhafod. Y sawl
oedd wedi bod yn eu serio nhw ar fy nghof oedd Arwel, brawd
Mam, y byddwn i'n treulio tipyn o amser yn ei gwmni pan
oeddwn i'n blentyn; yn wir, roedd o'n fwy fel brawd i mi nag
ewythr. Y rheswm am hynny oedd ei fod o ei hun yn gefnogwr
Everton brwd ac mi fyddai'n gwneud ei orau glas i'm cael inna
i'w ddilyn yn hynny o beth. Ond methu wnaeth o, a'r hyn oedd
yn dân ar ei groen o oedd imi benderfynu mai'r arch-elyn rown
i am eu cefnogi, sef tîm Lerpwl, ac efo'r cochion yn Lerpwl
mae fy nheyrngarwch i hyd heddiw.

Mae'n debyg mai'r hyn ddaru gynnau fflam Anfield yn'o i
go iawn oedd y ffaith imi gael mynd efo Nhad pan oeddwn
i'n hogyn 6 blwydd oed ar drip o'r pentra, wedi'i drefnu gan
Idris Charles, i weld Lerpwl yn chwarae yn erbyn Arsenal. Hwn
oedd y tro cynta imi gael mynd i stadiwm i weld gêm ac mae'n
rhaid cyfadda imi gael tipyn o fraw i ddechrau yng nghanol yr
holl sŵn a'r holl bobol. Er i Lerpwl golli o 2 i 1, yr hyn ddaru
roi modd i fyw i mi oedd ein bod ni wedi cael mynd ar fora'r
gêm i siop nwyddau chwaraeon roedd Emlyn Hughes a John
Toshack yn berchnogion arni a'n bod ni wedi cael tynnu'n llun
yno efo'r ddau ohonyn nhw. Ac yn wir, oherwydd y tebygrwydd

rhwng y sain 'Tosh' yn 'Toshack' ac 'Osh' yn 'Osian', byddai enw'r ymosodwr o Gymro yn cael ei roi arna i'n aml gan fy ffrindiau ym Motffordd. Roedd hynny'n creu tipyn o falchder i mi, wrth gwrs, ond roedd y gymhariaeth braidd yn eironig o gofio mai Toshack oedd chwaraewr tala ei dîm gan amla, tra oeddwn i, fel arfer, ymhlith y lleia ar y cae. Falla mai dyna pam mai fy arwr mawr i oedd Kevin Keegan ac, wrth gwrs, yn debyg iddo fo rown i isio bod. Pan gafodd o'i frifo wrth chwarae i Hamburg yn 1977 mi gafwyd llunia di-ri ohono yn y cylchgrawn *Match* y byddai Mam yn ei brynu i mi bob wythnos yn Llangefni. Mi fydda fo'n trio adennill ei ffitrwydd trwy ymarfer yn galed mewn coedwig yn yr Almaen. O ganlyniad mi fuas i'n ymarfer yn galed yr adeg honno mewn coedwig ym Motffordd. Serch hynny, yn y man daeth Kenny Dalglish ac yna Graeme Souness i gymryd ei le fel fy hoff chwaraewyr i.

Yn hogyn, mi fyddwn wrth fy modd yn mynd i weld tîm Botffordd yn chwarae yng Nghynghrair Môn ar gae Tyn Rallt ac roedd gen i f'arwyr yn eu plith nhw hefyd, fel Dafydd Davies, yr asgellwr chwim oedd yn ŵr i Dyfnwen, ein hathrawes ysgol Sul ni; Dafydd Jeib, y gôl-geidwad; a Dic Doc a Cled, y ddau amddiffynnwr dibynadwy. Roedd fy nghefnder, Gareth Williams, hefyd yn dipyn o flaenwr ac yn trafeilio adra o'r Brifysgol yn Lerpwl i chwarae i'r pentra.

Roedd gen i swydd arbennig cyn pob gêm gartra, sef hel y baw gwartheg fyddai wedi bod yn britho'r cae ar hyd yr wythnos flaenorol. Byddai ambell 'wag' ymhlith y cefnogwyr yn honni bod honno'n swydd addas iawn, gan mai tîm 'cachu' oedd yn chwarae yno beth bynnag. Er hynny, byddai tipyn go lew ohonyn nhw'n dod i gefnogi'r tîm a byddai cyffro mawr yno ar achlysur 'local derby' yn erbyn Gwalchmai, neu gêm yn erbyn Llandegfan neu Lanfairpwll, oedd yn dîmau cryf iawn bryd hynny. Byddai Botffordd weithiau'n cyrraedd ffeinal ambell gystadleuaeth, ond un tymor llwyddodd y tîm i gyrraedd tair ffeinal, sef cwpanau y Dargie, y Megan a'r Elias, ac ar adegau felly byddai bwrlwm mawr yn y pentra. Ein gwaith celf ni yn yr ysgol bryd hynny fyddai gwneud baneri lliwgar i gefnogi'r tîm ar ein taith ar y bws dwbwl-decar sbesial o'r pentra i weld y gêm, yng Nghaergybi fel arfer.

Byddai Dad bob amser yn flaenllaw yn hybu bywyd cymdeithasol Botffordd mewn nifer o ffyrdd ond, o'm rhan i, y datblygiad pwysica ddaru o fod yn gyfrifol amdano oedd dechrau timau pêl-droed iau ar y cyd ag Albert Owen (neu 'Abwt' i'w ffrindiau, a fu'n cadw gôl i Fangor yn y pumdegau) er mwyn rhoi cyfle i hogia'r pentra. Roedd y timau'n chwarae yng Nghynghrair Iau Môn i rai o dan 14 ac 16 oed, cynghreiriau oedd newydd gael eu sefydlu. Deg oed oeddwn i ar y pryd ac, er fy mod i cyn hynny wedi bod yn chwarae mewn cystadlaethau 5, 7 ac 8 bob ochr i'r ysgol yn erbyn ysgolion bach eraill, hwn oedd fy nghyfle cynta i gymryd rhan mewn gêmau go iawn.

Ar wahân i fod yn fychan o gorff o'i gymharu â chwaraewyr eraill, rown i hefyd tua phedair blynedd yn iau na nifer ohonyn nhw. Er hynny, dwi'n meddwl imi ddal fy nhir yn eitha da ac yn sicr ddaru mi wella tipyn wrth fod yn yr un tîm â hogia hŷn na mi. Bryd hynny mi fyddwn yn chwarae ar hyd a lled y cae, heb lynu at yr un safle arbennig, gan ddod i arfer â thrio meistroli sgiliau amrywiol, fel taclo neu fynd heibio i ddyn â'r bêl wrth fy nhraed, neu sgorio goliau a thrwy hynny ennill parch gweddill y tîm, er fy mod i gymaint yn llai na nhw.

Gwaetha'r modd, ar ôl rhyw dair blynedd ddaru tîm Botffordd ddarfod, ond erbyn hynny roedd 'na nifer o dimau newydd wedi codi. Ddaru John Glan Llyn, Maldwyn a minna fynd i chwarae i dîm Llangaffo, oedd yn cael ei redeg gan Emyr Post a Dic Gola. Ond toeddan ni fawr o dîm ac mi fydden ni'n cael cweir bron bob wythnos. Ar ôl colli un gêm o 18 i 1 yn erbyn Llangefni daeth eu rheolwr nhw, Joe Bach, oedd yn un o'r chwaraewyr gorau fu'n chwarae ar Ynys Môn erioed, at Dad a gofyn i mi arwyddo iddyn nhw y tymor wedyn, a dyna wnes i.

Fel roedd hi'n digwydd, roedd aelodau'r tîm i gyd yn ddisgyblion yn Ysgol Gyfun Llangefni, fel y fi, ac rown i'n gwybod fy mod i cystal os nad gwell chwaraewr na rhai ohonyn nhw. Mae arna i ddyled fawr i Joe ers y dyddiau hynny achos mi fyddai'n fy nghodi i o'r tŷ bob bora Sadwrn yn ei gar i fynd â fi i'r gêm ac yna'n dod â fi adra wedyn. Weithiau mi fyddai hefyd yn gwahodd Ieuan (Ieus) Griffiths, oedd yn athro chwaraeon yn yr ysgol ac yn hyfforddwr penigamp, i gynnal sesiynau arbennig efo'r tîm ar ôl ysgol. Ddaru mi drio talu'r gymwynas yn ôl i Joe yn nes ymlaen yn fy ngyrfa.

Mi gafodd Ieus yn ogystal ddylanwad mawr ar fy ngyrfa bêl-droed yn yr ysgol. Erbyn hynny rown i'n chwarae yng nghanol y cae ac ymhen amser ddaru mi gael fy newis i gynrychioli Ysgolion Sir Fôn o dan 14 oed, efo Andrew Roberts a Steff 'Bach' Hughes, dau aelod arall o dîm Llangefni fyddai'n chwarae efo fi yn y safle hwnnw. Mi ddaru nhw gael eu dewis i fynd i dreialon tîm Ysgolion Gwynedd yn ogystal, ond doeddwn i ddim yn ddigon da i ennill fy lle yng nghanol y cae yn y tîm hwnnw. Felly mi ofynnodd Ieus i mi chwarae fel cefnwr chwith, gan y byddai hynny'n rhoi siawns i mi gael fy newis i'r tîm, a ddaru mi lwyddo i wneud hynny. Er i mi ymddangos yn y safle hwnnw yn nhreialon gogledd Cymru hefyd, doeddwn i ddim yn gefnwr chwith digon da i gael fy lle yn y tîm. Arwydd o'r safon bryd hynny, falla, yw'r ffaith mai dau o sêr y tîm hwnnw oedd Mark Hughes a Clayton Blackmore. Ond doedd safon tîm Sir Fôn ddim yn ddrwg chwaith, a phrawf o hynny falla ydy bod tri o'r chwaraewyr, Darren Baker, Andrew Roberts a Medwyn Evans, wedi arwyddo i glybiau proffesiynol pan ddaru nhw gyrraedd 16 oed ac wedi chwarae i Gymru dan 15 oed. Dydan ni ddim wedi gweld tri bachgen o Fôn yn cynrychioli Cymru yn aml ar unrhyw lefel, dybiwn i. Roeddwn i'n rhan o lwyddiant ambell dîm arall hefyd, megis un 5 bob ochr Clwb Ieuenctid Llangefni o dan 14 oed. Roeddwn i ar y fainc gan amla ar y dechrau ond maes o law ddaru mi wneud digon o argraff i gael fy nghynnwys yn y tîm, a ddaeth yn bencampwyr Cymru a chael y cyfle i gystadlu yn rowndiau terfynol Prydain. Tipyn o gamp i dref mor fach yng nghanol Sir Fôn.

A minna'n dal yn 15 oed mi gefais ambell gêm i dîm dynion Botffordd a chael blas ar bêl-droed go iawn. Ddaru mi ddod ymlaen fel eilydd mewn gêm ddarbi leol yn erbyn Gwalchmai.

Yr hyn sydd wedi aros yn y cof am y gêm honno ydy bod Harry Lee, amddiffynnwr digyfaddawd Gwalchmai, wedi fy 'nghroesawu' i'r gêm hefo cythral o dacl galed nes oeddwn i'n gwingo ar y llawr a Gareth, fy nghefnder, yn dod i'm hachub i. Beth bynnag, mi ddaru mi godi a cherdded i ffwrdd gan feddwl 'Dwi'n mwynhau hyn a dwi isio mwy.'

Amrywiol Dimau

Cychwyn gyrfa chwarae

Daeth yn amser gadael pêl-droed plant a dod i gystadlu hefo'r dynion. Cyn dechrau tymor 1981–82 daeth Isfryn Hughes, rheolwr tîm Menai Bridge Tigers, i'r tŷ i ofyn a faswn i'n licio arwyddo i'r tîm hwnnw. Ar wahân i dimau Bangor, Caernarfon a'r Rhyl, roedd tîm Porthaethwy yn un o dimau gorau'r Gogledd a'r unig dîm yn Sir Fôn oedd yng Nghynghrair Cymru (Gogledd). A minna ond yn 16 oed ac yn dal yn yr ysgol, rown i'n teimlo bod cael chwarae i'r fath safon yn dipyn o anrhydedd ac yn eitha sialens hefyd. Ac i fod yn onest, os oedd modd i mi symud i safon uwch na Chynghrair Môn yna roeddwn am wneud hynny ar bob cyfri.

Dim ond dau ohonon ni o dîm y Teigars oedd yn dod o Sir Fôn. Byddai'r gweddill bob wythnos yn cynnwys rhyw dri llond car o Sgowsars, hogia oedd wedi bod 'o gwmpas' dipyn. A minna'n hogyn bach dibrofiad, mi ddysgais i lawer ganddyn nhw. Yn gynta, bod curo'n hollbwysig. Er mwyn sicrhau bod yr enillion gwerthfawr fyddai'n dod o'r 'ail job' ar brynhawn Sadwrn yn mynd i barhau, roedd yn rhaid trio sicrhau llwyddiant. Yn eu barn nhw, er mwyn cyrraedd y nod hwnnw roedd yn rhaid arddel ambell dacteg amheus, fel dysgu sut i dwyllo dyfarnwyr, a fuon nhw ddim yn hir cyn pasio'r wybodaeth werthfawr honno 'mlaen i mi!

Er nad oeddwn i'n fawr, rown i'n stwcyn bach reit solet a byddai'r hogia eraill yn y tîm yn gwneud yn siŵr nad oedd chwaraewyr y tîm arall yn cymryd mantais ohona i. Fel ymosodwr blaen roedd yn rhaid i mi arfer cael fy nhaclo'n gorfforol a digyfaddawd yn aml ond ers pan oeddwn i'n ifanc iawn mi ges i fy nysgu, pan fyddwn yn cael fy maglu neu fy nghicio, mai'r peth cynta i'w wneud oedd reidio'r dacl, fel y byddai Muhammad Ali yn reidio ergydion erstalwm. Byddai'n rhaid hefyd codi'n syth ar fy nhraed a gwenu, fel y byddwn yn trio'i wneud yn erbyn Gwalchmai gynt, er y byddai hynny weithiau'n gofyn am dipyn o ymdrech. O leia wedyn byddai gen i fantais seicolegol dros y taclwr budr.

Eto, chawson ni ddim hwyl rhy dda arni fel tîm, a hanner ffordd drwy'r tymor, yn sgil y canlyniadau siomedig a hefyd, falla, oherwydd y gost o dalu'r hogia o Lerpwl, cafodd Isfryn ei ddiswyddo a daeth Gary Edwards, a fu'n chwarae efo Bangor, yn chwaraewr-reolwr yn ei le. Y polisi bellach oedd dewis hogia lleol a bu'n rhaid i minna arfer â safleoedd newydd yn y tîm, gan symud yn ôl yn raddol, yn gynta ar yr ochr chwith yng nghanol y cae ac wedyn fel sgubwr wrth ochr Gary. Mi ges i brofiad gwerthfawr iawn efo'r Teigars, ac er fy mod i'n iau na neb arall oedd yn chwarae yn y gynghrair ac er fy mod i dipyn yn llai o faint na'r rhan fwya, dwi'n credu i mi ddal fy nhir yn eitha da.

Un peth oedd o 'mhlaid i oedd fy ffitrwydd, o ganlyniad i ymarfer caled, fel arfer ar fy mhen fy hun. Bob bora cyn mynd i'r ysgol mi fyddwn yn rhedeg o Fotffordd, rownd Llangwyllog ac yn ôl, rhyw 5 milltir i gyd. Er fy mod i'n meddwl ei fod o'n gwneud byd o les i mi ar y pryd, go brin y basa rhywun yn argymell y fath ymarfer heddiw achos, yn syml iawn, nid dyna'r math o ffitrwydd sydd ei angen ar gyfer gêm o bêl-droed. Wedi'r cyfan, fyddai neb yn disgwyl i chwaraewr fedru rhedeg 5 milltir yn ddi-stop ar yr un cyflymder yn ystod gêm. Ond roedd fy lefelau ffitrwydd i'n uchel iawn a gallwn redeg fwy na neb ac am amser hirach na neb, oherwydd yr ymarfer caled hwnnw.

Ymuno â Bangor

Mi fydden ni'n chwarae weithiau yn erbyn timau da iawn, fel Greenfield FC, ddaru orffen yn bencampwyr y gynghrair y flwyddyn honno. Un o sêr y tîm hwnnw ar y pryd oedd Barry

Horne, ac ynta'n fyfyriwr ym Mhrifysgol Lerpwl, lle enillodd radd Dosbarth Cyntaf mewn Cemeg, cyn symud ymlaen i Wrecsam. Wedi hynny chwaraeodd 59 o weithiau dros Gymru. Roedd ail dîm Bangor hefyd yn chwarae yn y gynghrair honno a ddaru nhw orffen y tymor tua'r gwaelodion, efo un pwynt yn unig yn fwy na ni. Eto, mae'n rhaid fy mod i wedi gwneud rhyw fath o argraff arnyn nhw pan ddaru mi chwarae yn eu herbyn achos ar ddiwedd y tymor hwnnw ddaru nhw ofyn i mi ymuno â nhw ar gyfer 1982–83. Roeddan nhw wedi gwneud dau benodiad newydd i ofalu am yr ail dîm, sef Elfed Williams a Ken Rowlands, oedd yn gweithio i John Hughes, un o sêr tîm Bangor, yn Argraig, ei garej o yn Llangefni, a'r nod oedd denu chwaraewyr ifanc gorau Gwynedd, Môn a Chonwy i Heol Farrar.

Yr abwyd ychwanegol, wrth gwrs, oedd y byddai 'na gyfle falla i chwarae i'r tîm cynta, oedd yn chwarae yng Nghynghrair y Northern Premier, ac yn wir, dyna ddigwyddodd yn fy achos i. Ar ôl ymarfer yn galed drwy'r haf ddaru rheolwr y tîm cynta, Dave Elliott, fy newis i chwarae fel sgubwr mewn llinell o dri efo Gwyn Peris-Jones a Phil Lunn, mewn gêm gwpan ddechrau'r tymor yn erbyn Caernarfon, efo Meilyr Owen yn arwain eu llinell flaen nhw. Roedd 'na chwaraewyr eraill o safon yn chwarae i Fangor ar y pryd, fel Tony Broadhead, Kevin Charlton a John Hughes, a dyna danlinellu gwerth fy nghyfnod i ym Mangor.

O'r cychwyn, a minna'n 17 mlwydd oed, ddaru mi elwa'n fawr o gael ymarfer a chwarae efo hogia oedd â blynyddoedd o brofiad yn y byd pêl-droed. O ganlyniad, er mai efo'r ail dîm yng Nghynghrair Cymru rown i'n chwarae fwya, erbyn diwedd y tymor rown i a rhai o'r hogia ifanc eraill wedi cael ambell gyfle i chwarae i'r tîm cynta, a dal ein tir yn reit dda ar y lefel honno. Eto, tua'r gwaelodion ddaru ni orffen y tymor hwnnw hefyd, a Bae Colwyn yn cipio'r Bencampwriaeth efo tîm arbennig o dda.

Roedd nifer helaeth o'r tîm yn ddigon ifanc i chwarae yng Nghwpan Ieuenctid Cymru i hogia o dan 18 oed. Mi wnaethon ni'n eitha da ac roeddan ni ymysg goreuon y wlad yn yr oed hwnnw. Ond colli wnaethon ni yn y diwedd mewn gêm agos iawn yn erbyn Hawarden Rangers, efo Malcolm Allen ifanc yn chwarae fel blaenwr i ni. Mi gafodd Malcolm a minna gyfle arall i chwarae hefo'n gilydd. Roeddwn i ddwy flynedd yn hŷn nag o ac yn gapten ar dîm Gwynedd pan ddaru ni ennill o bedair gôl yn erbyn tîm o blith goreuon America oedd wedi dod draw yma i chwarae efo'r Cymro o hyfforddwr, Roy Rees. Ddaru Malcolm ddisgleirio gan sgorio tair gôl cyn symud ymlaen i Watford.

Cynrychioli Cymru

Hefyd y tymor hwnnw rown i wedi bod yn ymdrechu i ennill fy lle yn nhîm Cymru dan 18, ond heb ryw lawer o lwyddiant tan yr haf, pan ges i fynd yn aelod o'r garfan i chwarae yng Ngŵyl Bêl-droed y Gwledydd Celtaidd yn Llydaw. Hwn oedd fy nghyfle mawr i. Roeddwn i ychydig bach yn siomedig nad oeddwn i wedi cael fy newis ar gyfer gêmau rhyngwladol yn gynharach y flwyddyn honno. Mae'n bosib bod y ffaith mai Ieus, fy athro, oedd yn gyfrifol am ddewis y tîm wedi gweithio yn fy erbyn i gan ei fod o, falla, am osgoi unrhyw gyhuddiad o ddangos ffafriaeth tuag at rywun o'i ysgol o'i hun.

Ond yn Llydaw, efo O M Edwards wrth y llyw efo'r tîm am y tro cynta, rown i'n awyddus iawn i wneud fy marc. Ddaru mi lwyddo oherwydd o fewn dwy sesiwn ymarfer roedd OM wedi tynnu sylw'r holl garfan at fy ymdrechion i fel enghraifft berffaith o sut i ymarfer o ddifri, gan greu'r onglau angenrheidiol i dderbyn y bêl nesa ac ymarfer fel roedd rhywun yn bwriadu chwarae mewn gêm. Ddaru mi ddim llaesu dwylo o gwbl, ac mi gefais fy newis i chwarae yng nghanol y cae ym mhob gêm ryngwladol ar ôl hynny, 11 gêm i gyd, ac nid fel cefnwr chwith, fel rown i'n ei wneud o dan Ieus. Pan ddaru ni fynd 'nôl i Lydaw ddeuddeng mis yn ddiweddarach es i yno fel capten tîm Cymru, gan deimlo tipyn o falchder o dderbyn yr anrhydedd honno.

Profiad bythgofiadwy arall oedd derbyn fy nghap gan Bobby Robson, rheolwr tîm hŷn Lloegr ar y pryd, cyn gêm oddi cartra yn erbyn tîm Lloegr dan 18 yn stadiwm Amwythig, sef Gay Meadow bryd hynny. Braf iawn hefyd oedd cael fy llongyfarch gan brifathro Ysgol Llangefni, Huw Roberts, o flaen yr ysgol gyfan pan ddaru mi ddod yn ôl o Amwythig. Roedd o'n hoff iawn o'i bêl-droed ac yn ŵr bonheddig fyddai bob amser yn dangos diddordeb yn fy ngyrfa. Ychydig o chwaraewyr yn y gêmau hynny dros Gymru aeth ymlaen i wneud enw iddyn nhw eu hunain ar y lefel ucha ond dwi'n cofio dau'n arbennig, sef Dale Gordon, oedd yn un o sêr Norwich City am flynyddoedd lawer ac a gynrychiolodd dîm Lloegr dan 21, a John Sheridan, a chwaraeodd yn fy erbyn i efo Iwerddon yn Nulyn ac a aeth ymlaen i ddisgleirio efo Leeds United am sawl blwyddyn, gan gynrychioli tîm hŷn ei wlad 34 o weithiau. Ychydig a wyddwn i ar y pryd y byddai llwybrau John a finna'n croesi unwaith eto yn y dyfodol, ac rydan ni'n ffrindiau da erbyn hyn.

Roedd y trip hwnnw i Ddulyn yn un cofiadwy i'n teulu ni am fwy nag un rheswm. Yn ystod y cyfnod y buas i'n cynrychioli Cymru mi fyddai'r teulu, chwarae teg iddyn nhw, yn dod i 'nghefnogi i bron yn ddi-ffael, a'r tro hwnnw roedd Mam a Dad ac Arwel a'i wraig Eryl wedi teithio draw o Sir Fôn. Mae'n rhaid eu bod nhw wedi cael taith flinedig achos tra oeddan nhw mewn tafarn cyn y gêm yn cael rhywbeth i'w fwyta a rhyw ddiod bach mi benderfynodd Dad orwedd am ychydig ar y setl roedd o'n eistedd arni er mwyn cael rhyw napyn bach. Yn anffodus, ddaru perchennog y lle feddwl ei fod o wedi meddwi felly dyma fo'n lluchio Dad allan gan ddweud wrtho am beidio â dod 'nôl byth eto. Mae'n siŵr gen i bod hynny wedi bod yn gythral o 'sgytwad i flaenor parchus o Sir Fôn!

Mae'n bwysig nodi yn y fan hyn yr effaith bositif gafodd Ieus ar fy mywyd a'm gyrfa i. Wrth edrych yn ôl, roedd ein perthynas yn eitha oer yn y blynyddoedd cynta – er, ddaru mi chwarae pob gêm i bob tîm tra oeddwn i yn yr ysgol, felly mae'n rhaid bod ganddo fo feddwl mawr ohona fi. Ond ddaru o wneud tri pheth wnaeth effeithio ar fy ngyrfa i mewn ffyrdd positif iawn.Yn gynta, wedi i mi orffen fy arholiadau Lefel O yn 16 oed, a dim ond ychydig o wythnosau yn weddill o dymor yr ysgol, ddaru o fwy neu lai fy ngorfodi fi, Andrew Roberts a Darren Baker i wneud y Bathodyn 'Prelim', sef cwrs hyfforddi pêl-droed oedd yn bodoli ar y pryd ac oedd yn ymestyn dros 36 awr. Ieus, Wyn Davies o Gaernarfon a Tommy Glyn Jones oedd yn rhedeg y cwrs ac roeddwn i wrth fy modd. Mae'r nodiadau lu wnes i eu sgwennu yn dal gynna i hyd heddiw. Felly cefais fy nghymhwyster hyfforddi cynta yn 1981 oedd, heb yn wybod i mi, yn ddechreuad ar yrfa foddhaol dros ben.

Yn ail, rhaid i mi ddiolch i Ieus am adael i mi redeg tîm dan 18 oed yr ysgol pan es i'r chweched dosbarth. Fi oedd yn trefnu'r cyfathrebu, gwneud yr ymarferiadau, pigo'r garfan a'r tîm, gwneud yr eilyddio ac yn y blaen. Profiad anhygoel ac roeddwn i wrth fy modd. Po fwya yn y byd y cyfrifoldeb oedd gynna i, mwya yn y byd roeddwn i'n mwynhau.

Ac yn ola, rhaid i mi ddiolch iddo fo am beidio â fy newis i i dîm dan 18 Ysgolion Cymru. Dyna'r peth gorau y gallai Ieus fod wedi ei wneud. Roeddwn i'n meddwl 'mod i'n haeddu fy lle ac mi rydw i'n dal i feddwl hynny, ond gan na ches fy newis, mi fu'n rhaid i mi weithio'n galetach wedyn er mwyn profi pobol yn anghywir. Mae hynny'n brawf o gymeriad ac yn gyfle i ddatblygu cymeriad. Dwi'n cofio gofyn i Ieus yn yr ysgol beth oedd angen i mi ei wneud i gael fy newis i'r tîm cenedlaethol roedd o'n gyfrifol amdano. Dywedodd fy mod yn rhy ara dros yr ychydig lathenni cynta. Dyna oedd y tro cynta i mi gael unrhyw adborth gan hyfforddwr, ond dyna sut oedd hi bryd hynny. Gofynnais be allwn i ei wneud i weithio ar hynny, ac o ddilyn ei gyfarwyddyd o roeddwn i ar y cyrtiau tenis yn gwneud sbrints bob amser cinio, bob dydd, bob wythnos. Wrth edrych yn ôl, roedd yr holl redeg o gwmpas Llangwyllog wedi uno pob ffeibar niwtral yn fy nghoesau i â'r sawl ffeibar 'slow twitch' oedd yno'n barod!

Felly dwi'n diolch am y pethau adeiladol wnaeth o, ond dwi'n ddiolchgar hefyd am iddo roi'r siom fwya i mi. Down i ddim yn berson oedd yn mynd i weld bai ar eraill; yn hytrach, mi fyddwn yn edrych yn y drych a gofyn be allwn i ei wneud ynglŷn â'r sefyllfa. Roedd gen i barch mawr tuag at Ieus a byddai ein llwybrau'n croesi eto yn nes ymlaen, tua 5,000 o filltiroedd o Fôn.

Gobeithion proffesiynol

Er imi sylweddoli ers tro fy mod i'n chwarae ar lefel eitha uchel, doeddwn i ddim mewn sefyllfa i ymuno efo un o'r 92 clwb yn y Gynghrair Bêl-droed. Roedd Huw Roberts, sgowt Manchester United yng ngogledd Cymru, eisoes wedi dod i 'ngweld i'n chwarae i'r Teigars ac wedi dweud wrth Dad nad oeddwn i'n ddigon cyflym i chwarae ar safon uwch. Roeddwn i fy hun, gan ddilyn y cyngor y byddai hogia ifanc yr ardal yn ei gael yr adeg honno, wedi sgwennu at Southampton, Portsmouth a Blackburn ac, yn wir, mi ddaeth cynrychiolwyr y clybiau hynny i 'ngweld i'n chwarae, ond chlywais i ddim gair pellach ganddyn nhw. Ond ddaru mi gael gwahoddiad gan Tranmere Rovers i gymryd rhan mewn rhyw fath o dreial lle rown i'n aelod o dîm canol wythnos y clwb hwnnw mewn gêm yn erbyn eu tîm ieuenctid nhw. Mi ges i hwyl reit dda arni fel ymosodwr blaen, gan sgorio tair gôl yn erbyn gôl-geidwad eu tîm cynta nhw, oedd wedi achub ar y cyfle i gael gêm i'r tîm ieuenctid y diwrnod hwnnw. Rhaid cyfadda 'mod i wedi hanner disgwyl y basan nhw wedi gofyn i mi fynd 'nôl yno am ryw brawf pellach, ond nid felly y bu hi.

Roeddwn i'n siomedig ond eto'n llwyr sylweddoli mai ychydig iawn o hogia o 'nghefndir i fyddai'n symud ymlaen i glybiau proffesiynol ac mi fydden nhw, fel arfer, wedi cael eu bachu pan oeddan nhw tua 15 oed. Tra buas i'n mynd i dreialon gogledd Cymru ar gyfer y tîm dan 16, dim ond rhyw dri o'r chwaraewyr yno gafodd gynigion gan glybiau proffesiynol ac rown i'n gwybod eu bod nhw'n well chwaraewyr na fi. Eto, wrth chwarae yng Nghynghrair Cymru ac weithiau yn y Premier i Fangor, efo nifer o chwaraewyr a gawsai brofiad efo clybiau yn y Gynghrair Bêl-droed, rown i'n gwybod nad oeddwn i ymhell iawn o'r safon oedd ei hangen ar gyfer adrannau is y gynghrair honno.

Gadael ysgol

Yn dilyn y chweched dosbarth down i ddim wedi gwneud yn ddigon da i fynd i Goleg Caer fel rown i wedi'i ddymuno felly roedd yn rhaid meddwl eto. Adeiladwr oedd Dad ac, yn ffodus i mi, roedd o'n medru fy nghyflogi i weithio efo fo am gyfnod. Ar wahân i sicrhau ychydig o bres poced i mi, roedd y gwaith yn eitha caled ac yn rhoi cyfle i mi gryfhau fy nghorff ar gyfer chwarae pêl-droed yr un pryd. Ond yn ystod y cyfnod hwnnw ar ddechrau'r tymor newydd, daeth cynnig hefyd i fynd i chwarae i dîm Bethesda mewn cynghrair oedd newydd ei sefydlu, sef Cynghrair Gwynedd. Roedd Elfed, oedd wedi bod yn rheolwr arna i efo ail dîm Bangor, wedi penderfynu gadael i ymuno â chlwb Bethesda, gan ddenu nifer o hogia ifanc Heol Farrar i arwyddo i'w dîm newydd o, ac rown i yn un o'r rhai gafodd wahoddiad i wneud hynny. Roedd gynnon ni i gyd feddwl mawr o Elfed gan ei fod yn berson diffuant iawn a byddai pawb yn barod i redeg drwy wal frics iddo fo ac i Ken Argraig, ei is-reolwr. Roeddwn i hefyd i dderbyn rhyw £10 yr wythnos am chwarae, oedd yn gymorth ariannol pwysig iawn i mi ar y pryd. Ond yn ogystal â'r abwyd hwnnw roedd hi'n bleser chwarae i'r tîm newydd, a hynny fel ymosodwr blaen. Ddaru ni gael tipyn o lwyddiant, gan ennill y trebl – y gynghrair a dwy gwpan – ac mi orffennais y tymor fel prif sgoriwr y gynghrair honno.

Roedd Bethesda yn glwb arbennig iawn: cae da, tîm da, cefnogwyr unigryw a chymeriadau hoffus, a neb yn fwy felly na fy Yncl Oscar Bach a Dafydd Rhos.

Mynd i Brifysgol Furman yn America

Dwi ddim yn ddyn sy'n credu mewn ffawd a dwi ddim yn siŵr a oes rheswm pam mae pethau'n digwydd – falla mai lwc ydy'r cyfan. Ond mi gymerodd fy llwybr i dro go siarp pan gefais i wahoddiad i fynd i America, a rhaid dweud mai dyna'r cyfnod ddaru fy niffinio i fel person. Mae'n debyg fy mod i wedi gwneud argraff, wrth chwarae i Fangor a Bethesda, ar Roy Rees, oedd wedi gwneud ei farc fel hyfforddwr ei hun ym Mhrydain ers rhai blynyddoedd. Erbyn hynny, ac ynta wedi gwneud enw iddo'i hun efo clybiau Skelmersdale ac Altrincham ac wedi bod yn rheolwr ar Fangor am gyfnod tra oedd yn Gyfarwyddwr Addysg Gorfforol yn y Brifysgol yno, roedd o wedi dechrau meithrin cysylltiadau â'r awdurdodau pêl-droed yn yr Unol Daleithiau. Roedd o wedi cael swydd fel Pennaeth Addysg Pêl-droed cwmni Umbro yn America. Gan fod swyddfeydd y cwmni yn Greenville yn nhalaith De Carolina, lle hefyd roedd Prifysgol Furman, daeth cyfle iddo ddod yn Hyfforddwr Cysylltiol ar dîm pêl-droed y brifysgol honno.

Yn sgil hynny cefais wahoddiad gan Roy i fynd i Brifysgol Furman i wneud cwrs gradd mewn Iechyd ac Addysg Gorfforol, â'r bwriad o gael fy ariannu'n rhannol gan un o'r Ysgoloriaethau Pêl-droed y byddai'r Brifysgol honno'n eu cynnig. Roedd ffrind i mi, oedd hefyd yn chwarae efo fi yn nhîm Cymru, Mark Williams o Flaenau Ffestiniog, hefyd wedi cael yr un cynnig. Mae'n rhaid cyfadda bod y syniad yn apelio'n fawr ata i ond, wrth sgwrsio efo Roy, daeth hi'n amlwg mai un o'r ffactorau pwysica i mi oedd y gost. Felly, roedd yn rhaid holi beth oedd goblygiadau'r geiriau 'a ariennir yn rhannol gan ysgoloriaeth' wrth ddisgrifio'r cwrs a gynigid gan Furman. Roedd ffioedd y Brifysgol honno bryd hynny tua $15,000 y flwyddyn (tua £10,000) ac yn cynnwys costau bwyd a llety. Erbyn hyn mae'n costio tua $55,000 y flwyddyn. Byddai'r ysgoloriaeth yn talu rhyw un rhan o dair o'r ffioedd hynny, oedd yn golygu y byddai'n rhaid i fy rhieni dalu'r gweddill ar fy rhan, fyddai, wrth gwrs, yn goblyn o glec ariannol. Ond chwarae teg iddyn nhw, unwaith iddyn nhw sylweddoli bod y cynnig o le yn Furman wirioneddol yn apelio ata i, ddaru nhw ddim petruso dim o ran addo pob cefnogaeth i mi, er fy mod i'n sylweddoli y byddai hynny'n golygu tipyn o ymrwymiad ac aberth o'u rhan nhw am gyfnod sylweddol. Mi fydda i'n ddiolchgar am byth iddyn nhw am fod yn gefn i mi yr adeg honno. Roeddwn i'n gwybod hefyd y buasai'n rhaid i mi weithio'n galed i sicrhau'r ysgoloriaeth dros y cyfnod y byddwn i yn Furman. Yn anffodus, doedd Cyngor Ynys Môn, ar y pryd, ddim yn medru cefnogi'n ariannol a doedd Leighton Andrews ddim o gwmpas hefo'i system o ariannu myfyrwyr heddiw.

Bu'n rhaid i mi fynd i Goleg Ithaca yn Llundain efo Llinos, fy chwaer, un diwrnod i sefyll y 'Scholastic Aptitude Test', sef y prawf academaidd y mae'r holl fyfyrwyr Americanaidd yn ei sefyll os ydynt eisiau cael eu derbyn i'r Brifysgol. Roedd yn rhaid disgwyl am ychydig fisoedd cyn clywed fy mod wedi bod yn llwyddiannus ac wedi cael fy nerbyn o safbwynt academaidd, ac o safbwynt pêl-droed roedd Roy'n ffyddiog na fyddai unrhyw broblem. Gan fod pêl-droed yn prysur ddod yn boblogaidd dros ben yn America bryd hynny, roedd ynta ac awdurdodau'r coleg, wrth gwrs, yn awyddus i weld statws y tîm pêl-droed yn codi. Yn y dyddiau hynny, doedd tîm pêl-droed Furman ddim yn un o'r 20 tîm ucha o blith y miloedd o brifysgolion yn America ond dros y blynyddoedd mae wedi gwella'n sylweddol nes ei fod o bellach tua'r seithfed. Yn y man daeth y newydd gwych fy mod i a Mark wedi cael ein derbyn gan y Brifysgol ac yn ystod y misoedd wedyn mi roedd 'na dipyn o gynllunio a threfnu i'w wneud... er i rywfaint o'r gwaith hwnnw fynd yn ofer ar y cychwyn cynta yn UDA!

Aeth Mark draw i America rai wythnosau o 'mlaen i gan ei fod o wedi trefnu treulio peth o'r haf yn hyfforddi pêl-droed mewn gwersyll Camp America yn Connecticut. Y bwriad gwreiddiol oedd fy mod i'n hedfan i Newark ddechrau Medi 1985 ac yn cymryd bws Greyhound oddi yno i New Haven, Connecticut, lle byddai Mark yn fy nghyfarfod i yn yr orsaf fysys. Ar ôl treulio ychydig ddyddiau yn y gwersyll efo fo roedd y ddau ohonon ni'n mynd i deithio i Dde Carolina efo'n gilydd. Ond pan ddaru mi gyrraedd Newark mi ffeindiais fy mod i wedi colli fy nhocyn bws ac o ganlyniad roedd yr holl gynlluniau a wnes efo Mark bellach wedi cael eu drysu'n lân. Panic... a ffonio adra i ddweud bod 'na hogyn bach o Fôn ar gyfeiliorn yn llwyr yn America fawr.

I dorri stori hir yn fyr, mi dreuliodd fy rhieni, efo cymorth Arwel ac Eryl, oriau lawer ganol nos yn plotio a phori uwchben map ar eu pennau gliniau ar lawr. Yn ogystal bu'n rhaid gwneud gwerth rhai cannoedd o bunnoedd o alwadau ffôn rhwng fy rhieni a fi a rhwng Mark a fy rhieni. Roedd gen i jyst digon o bres i gael tacsi o faes awyr Newark i New Haven ond pan ddaru mi gyrraedd yr orsaf fysys doedd dim golwg o Mark. Doeddwn i ddim chwaith yn gwybod digon am yr ardal i egluro i'm rhieni, er mwyn iddyn nhw gael esbonio wrth Mark dros y ffôn, ble yn union rown i. Ymhen hir a hwyr mi gyrhaeddodd Mark, oedd wedi gyrru, i ddechrau, i'r orsaf fysys anghywir, filltiroedd lawer i ffwrdd ym mhen arall y ddinas, i ddisgwyl amdana i.

Furman

Ymgartrefu ym Mhrifysgol Furman

Yn eironig, dim ond tri diwrnod barodd Mark yn Furman. Ddaru o ailfeddwl ynglŷn â gohirio'r lle roedd o wedi cael ei gynnig gan Goleg Crewe ac Alsager ac roedd hynny, yn ogystal â rhyw 'chydig o hiraeth, yn ddigon i wneud iddo godi'i bac a dychwelyd i Gymru. Bellach rown i'n Gymro bach ar ei ben ei hun yng nghanol môr Americanaidd De Carolina ac am rai misoedd roedd gen i hefyd dipyn o hiraeth am adra, am sawl rheswm. Yr adeg honno bu teulu a ffrindiau a phobol Capel Gad yn gefn mawr i mi. Ond yn raddol mi ddaru mi setlo a dod i fwynhau bywyd prifysgol yno i'r eitha. Yn un peth, mae lleoliad Prifysgol Furman yn arbennig o drawiadol, â champws sy'n ymestyn dros 750 o erwau, yn cynnwys llyn, ac mae wedi cael ei ddisgrifio'n rheolaidd dros y blynyddoedd fel un o'r hardda ymhlith prifysgolion yr Unol Daleithiau.

Roedd Furman, a enwyd ar ôl diwinydd o fri o'r rhan honno o'r wlad, yn cael ei noddi gan Fedyddwyr y De ac yn arddel safonau y byddai llawer yn eu galw'n gul. Doedd dim hawl cael alcohol ar dir y Brifysgol ac roedd bloc preswylio'r genod ym mhen arall y campws i neuaddau'r hogia. Eto, roedd 'na fywyd cymdeithasol byrlymus iawn yno a ddaru mi daflu fy hun i'w ganol o'r cychwyn cynta. Er mwyn i'r myfyrwyr ddod i nabod ei gilydd mi gynhaliwyd 'Ball' soffistigedig iawn, a'r genod mewn ffrogiau crand a'u partneriaid wedi gorfod llogi siwtiau 'tuxedo'. Ond yr hyn oedd yn ddiddorol oedd y ffordd y câi'r partneriaid eu dewis. Roedd gan bob un o neuaddau'r bechgyn 'chwaer' neuadd merched ac roedd disgwyl felly i bob hogyn ddewis un o genod y chwaer neuadd i fynd i'r ddawns efo fo... a dyma sut y byddai hynny'n digwydd. Byddai pob un o'r merched yn rhoi un o'u sgidiau yng nghanol y llawr heb i'r bechgyn eu gweld. Yna byddai pob hogyn yn ei dro yn dewis esgid, a pherchennog yr esgid honno wedyn fyddai 'i bartnar o ar gyfer y 'Ball' ac i gyfarfod Llywydd y Brifysgol ar y pryd, sef John E Johns, a oedd o dras Cymreig rhyw dair cenhedlaeth yn ôl. Fel mae'n digwydd, yn ein hachos ni, roedd mwy o genod nag o hogia, felly mi ges i fynd â dwy hogan, un ar bob braich. Er mai dim ond dewis sgidiau ffwtbol oedd wedi mynd â 'mryd i cyn hynny, mae'n rhaid bod gen i dast reit dda mewn sgidiau merched achos roedd gynna i'r ddwy hogan ddela oedd yn y ddawns yn gwmni i mi.

I raddau helaeth iawn mae bywyd cymdeithasol colegau America wedi cael ei seilio ar gyfundrefnau'r Frawdoliaeth (Fraternity) o ran yr hogia a'r Chwaeroliaeth (Sorority) yn achos y genod. Mae'n drefn ryfedd iawn lle mae myfyrwyr gwrywaidd yn cael eu henwebu i fod yn aelodau o Frawdoliaeth arbennig, o ryw gant a mwy, sydd fel arfer yn dwyn enw llythyren o'r wyddor Roeg, ac mi gaiff ei gweithgareddau a'i thrafodaethau hi eu cynnal yn y dirgel. Ond cyn i chi fedru ymuno â Brawdoliaeth roedd yn rhaid cyflawni nifer o dasgau (gwirion, fel arfer!) dros gyfnod o rai wythnosau ac yna, os oedd yr aelodau'n fodlon, mi gaech eich derbyn ganddyn nhw. Wedi hynny, tra byddech chi yn y Brifysgol, efo aelodau'r Frawdoliaeth honno y byddai disgwyl i chi gymdeithasu fwya ac ymwneud â gweithgareddau a gâi eu trefnu yn enw'r Frawdoliaeth.

Erbyn hyn roedd pedwar ohonon ni oedd ar ein blwyddyn gynta, sef yn 'Freshmen', yn ffrindiau agos iawn: y fi, y Ffrancwr Philippe, Rod Underwood o Atlanta, Georgia ac Andy Malcolm o Knoxville, Tennessee. Am rai misoedd ddaru ni ddewis anwybyddu'r gwahoddiadau i ymuno â'r Frawdoliaeth gan ein bod ni'n ddigon hapus yn troi ymhlith ein gilydd fel chwaraewyr pêl-droed, gan gymdeithasu ar draws y brawdoliaethau. Ond dyma sylweddoli cyn bo hir bod 'na nifer fawr o achlysuron yn cael eu cynnal gan y myfyrwyr nad oedd yn bosib mynd iddyn nhw os nad oeddach chi'n perthyn i Frawdoliaeth. Felly dyma fi a'm ffrindiau penna yn derbyn gwahoddiad i ymaelodi ag un ohonyn nhw a thrwy hynny gychwyn ar drefn o gael ein rhoi ar brawf dros gyfnod o ryw ddeuddeg wythnos. Roedd hynny'n golygu cyflawni nifer o dasgau yn ôl y galw, fel dysgu'r wyddor Roeg neu ateb gorchymyn yn ystod oriau mân y bora i fynd i ystafell un o'r aelodau er mwyn symud CD o un silff i silff arall, treulio noson yn cysgu mewn sied efo nifer o'r ymgeiswyr eraill... a cheisiadau dibwys tebyg. Ar ddiwedd cyfnod o rhyw chwe wythnos o dreial roedd yn rhaid cael yr aelodau i lofnodi eich bod chi wedi bodloni'r Frawdoliaeth a'ch bod yn cael symud ymlaen i ail gyfnod ar brawf. Yn aml iawn byddwn yn trio meddwl am esgus i beidio â derbyn siars, fel dweud bod gen i gêm bêl-droed fawr y diwrnod wedyn a'i bod hi'n bwysig nad oeddwn i'n colli cwsg.

Unwaith, yng nghanol nos, rhoddwyd gorchudd clustog am bennau rhyw ddeuddeg ohonon ni, ein cario ni mewn ceir gan rai o'r aelodau am ryw dri-chwarter awr a'n tywys drwy ryw frigau coed annifyr a ninna'n baglu dros dir digon garw ac anwastad wrth symud. Yna mi gawsom ein rhoi mewn cylch, gan afael yn nwylo ein gilydd, a'n gorchymyn, pob un yn ei dro, i ddweud pam roedd ymuno â'r Frawdoliaeth mor bwysig. Yn y diwedd, gan na chawson ni ddim ymateb gan ein tywyswyr am beth amser, ddaru un o'r hogia godi'r gorchudd clustog oddi ar ei wyneb a chyhoeddi mai dim ond ni'r ymgeiswyr oedd ar ôl yno. Roedd yr aelodau fu'n ein rhoi ni ar brawf wedi diflannu! Ein gofid penna ni oedd sut aflwydd roeddan ni'n mynd i gyrraedd yn ôl i'r coleg, yn enwedig yr adeg honno o'r nos. Ar ôl cerdded trwy'r coed am tua phum munud dyma sylweddoli ein bod ni'n gallu gweld y coleg rhyw ychydig o'n blaenau ni.

O'r diwedd, ar ôl rhyw ddeuddeg wythnos, daeth y prawf terfynol, sef 'Hell Night'. A dyna'n union oedd o, a does dim angen dweud mwy. Ar ôl cyflawni'r holl dasgau (system sy'n draddodiadol yn cael yr enw 'hazing') ddaru mi gael fy nerbyn i'r Frawdoliaeth. A dweud y gwir, roedd yr hyn roedd yn rhaid i mi ei wneud i ddod yn aelod yn eitha diniwed a doniol ond mae ambell Frawdoliaeth mewn rhai colegau wedi mynd dros ben llestri'n llwyr ar adegau, a holl bwyslais y tasgau ar sarhau a bychanu myfyrwyr mewn ffyrdd digon creulon a pheryglus. Yn wir, yn ystod y deng mlynedd diwetha cafodd 59 o fyfyrwyr eu lladd yn America wrth drio cyflawni tasgau 'hazing', nifer fawr ohonyn nhw o ganlyniad i yfed alcohol.

Roedd dyddiau Furman ymysg yr hapusa yn fy mywyd, a minna'n gwneud ffrindiau mewn lleoliad arbennig. Mae'r ffrindiau hynny'n parhau'n rhan bwysig o fy mywyd hyd heddiw. Fel tîm pêl-droed mi wnaethon ni golli cysylltiad am rai blynyddoedd ond trwy'r cyfryngau cymdeithasol rydan ni i gyd yn medru cyfathrebu yn rheolaidd bellach. Er bod y rhan fwya ohonyn nhw'n byw yn America mae'r byd yn fychan iawn erbyn hyn. Rhyw ddwy flynedd yn ôl ddaru ni ddathlu aduniad chwarter canrif efo'n teuluoedd ac ar ôl rhyw bum munud roedd hi fel petaen ni heb adael yr ystafell newid erioed.

Y drefn academaidd

O ran yr ochr academaidd yn Furman, oedd yn cael ei ddisgrifio fel Coleg Celfyddydau Breiniol ('Liberal Arts College'), rhaid i mi gyfadda fy mod wedi ffindio'r gwaith yn eitha sialens ar y dechrau. Y rheswm penna am hyn oedd fy mod i wedi gorfod cymryd ystod eang o bynciau nad oeddwn i wedi'u hastudio ers fy nhrydedd flwyddyn yn ysgol Llangefni, fel Bioleg a Ffiseg. Yn ogystal, roeddwn i'n gorfod mynd i'r afael â phynciau hollol newydd, fel Athroniaeth, Daeareg, Busnes a Seicoleg. Un cof doniol sydd gen i yw treulio semester yn astudio 'Military Science', sef ymarfer i ddod yn filwr yn yr 'US Army'. Felly bob dydd Llun am ddeuddeg wythnos byddwn i a fy ffrindiau, Philippe a Rod, ymysg criw fyddai'n gwisgo lifrai gwyrdd y fyddin ac yn dysgu sut i roi gwn M16 wrth ei gilydd, sut i ddarllen mapiau a sut i drefnu 'ambush' mewn coedwig, gan redeg rownd y campws yn canu:

I used to wear my faded jeans
Now I wear my army greens,
Oooh aaah Ranger.
I used to date my high school's queen
Now I date my M16,
Oooh aaah Ranger.

Roedd yn rhaid mynychu darlithiau ar ddechrau'r prynhawn ond roedd gofynion y clwb pêl-droed yn golygu na fyddwn i byth yn rhydd i ymgymryd â thasgau academaidd, fel traethodau, ymarferion a gwaith paratoi ar gyfer seminarau, tan gyda'r nos. Roedd trefn y rhaglen ddysgu, yn y dull traddodiadol Americanaidd, yn seiliedig ar y ffaith bod myfyrwyr yn gorfod ennill hyn a hyn o gredydau wrth ddilyn cyrsiau penodol ac roedd llwyddiant yn y cyrsiau hynny yn dibynnu ar gyfanswm y credydau y byddai'r myfyriwr wedi'u hennill erbyn y diwedd. Yn ogystal â'r gwaith academaidd roedd yn rhaid mynychu digwyddiadau celfyddydol â'r amcan o ddatblygu unigolion mwy eangfrydig. Mi oedd rhai o'r achlysuron hynny yn werth eu mynychu. A minna'n astudio Addysg Gorfforol fel prif bwnc mi fyddwn yn cael credydau wrth fynychu cyfarfodydd y Fellowship of Christian Athletes ac ymhlith y siaradwyr o fri ddaeth i'n hannerch ni dwi'n cofio cael y fraint o wrando ar enwogion fel y Parch. Jesse Jackson.

Y clwb pêl-droed

Roedd y galwadau ar aelodau'r clwb pêl-droed yn eitha trwm, er na fu hynny erioed yn faich i mi. Roeddan ni'n ymarfer bob prynhawn – yn wir, ddwywaith y dydd yn ystod y cyfnod yn arwain at ddechrau'r tymor, er mor anodd ar y dechrau oedd cynefino â gwres oedd yn 95° a lleithder o 95%. Dyna oedd yn gyfrifol, falla, am y ffaith bod rhai o'r hogia, ar ôl sesiwn ymarfer arbennig o galed ar ddechrau'r tymor, yn mynd 'nôl i ystafell un ohonyn nhw er mwyn cael mwynhau rhyw botelaid o gwrw oer o'r oergell, gweithred oedd yn groes i reolau'r Brifysgol. Yng nghanol y cynulliad bach cymdeithasol hwnnw ddaru mi grwydro allan i'r coridor, yng nghwmni Philippe, gan ddal potel o Budweiser yr un yn ein dwylo. Cyn hir mi glywais ein bod ni ein dau wedi cael dirwy o $50 am yfed alcohol ar dir y Brifysgol. Mae'n debyg bod rhyw 'blismon' moesau o blith myfyrwyr y neuadd breswyl wedi fy ngweld i, Philippe a'r poteli cwrw yn y coridor. Roedd yr hogia eraill wedi bod yn ddigon call i yfed yn yr ystafell.

Er y sylw rown i'n ei roi yn y Brifysgol i waith academaidd ac i'r bywyd cymdeithasol, roedd fy mywyd i yno'n troi'n benna o gwmpas y clwb pêl-droed. Pan gyrhaeddais i Furman roedd y coleg, am yr ail flwyddyn, wedi rhoi cynllun recriwtio ar waith fyddai'n codi'r tîm pêl-droed i fod ymhlith yr ugain tîm prifysgol gorau yn yr Unol Daleithiau. Dyna oedd wrth wraidd y polisi o gynnig nifer o ysgoloriaethau y flwyddyn flaenorol a'r flwyddyn y cyrhaeddais i yno, er mwyn denu yno rai o chwaraewyr ifanc gorau'r wlad ac un neu ddau o rai tramor fel y fi. O'r dechrau mi fydden ni'n chwarae rhai timau oedd ymhlith yr ugain gorau ac yn dod yn agos iawn at eu curo nhw. Erbyn fy ail flwyddyn mi fydden ni'n llwyddo yn eu herbyn nhw. Roeddan ni'n chwarae'n rheolaidd mewn cynghrair o'r enw'r Southern Conference, oedd yn cynnwys timau o Dde a Gogledd Carolina, Georgia a Tennessee.

Yn ystod y pedair blynedd y buas i'n chwarae i'r tîm ddaru ni ennill pencampwriaeth y Southern Conference dair gwaith, camp nad oedd Furman erioed wedi'i chyflawni cyn hynny. Er hynny, drws nesa i ni, fel petai, roedd yr Atlantic Coast Conference, oedd yn cael ei hystyried y 'Conference' gryfa yn America, ac yno y byddai rhai o dimau coleg gorau'r wlad yn chwarae, fel Duke, UNC, NC State a Clemson. Eto, erbyn i mi orffen yn y Brifysgol mi fydden ni'n cael y gorau arnyn nhw hefyd. Mae tîm pêl-droed Furman wedi cynnal y safon honno ers hynny a dod yn gyfforddus ymhlith yr 20 prifysgol orau yn y wlad. Yn ddiweddar, nhw oedd y trydydd tîm gorau o holl dimau prifysgolion America. Mi gafodd ambell seren ei ddenu yno hefyd, fel Clint Dempsey, a chwaraeodd dros 102 o weithiau i'w wlad a hefyd i Fulham a Spurs yn Uwchgynghrair Lloegr. A minna ar ymweliad â White Hart Lane dwi'n cofio cael sgwrs ddifyr efo fo ar ôl un gêm yn cymharu nodiadau am ein dyddiau ni yn Furman.

Hyfforddwyr y tîm

Y peth cynta ddaru wneud argraff arna i o ran y ddarpariaeth ar gyfer pêl-droed yn y Brifysgol oedd y cyfleusterau gwych. Yn wir, byddai rhai clybiau proffesiynol 'nôl adra wedi bod wrth eu bodd efo nhw. Roedd yno ddau gae pêl-droed a'r prif gae'n cael ei ddyfrio'n gyson gan system o sbrinclars tanddaearol. Roedd y stadiwm honno'n dal tua 2,000 o bobol ac mi fyddai'n llawn ar gyfer y gêmau pwysig. Roedd gan y clwb pêl-droed ddau hyfforddwr amser llawn, sef John Tart a'i gynorthwyydd, Roy Rees. Pan benderfynodd Furman arddel cynllun pwrpasol i godi eu statws yn y byd pêl-droed ychydig cyn imi gyrraedd yno cafodd John, fu gynt yn chwarae i'r tîm cynta, ei ddyrchafu i fod yn hyfforddwr amser llawn. Cyn hynny bu'r gwaith hwnnw yng ngofal hyfforddwr tenis y Brifysgol fel gwaith rhan-amser.

I John roedd y diolch am gyflwyno'r cynllun i gael y Brifysgol, ar y cyd â chwmni Umbro, i ddyfarnu ysgoloriaethau pêl-droed i fyfyrwyr fel y fi. Roedd o'n berson heb ei ail, un o'r bobol hyfryta ddaru mi ei gyfarfod erioed, a'i wraig Beth yn ddynes hyfryd yn ogystal. Roedd pawb isio chwarae iddo fo a thrio eu gorau er ei fwyn o. Fel arfer bydda fo'n dod i'r ystafell newid cyn gêm i gael gair tawel efo ni ac yna, yn nhraddodiad Bedyddwyr y De falla, mi fydda fo'n ein galw ni i ganol yr ystafell mewn 'huddle' a phawb yn sefyll mewn cylch ac yn gafael yn ei gilydd. Roedd hwn yn arferiad cwbl ddieithr i mi – doeddwn i erioed wedi bod mewn 'huddle' cyn hynny. Yna mi fyddai John yn gweddïo drosom ni ac yn ein cael ni i adrodd Gweddi'r Arglwydd efo'n gilydd, a ninna fel petaen ni ar fin mynd i'r gad.

Ar ôl ychydig o gêmau i'r tîm cynta ddaru mi gael fy newis yn gapten ar y tîm ac un o'r pethau cynta ddaru mi ei wneud oedd cael yr hogia i gytuno i ddileu'r arferiad o gynnal y sesiwn weddïo cyn pob gêm. Rŵan, rown i wedi cael magwraeth fendigedig ym Motffordd gan roi'r pwyslais dyladwy ar grefydd a'i werthoedd o ran y ffordd y dylian ni fyw ein bywydau. Ond, i mi, roedd troi at yr Arglwydd mewn gweddi eiliadau cyn i ni redeg allan i'r cae â bwriadau braidd yn anghristnogol o drechu'r gwrthwynebwyr ac ennill y frwydr yn rhyw fath o ragrith. Ddaru mi gael perswâd ar fy nghyd-chwaraewyr ac mi ddisodlwyd y weddi. Byddai John yn dal i ddod aton ni cyn pob gêm ac yn annerch yr hogia yn ei ffordd dawel, bwyllog ei hun. Yn fy marn i, roedd o, yn anffodus, yn gadael y criw mewn hwyliau braidd yn rhy heddychlon felly, wedi iddo fo fynd o'r ystafell newid, mi fyddwn inna'n cael yr hogia at ei gilydd i geisio rhoi tipyn o dân yn eu boliau ar gyfer y frwydr oedd o'n blaenau ni!

Roedd fy nyled i Roy Rees, cynorthwyydd John, yn anferth. Heblaw amdano fo faswn i ddim wedi cael y fraint o fynd i Furman o gwbl. Roedd o'n hyfforddwr heb ei ail ac yn sicr, o ran y math o gêm roedd o'n trio'i ddatblygu, roedd ganddo syniadau modern iawn. Symudodd ymhen rhai blynyddoedd i swyddi parchus iawn, gan gynnwys bod yn hyfforddwr mewn pedair Cwpan y Byd i dîm America dan 17, ddaru guro yn eu tro dimau Brasil, yr Ariannin a'r Eidal, gan feithrin talentau sawl chwaraewr ifanc dawnus iawn. Daeth rhai yn y man yn chwaraewyr proffesiynol o fri ac yn aelodau o dîm pêl-droed hŷn America. Yn ôl Steve Heighway, a chwaraeodd 300 o gêmau i Lerpwl a 34 gwaith i Iwerddon ac a gafodd brofiad o sgiliau hyfforddi pobol fel Bill Shankly a Bob Paisley, Roy Rees oedd yr hyfforddwr gorau roedd o wedi gweithio efo fo erioed. Yn anffodus, dylai Roy fod wedi cael mwy o sylw fel hyfforddwr nag a gafodd o yng Nghymru, ac yn y pen draw mi gefnodd yr awdurdodau pêl-droed yn America arno. Un rheswm am hynny, mae'n siŵr, oedd ei fod o'n arddel dulliau meithrin doniau unigol y chwaraewyr, a phêl-droed creadigol, tra bod gwybodusion America yn ffafrio dull mwy uniongyrchol ac elfennol o chwarae'r gêm. Ond roedd gan Roy un gwendid, falla, oedd yn gweithio yn ei erbyn o'n aml, sef y ffaith nad fo oedd y person mwya diplomatig pan fydda fo'n cyflwyno'i neges.

Yn ogystal â chael gwasanaeth John a Roy yn y coleg, roedd 'na hyfforddwr penodol ar gyfer y gôl-geidwaid, sef Bill Steffen. Roedd 'na hefyd ffisiotherapydd amser llawn, John Dumas, at wasanaeth yr hogia, a thîm meddygol cyflawn y gallen ni droi atyn nhw, yn ôl y galw, yng Nghanolfan Iechyd y Brifysgol. Eto, roedd rhai agweddau ar fod yn aelod o'r clwb pêl-droed yn anodd cynefino â nhw yn y dyddiau cynnar, yn arbennig y gofal am yr hyn roeddan ni'r chwaraewyr yn ei gael i'w fwyta. Ar gyfer ein bwrdd ni aelodau'r clwb pêl-droed yn ffreutur y Brifysgol rhoddwyd pwys ar ddarparu bwydydd oedd yn uchel o ran eu cynnwys carbohydrad, ymhell cyn i'r fath ddarpariaeth ddod yn gyffredin mewn clybiau proffesiynol ym Mhrydain. Arferiad arall dieithr i mi oedd gwrando ar yr hyfforddwyr yn dadansoddi ein sesiynau ymarfer ar fideo yn syth ar ôl gêm, elfen ddaru ddim dod yn rhan o baratoadau nifer fawr o'n clybiau ni adra am flynyddoedd lawer wedyn.

Yn ystod haf 1985 mi ddaru Roy Rees ddangos fideo o gêm Brasil yn erbyn yr Eidal yng Nghwpan y Byd 1982. Dwi'n cofio'r siom o weld Brasil yn colli o 3 gôl i 2 a sêr canol cae fel Źico, Falcão, Sócrates ac Éder yn gorfod gadael y gystadleuaeth o'r herwydd. Mae'n debyg mai hwnnw oedd y tîm gorau erioed i fethu ennill Cwpan y Byd. Wedyn gofynnodd Roy be oeddan ni wedi sylwi arno'n arbennig yn ystod y gêm. Ddaru ambell un ohonan ni sôn yn swil am ganol cae gwych Brasil, eu pêl-droed hyfryd, pa mor ymosodol oedd yr holl dîm a'r ffaith y dylian nhw fod wedi ennill. Ymhen hir a hwyr dyma Roy'n dangos y tair gôl a sgoriodd Rossi i'r Eidal a thynnu'n sylw ni at sut roedd cefnwr chwith Brasil, sef Júnior, ar fai am y tair gôl oherwydd ei waith amddiffynnol esgeulus. Allwn i ddim credu'r peth, a dyna pryd, 'nôl yn 1985, y cafodd fy meddwl i ei agor i bwysigrwydd dadansoddi mewn pêl-droed. Fuodd dim troi 'nôl oddi wrth yr egwyddor honno i mi fyth wedyn.

Gwrthwynebwyr a phatrwm y tymor

Roedd y gêmau oddi cartra y bydden ni'n eu chwarae yn aml yn golygu tipyn o deithio o Dde Carolina i lefydd yn

Tennessee, Gogledd Carolina, Virginia, Georgia a Florida. Byddai hyn yn gallu golygu siwrna o ryw chwe awr pan fydden ni, er enghraifft, yn chwarae yn erbyn y Sefydliad Milwrol yn Virginia, ond efo'r coleg yn darparu dau fws mini moethus ar gyfer y garfan a'r staff hyfforddi, doedd hynny ddim yn faich o gwbl. Pan fydden ni'n gorfod aros dros nos byddai'r gwestai bob amser yn safonol a'r sylw priodol yn cael ei roi i'r math o ddeiet roeddan nhw'n gallu ei gynnig ar ein cyfer. Bonws ychwanegol i mi'n bersonol oedd bod y tripiau 'ma'n rhoi cyfle gwych i mi weld rhai o ryfeddodau'r wlad, fel Mynyddoedd Appalachia, wrth drafaelio. Cyn y dyddiau hynny, dim ond geiriau gwag mewn cân gan John Denver, Olivia Newton-John neu Dolly Parton oedd rhai megis:

> Almost heaven, West Virginia,
> Blue Ridge Mountains, Shenandoah River...
>
> Country roads, take me home,
> To the place where I belong,
> West Virginia, mountain mamma,
> Take me home, country roads.

Ar ddyddiau Sadwrn y byddai'r gêmau'n cael eu cynnal fel arfer, er bod rhai'n digwydd ganol wythnos o bryd i'w gilydd. Roedd y patrwm hwnnw'n ddigon cyfarwydd i mi, ond yr hyn oedd yn taro'n chwithig braidd, yn enwedig yn y flwyddyn gynta, oedd rhediad y tymor. Byddai gêmau'r gynghrair yn dechrau yn niwedd Awst ac yn parhau tan ddiwedd Tachwedd. Yn ystod Ionawr a Chwefror mi fydden ni'n cynnal sesiynau ymarfer yng nghampfa dan do fawr y coleg, a'r pwyslais bryd hynny ar fagu nerth ac ystwythder. A'r tywydd teg yn dychwelyd tua mis Mai, mi fydden ni am dri mis wedyn yn ymarfer yn yr awyr agored unwaith eto, gan roi sylw arbennig i ddycnwch a chyflymder, â'r tymor newydd ar y gorwel. Yn ystod y cyfnod yma hefyd mi fydden ni'n chwarae rhyw hanner dwsin o gêmau yn erbyn timau colegau eraill, ond fyddai'r rheini ddim yn rhan o raglen swyddogol y gynghrair.

Gwyliau

Dim ond dros y Nadolig fyddwn i'n dod adra i Fotffordd ac roedd hwnnw bob tro yn amser sbesial iawn. Bryd hynny mi fyddai'r teulu oll hefo'i gilydd. Un Nadolig mi wnaeth yr hyfforddwr John Tart a'i wraig Beth ddod i aros hefo ni ac mi gawson nhw amser arbennig, gan wirioni ar Nain oedd yn byw drws nesa. Y bwriad oedd dod drosodd i weld hogyn o Ysgol Syr Hugh Owen oedd yn chwarae i Ysgolion Cymru. Roedd Wyn Davies, un o'r athrawon, wedi dweud wrtha i bod Richard Huws yn chwaraewr addawol iawn ac roedd hynny'n ddigon da i mi. Er hynny, roedd yn rhaid dod i'w weld o'n chwarae, ac er nad oedd y gêmau eu hunain yn arbennig mi welson ni ddigon yn Richard i'w recriwtio fo i Furman ar ysgoloriaeth bêl-droed, lle y bu'n llwyddiant mawr ar ôl fy nghyfnod i yno.

Ar adegau eraill mi fyddwn yn aros yn America ac yn manteisio ar y cyfle i gael trafeilio a gweld y wlad. Yn aml yn ystod gwyliau mis Chwefror roeddwn yn mynd i weld dynes o Fôn oedd bellach wedi ymgartrefu yn Harrisburg, Pennsylvania, sef Mary Lloyd Lewis, ac mi fyddwn yn cael croeso arbennig ganddi hi a'i theulu. Roedd yr Amish yn byw gerllaw yn Lancaster County a ddaru mi gael y profiad o'u gwylio nhw'n byw o ddydd i ddydd yn eu cymdeithas glòs. Buas i lawr yn Memphis efo Philippe a ddaru mi ymweld â Graceland, cartra'r Brenin, ddwy waith. Wnes i ddim sôn amdana i yn y siwt wen yn y Theatr Fach wrth fynd trwy'r Jungle Room!

Yn ystod tymor y gwanwyn mi fydden ni'n mynd yn aml yn griw i wahanol lefydd i dreulio ambell benwythnos efo'n gilydd. Doedd dreifio car am oriau lawer yn golygu dim i'm ffrindiau. Ar brynhawn Gwener, y tu allan i'r tymor pêl-droed, mi fyddai rhyw bump ohonon ni, falla, yn neidio i gar a gyrru am ddeg awr i wres Fort Lauderdale. Mi fydden ni'n cyrraedd tua 10 o'r gloch y noson honno, sef yr amser perffaith i fynd allan fel myfyriwr, ac yna'n cael mwynhau'r dydd Sadwrn ar y traeth cyn gyrru 'nôl i'r coleg ar y dydd Sul. Dro arall dwi'n cofio i ni fynd i Efrog Newydd am benwythnos i weld y sioe *Dreamgirls*, gan aros efo ffrindiau. Mis Ebrill oedd adeg y 'Spring Break', sef yr adeg pan fyddai'r Frawdoliaeth yn draddodiadol yn llogi gwesty cyfan ar y traeth yn Myrtle Beach a ninna oll yn treulio penwythnos yno mewn parti mawr. Yr holl fechgyn a'r chwiorydd yn cael amser bendigedig yn yr heulwen. Hwn oedd y parti mwya a'r un gorau bob blwyddyn.

Ond gwyliau'r haf oedd y gorau i mi oherwydd bryd hynny roeddwn yn cael hyfforddi pêl-droed. Er hynny, ddaru mi ar ddau achlysur drafeilio'r wlad ar fws Greyhound am dair wythnos. Cael teithio am 21 diwrnod am $99: Atlanta – Washington DC – Philadelphia – Detroit – Chicago – Kansas City – Denver – Salt Lake City – Las Vegas – Phoenix – Santa Fe – San Antonio – Houston – Dallas – New Orleans – Birmingham – Memphis. Cysgu ar y bws bob nos, deffro mewn dinas wahanol bob bora. Mi wnes i fwynhau'r profiad yn fawr ond roedd yna beryglon hefyd, wrth edrych yn ôl, megis dynes wallgo yn dod ar y bws yn Nevada, a minna dro arall bron â chael fy hun yn gaeth mewn tŷ oedd yn eiddo i gwlt yn Denver!

Safon y chwaraewyr

Pan gyrhaeddais i Furman a chael cyfle i bwyso a mesur cyfraniadau'r hogia oedd yn perthyn i'r clwb pêl-droed, ddaru mi sylweddoli nad oedd y safon yn is na'r hyn rown i wedi arfer ag o yng ngogledd Cymru. Eto, roedd natur y gêm roeddan ni'n ei chwarae a rhinweddau fy nghyd-chwaraewyr yn wahanol. Roedd hogia eraill tîm Furman yn meddu ar safon dechnegol uchel iawn, yn athletwyr gwych ac yn gyflymach o lawer na fi o gwmpas y cae. Yn hynny o beth roeddan nhw'n rhagori arna i, a hefyd ar y rhan fwya o'r hogia y buas i'n chwarae efo nhw yng ngogledd Cymru cyn dod i Furman. Lle rown i ar fy ennill, serch hynny, oedd fy mod i, yn y gorffennol, wedi cael rhai blynyddoedd o chwarae efo dynion, gan ddysgu tipyn oddi wrthyn nhw. Profiad dieithr i hogia'r Brifysgol! Felly roedd gen i fantais sicr drostyn nhw o ran aeddfedrwydd a'r ymwybyddiaeth dactegol roedd ei hangen ar y cae.

Yn ogystal, roedd natur y gêm roeddan nhw wedi arfer ei chwarae yn eu galluogi nhw i ddefnyddio eu sgiliau technegol ardderchog, yn wahanol iawn i'r gêmau adra. Yn sicr, fasan nhw ddim wedi cael llawer o hwyl arni ar gae Ffordd Farrar ym Mangor ganol gaeaf. Ond yn yr un modd, byddai chwaraewyr Bangor, pan oeddwn i'n aelod o'r tîm hwnnw, ar goll yn llwyr ar gaeau caled De Carolina ac mewn tywydd eithriadol o boeth. I ddefnyddio enghraifft arall, ym mis Chwefror ar Ffordd Farrar, yn erbyn tîm Bangor ddaru ennill yr FA Trophy pan oeddwn i'n chwarae iddyn nhw, fasa Furman ddim wedi cael hwyl arni o gwbl. Yn yr un modd, yn stadiwm Furman mewn gwres sylweddol, basa'r Dinasyddion wedi'i chael hi'n anodd iawn. Yr adeg honno doedd y gêm ym Mhrydain ddim yn dibynnu cymaint ar dechneg ond, yn hytrach, ar chwarae corfforol ac ar ddycnwch a rhedeg yn galed. O ran patrwm y chwarae, does dim modd cymharu gêm yn yr Uwchgynghrair heddiw â'r hyn oedd yn digwydd yn yr hen Adran Gyntaf erstalwm. Erbyn hyn mae'r gêm ym Mhrydain yn debycach o lawer i'r hyn oedd hi yn America flynyddoedd yn ôl. Yn hynny o beth byddai modd dweud bod America ymhell o flaen ei hamser.

Pêl-droed Americanaidd

Doeddan ni'r hogia pêl-droed yn Furman ddim yn gallu cystadlu â thîm pêl-droed Americanaidd y Brifysgol o ran nifer y dilynwyr oedd ganddyn nhw. Bob gêm gartra mi fydden nhw'n denu rhyw 20,000 o gefnogwyr yn rheolaidd. Ar yr adegau pan oedd y tîm pêl-droed yn chwarae ar fora Sadwrn yn hytrach nag yn y prynhawn mi fyddwn i yn eu plith. Roeddwn i'n hoff o wylio'r gêm a ddaru mi hefyd fwynhau'r cyfle i chwarae'r gêm mewn ambell gystadleuaeth o fewn y Brifysgol. Roedd aelodau tîm cynta Furman yn arwyr mawr, a'r pwyslais ar y 'mawr' yn llythrennol felly. Roedd eu gêm nhw, wrth gwrs, wedi'i seilio i raddau helaeth ar rym a chryfder ac roedd hi'n arferol iddyn nhw ystyried pêl-droed yn gêm fach ddiniwed braidd. Ond ddaru mi gael cyfle un diwrnod i newid meddwl rhai ohonyn nhw yn hynny o beth.

Roedd eu cae ymarfer nhw yn ymyl y cae pêl-droed ac wrth iddyn nhw gerdded heibio tra oeddan ni yng nghanol gêm rhyw ddiwrnod mi fu'n rhaid i mi daranu i mewn i dacl ffyrnig gan ddod allan ohoni â'r bêl wrth fy nhraed, dim ond i wynebu tacl arall ac yna un arall. Es i drwy'r tair tacl gan ennill y bêl bob tro a ddaru hynny arwain at floeddiadau o gymeradwyaeth gan hogia'r tîm pêl-droed Americanaidd oedd yn gwylio. Wedi hynny yn Furman mi ges i fy ystyried yn fêt mawr ganddyn nhw a phan fyddwn i'n dod ar eu traws nhw ar y campws wedyn cawn 'daro pump' ('high five') â nhw. Cofiwch, i rywun o 'nhaldra i roedd hi'n golygu tipyn o naid i gyrraedd i fyny at eu 'pump' nhw. Ond dyna sut roedd pawb yn cyfarch ei gilydd yn gyffredinol p'run bynnag yn y Brifysgol, gan rannu 'fives' wrth basio. Dim ond rhywbeth roeddwn i wedi'i weld ar raglenni Americanaidd fel *Fame* oedd y weithred honno i mi ond mi ddaeth yn y man yn rhywbeth hollol naturiol ac yn rhan o fywyd dyddiol.

Ar adegau mi fydden ni'r hogia pêl-droed yn tynnu ar rai o draddodiadau pêl-droed Americanaidd, fel yr arferiad o gael criw o genod codi hwyliau ('cheerleaders') i annog cefnogaeth y dorf i'r tîm drwy fynd trwy gampau arbennig ar yr ystlys yn ystod gêm. Roeddan nhw fel arfer yn genod del, siapus a byrlymus a dwi'n cofio, ar yr adegau pan fuon ni'n dibynnu arnyn nhw i godi brwdfrydedd y dorf, mi fyddai pawb yn ein tîm ni'n anarferol o awyddus i gymryd tafliad o'r ystlys pan fyddai yng nghyffiniau'r genod codi hwyliau. Mi ddes i'n ymwybodol o'r pwysigrwydd a roddid yn y Brifysgol i statws y genod hynny yn ystod fy wythnos gynta un fel myfyriwr yno. Ar yr adeg honno byddai Furman yn cynnal gwersyll arbennig i ddarpar genod codi hwyliau o blith y cannoedd o ferched ysgolion uwchradd y dalaith a oedd yn gobeithio dod i'r Brifysgol. A dyna lle bydden nhw am rhyw ddwy neu dair wythnos, yn dysgu'r gwahanol batrymau symud a'r campau gymnastaidd y byddai angen iddyn nhw eu defnyddio petaen nhw'n cael eu dewis i fod yn rhan o'r tîm codi hwyliau.

Anrhydeddau fel chwaraewr

Mi ges i bedwar tymor hapus a llewyrchus fel aelod o dîm pêl-droed Furman. Ar ddau achlysur ddaru mi gael fy newis yn chwaraewr y flwyddyn yn y Southern Conference, gan chwarae sawl gwaith i dîm unedig y Southern Conference ac i'r tîm All Southern Conference, sef goreuon holl brifysgolion de-ddwyrain America. Ar ddiwedd bob tymor byddai'n arferiad dewis tîm yr All American Conference, oedd yn cynnwys y chwaraewyr a gâi eu hystyried y gorau drwy holl brifysgolion America, ac rown i'n ddigon ffodus i ennill fy lle yn y tîm hwnnw ddwy waith. Eto, doedd y gamp honno ddim yn arwain at unrhyw gêm, dim ond bod y rhai a ddewiswyd i'r tîm yn cael arddel yr anrhydedd, ac, yn wir, rown i'n ymwybodol iawn o bwysigrwydd ennill y fraint honno.

Am wn i, y gêm fwya ddaru mi chwarae ynddi oedd y Senior Bowl ar ddiwedd fy nhymor ola, pan rannwyd goreuon byd pêl-droed y prifysgolion yn ddau dîm yn cynrychioli'r Dwyrain a'r Gorllewin ar gyfer gornest a gynhaliwyd yn St Louis, Missouri. Bryd hynny ddaru mi gael y wefr o sgorio'r gôl fuddugol wrth i ni ennill o 2 i 1 yn erbyn y Dwyrain. Oherwydd y ffordd ryfedd oedd ganddyn nhw o rannu'r wlad ar gyfer y gêm honno, roedd Furman wedi ei lleoli yn y Gorllewin.

Nodweddion fel chwaraewr

Ddaru mi ddim sgorio llawer o goliau yn ystod y ddwy flynedd gynta yn nhîm Furman. Yng nghanol y cae y byddwn i'n chwarae, gan drio efelychu'r math o chwarae ddaru beri i Roy Rees, efo'i dafod yn ei foch, fy ngalw i'n Graeme Souness America! Mae'n wir fy mod i'n hoff o gyflwyno ychydig o 'ddiawl' i chwarae'r tîm, gan drio seilio fy ngêm ar daclo digyfaddawd, rhediadau penderfynol a phasio treiddgar. Ond, mae'n rhaid i mi gyfadda, ddaru rhai o'r straeon gafodd eu hadrodd yn Furman yn ein haduniad yn ddiweddar wneud i mi wrido. Allwn i ddim credu fy mod i'n chwaraewr mor gorfforol. Mi wnaeth Chip Love, ein cefnwr ni, atgoffa'r criw o un o 'nhactegau sylfaenol i ac un y medra i ei roi mewn print.

Mewn ambell gêm mi fyddai'n amlwg yn eitha cynnar pwy o blith y tîm arall oedd yn mynd i roi trafferth i ni, felly fy mholisi i fyddai mynd i'r afael â hwnnw'n reit sydyn fel bod ei awydd o i redeg tuag aton ni'n pylu. Roedd Chip yn cofio am ambell asgellwr cyflym fyddai'n edrych yn fygythiol iawn ac a fyddai'n debyg o'i gwneud hi'n anodd iddo fo, fel cefnwr de, ei ddal o unwaith y byddai wedi mynd heibio iddo. Mi fyddwn i'n delio â phroblem felly yn y ffordd hen ffasiwn, y ffordd ddysgwyd i mi gan hen bennau gogledd Cymru, sef taro'r *winger* yn andros o galed, ond yn gyfreithlon, yn gynnar yn y gêm. Roedd Chip yn cofio sut roedd hi'n gweithio fel arfer. Fel y byddai'r asgellwr yn dod amdano byddwn inna'n gweiddi arno i wneud lle i'w wrthwynebydd gamu y tu mewn iddo, lle byddwn inna'n disgwyl amdano. "So that's what I would do," meddai'r cefnwr, "and feed him to 'The Shark'!" O hynny 'mlaen yn y gêm byddai bywyd Chip yn lot haws gan y gwyddai mai dim ond ar y tu allan y byddai'r asgellwr am drio'i guro fo wedyn.

Yn ystod y blynyddoedd cynta yn Furman mi fydden ni'n chwarae'r system 4-3-3, o dan reolau fyddai'n caniatáu i ni gyfnewid chwaraewyr fel y licien ni yn ystod gêm, oedd yn gyfle iddyn nhw gael rhyw hoe fach pan fydden nhw wedi blino yn y gwres. Yn y garfan roedd gynnon ni chwe blaenwr da, felly mi fydden ni'n chwarae tri ar ddechrau'r gêm ac yna'n dod â'r tri arall ymlaen ar ôl rhyw 23 munud, a'r un fath yn ystod yr ail hanner. Yn y tîm yna, fy rôl i oedd cefnogi'r tri blaen wrth ymosod, oedd felly'n golygu mai anaml y byddwn i'n mynd i mewn i'r bocs o gwbl gan y byddai angen i mi drio atal y tîm arall pan fydden nhw'n gwrthymosod. O ganlyniad, doeddwn i ddim yn sgorio llawer o dan y drefn honno, falla rhyw un gôl bob tair gêm, ond yn fy mlwyddyn ola, a phob un bron o'r blaenwyr talentog hynny wedi gadael, bu'n rhaid newid y pwyslais oddi mewn i'r system a minna'n gorfod chwarae rhan fwy ymosodol o lawer. Ddaru mi fwynhau'r profiad yn fawr ac yn ystod y tymor hwnnw mi allwn i ymfalchïo yn y ffaith mai

Llun prin ohonof efo Nain a Taid Pen Parc.

Chwarae ffwtbol ar y traeth efo Arwel a chael tîm Everton wedi ei orfodi arna i, mae'n siŵr!

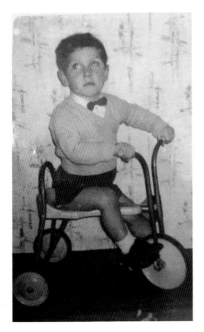

Ar fy meic yn Tŷ Hen.

Efo Eirian yn Ysgol Gynradd Bodffordd.

Y fi efo fy chwiorydd: Olwen efo Eirian ar ei glin, a Llinos.

Chwarae rhan Elvis yn y Theatr Fach.

Tîm llwyddiannus Llangefni o dan ofal Joe Bach. O'r chwith i'r dde, yn y cefn: Keith Ross, Andy Roberts, Alec James, Gary Hughes, fi, Terry Samuel, Rob Gilmour, Joe, Emrys Jones; yn y blaen: Darren Baker, Gwyn Davies, Colin Jones, Gary Campbell, Bob Parry, Terry Owen, Hywel Hughes.

Llun gan yr artist Jac Jones wedi ei arwyddo gan yr hogia 5 bob ochr a gefais cyn i mi adael am America.

Tîm Furman,
1985.

Sgorio goliau i
Furman.

Mwynhau perfformio yn y mwd.

Wrthi'n rheoli pethau o ganol cae.

Busch Stadium, St Louis, lle sgoriais y gôl fuddugol yn y Senior Bowl, 1988.

Hyfforddi tîm genod Cupertino yn Two Rivers Soccer Camp, Nevada, 1988.

Yn Bourbon Street, New Orleans yn dilyn twrnament pêl-droed yn cynrychioli talaith De Carolina; (chwith i'r dde) Stephen Todd, Chip Love, fi, Jeff Jones a Jan Redrupp a'i rieni.

Mewn 'Red Carnation Ball' efo John Dumas a Rod Underwood.

Yn Busch Gardens, Tampa, Florida efo Chip Love.

Efo Stephen Todd a Jan Redrupp yn New Orleans.

Efo Jan Redrupp yn Efrog Newydd.

Efo Aaron Burns a Jan Redrupp.

Efo fy mentor Steve Heighway yn Epcot Centre, Disney World, Florida.

Tîm bechgyn Cymru, 1998.

Y fi efo'r tîm hollbwysig y tu ôl i'r tîm dan 16 sydd wedi ennill y Victory Shield ddwywaith o'r bron a chreu hanes: Gus Williams, Dyfri Owen, Steffan Popham, Gavin Chesterfield, Richard Williams, Ian Rush, Carl Darlington, Kevin McCusker a Rob Thomas (mae un arall sy'n rhan bwysig o'r tîm, Cledwyn Ashford, yn absennol o'r llun).

Chris Coleman wrthi'n hyfforddi bechgyn dan 15 Cymru ym Mharc y Ddraig.

Cyflwyno tystysgrifau Trwydded Broffesiynol UEFA i Roberto Martinez, Adi Viveash, David Hughes, James Rowberry, Gareth Prosser a Jens Lehmann.

David Ginola, Thierry Henry, Les Ferdinand ac Ian Rush yng nghynhadledd hyfforddwyr Cymru 2015.

Thierry Henry a Patrick Vieira wrthi'n annerch hyfforddwyr Cymru.

Yn y *draw* yn Rwsia ar gyfer Cwpan y Byd 2018 efo Chris Coleman, Mark Evans ac Ian Gwyn Hughes.

Efo criw *Ar y Marc*, Gary Pritchard a Dylan Jones.

Paratoi i sylwebu ar gêm ar gyfer rhaglen *Camp Lawn* y BBC.

Efo hogia *Sgorio*, Owain Tudur Jones a Dylan Ebenezer.

Wrthi'n trafod efo'r gŵr arbennig Gary Speed.

Y dyn.

Efo Ian Rush MBE. Mi ddylai'r gŵr yma gael ei drin fel llysgennad i Gymru.

Y gŵr sydd wedi gwneud cymaint i bêl-droed Cymru ar bob lefel, yn enwedig ar lawr gwlad, cyn-Lywydd Cymdeithas Bêl-droed Cymru, Trefor Lloyd Hughes.

Rheolwr tîm Cymru, Chris Coleman, wrthi'n rhoi cyfarwyddiadau yn ystod sesiwn ymarfer.

Lluniau Cymru © David Rawcliffe, Propaganda Photo

y fi oedd prif sgoriwr y tîm, efo 12 gôl. Ond yn y blynyddoedd cynta mi fyddwn yn cael cydnabyddiaeth oedd yn ymddangos yn rhyfedd iawn i fi ar y cychwyn, sef mai y fi oedd biau'r nifer fwya o 'assists'.

Drwy'r tymor byddai 'na restr i fyny ar hysbysfwrdd y tîm pêl-droed yn nodi cyfraniadau unigolion. Yn ogystal â rhoi sylw i'r sgorwyr roedd 'na bwys mawr ar nifer yr 'assists' fyddai gan bob chwaraewr, ond ar y dechrau bu'n rhaid i mi ofyn beth roedd y term hwnnw'n ei olygu. Eglurwyd i mi fod y sawl a basiodd y bêl i bwy bynnag ddaru sgorio yn cael y clod o fod wedi cyflawni 'assist'. I mi, doedd hynny ddim yn asesiad cwbl deg o werth cyfraniad chwaraewyr gwahanol i symudiad fyddai'n arwain at gôl. Dyma fi'n holi ynghylch y boi a enillodd, falla, dacl bwysig i fwydo'r sawl ddaru, o bosib, ddim ond rhoi'r cyffyrddiad lleia i'r bêl er mwyn i'r sgoriwr gael rhwydo. Onid oedd y taclwr hwnnw'n haeddu cydnabyddiaeth am y 'pre-assist', fel petai? Nag oedd, oedd yr ateb, dim ond y chwaraewr ola i gyffwrdd y bêl cyn y sgoriwr fyddai'n cael y clod am gyfrannu 'assist'. Wrth gwrs, ddaru mi ddod i arfer â'r drefn newydd honno'n fuan iawn, er mor annheg roedd hi'n ymddangos i mi ar y pryd. Byddwn i'n dod adra o America bob Dolig ac yn cael ambell gêm tra oeddwn i yma yng Nghymru. Bob hyn a hyn byddwn i'n anghofio ac yn cyfeirio at ryw 'assist' neu'i gilydd, dim ond i gael ymateb digon dilornus gan fy nghyd-chwaraewyr a gwahoddiad i ddychwelyd i America yn reit sydyn. Ond erbyn hyn mae'n arferiad sy'n cael ei arddel drwy'r byd pêl-droed yn gyffredinol.

Ennill profiad fel hyfforddwr

Yn ystod gwyliau'r Brifysgol ddaru mi fwrw fy mhrentisiaeth fel hyfforddwr. Yn America mae cynnal gwersylloedd hyfforddi pêl-droed ar gyfer chwaraewyr ifanc yn ystod yr haf yn fusnes mawr iawn. Mi ges i'r profiad ffantastig o weithio i gwmni hyfforddi Coerver yn Lake Placid yn Efrog Newydd efo Charlie Cooke, Alfred Galustian a Paul Mariner. Hyfforddwr nodedig o'r Iseldiroedd oedd Wiel Coerver, a fu farw bum mlynedd yn ôl, ac erbyn hyn mae'r dulliau hyfforddi a argymhellwyd ganddo fo yn cael eu harddel drwy'r byd pêl-droed. Maen nhw'n seiliedig ar ddatblygu sgiliau unigolion a grwpiau bach fyddai'n ddefnyddiol ym mhob rhan o'r cae, ac mae'r dull o ddysgu yn hwyliog a phleserus. Pan gychwynnais i ar fy ngyrfa hyfforddi 'nôl ym Môn ar ddechrau'r nawdegau mi fyddwn i'n rhoi lle amlwg iawn i ddulliau Coerver. Mi ges i haf cyfan hefyd yn hyfforddi yn New Orleans, gan fyw ar Bourbon Street yn yr ardal Ffrengig yno a mwynhau'n aruthrol fywyd unigryw'r rhan honno o'r ddinas. Profiad gwerth chweil arall oedd bwrw cyfnod yng ngwersyll pêl-droed Two Rivers, yng nghanol y Sierra Nevada, rhwng Reno a San Francisco.

Ond mi ges y rhan fwya o 'mhrofiad hyfforddi wrth weithio efo Steve Heighway, oedd yn un o ffrindiau Roy Rees. Roedd o'n Gyfarwyddwr Hyfforddi i gwmni Umbro yn Florida ac yn ystod dau haf cyfan, am gyfnod o ryw 14 wythnos, mi fuas i'n hyfforddi dan ei arweiniad o mewn gwersylloedd ar hyd a lled y dalaith, mewn llefydd fel Tallahassee, Tampa, St Petersburg, West Palm Beach, Jupiter, Gainesville ac Orlando, gan dreulio rhyw wythnos ymhob gwersyll fel arfer. Pan na fyddwn yn aros yn y gwersylloedd rown i'n byw efo Steve a'i deulu yn eu cartra yn Clearwater. Roedd dau fath o wersyll yn boblogaidd, rhai ar gyfer timau a rhai ar gyfer unigolion. Yn achos y timau mi fyddwn yn eu hyfforddi nhw am wythnos gyfan er mwyn eu cael nhw'n barod ar gyfer y tymor pêl-droed oedd i ddod. Weithiau mi fyddai gen i dîm o dan 15, dro arall tîm o dan 13 ac ar adegau eraill falla tîm o ferched.

O ran yr unigolion, mi fydden nhw'n dod i wersylloedd fyddai'n cael eu trefnu ar gyfer grwpiau o ryw oed arbennig a 'ngwaith i bryd hynny oedd trio'u gwella nhw fel unigolion, trwy ddysgu sgiliau iddyn nhw a'u gwneud nhw'n ymwybodol o'u rôl arbennig nhw o fewn tîm. Fel arfer byddai'r unigolion ar y cyrsiau yn dod yn ystod y dydd yn unig, fyddai'n golygu y byddai'r hyfforddwyr yn rhydd gyda'r nos. Ar y llaw arall, roedd y gwersylloedd ar gyfer timau yn rhai preswyl felly bydden ni'n brysur efo sesiynau dadansoddi a gêmau gyda'r nos hefyd. Ar ben hynny, ein cyfrifoldeb ni yn ogystal oedd eu cael nhw i'w gwelyau, felly roeddan nhw'n gallu bod yn ddiwrnodau hir iawn. Ond ddaru mi fwynhau pob munud ohonyn nhw a chael blas arbennig ar y gwaith o hyfforddi chwaraewyr ifanc.

Ond roeddwn i hefyd yn dysgu llawer wrth wylio Steve ei hun yn hyfforddi a hyd yn oed wrth gael panad o de neu wrth dreulio ychydig amser yn siarad am bêl-droed efo fo. Yr adeg honno mi fyddwn i'n cael rhannu ei brofiadau fo o dan Shankly a Paisley. Roedd Steve wedi bod yn arwr i mi yn nhîm Lerpwl, a'i sgidiau pêl-droed Stylo du efo streipen felen oedd y pâr newydd sbon cynta gefais i. Felly roedd cydweithio â'r person arbennig hwn yn brofiad a hanner.

Ddaru ni chwarae gêm 'exhibition' i hyfforddwyr Florida un tro, wedi ei threfnu gan Steve ei hun. Roeddwn i isio dangos i Steve 'mod i'n gallu chwarae ar yr un lefel ag o. Ar ôl derbyn y bêl ar y llinell hanner ar yr ochr dde dyma fi'n codi 'mhen a gweld cyd-chwaraewr yn rhydd ar yr asgell chwith felly dyma fi'n taro pêl letraws 50 llath iddo fo a honno'n disgyn yn berffaith i'w lwybr. Enghraifft dda i'r hyfforddwyr oedd yn gwylio o newid cyfeiriad y chwarae a gweledigaeth, medda fi, gan deimlo'n bles hefo fi fy hun. Yna dyma Steve yn gweiddi arna i a'm ceryddu oherwydd roedd o'n sefyll mewn bwlch rhyw 10 i 15 llath i ffwrdd ychydig o 'mlaen i. Dyma fo'n pwyntio at ei draed a dweud "What's wrong with this pass here? Is this too easy for you?" A dyna wers syml i mi. Fel roedd Shankly a Paisley wedi pregethu ar hyd eu hoes, "Pass and move and keep it simple."

Cyn y dyddiau hynny down i ddim wedi bwriadu troi at yr ochr hyfforddi o'r gêm, er bod gen i gymhwyster elfennol yn y maes hwnnw. Fel y soniais i eisoes, mi ddaru Ieus Griffiths fynnu fy mod i a dau ffrind yn trio ennill Bathodyn Hyfforddi Rhagarweiniol FA Cymru yn dilyn ein harholiadau Lefel O. Ddaru mi fwynhau'r profiad yn fawr iawn, ond eto ddaru mi ddim meddwl ar y pryd mai dyna rown i am ei wneud fel gyrfa, yn benna am nad oedd strwythur yn bodoli yng Nghymru yn y dyddiau hynny er mwyn gwella fel hyfforddwr. Ar wahân i'r cwrs rhagarweiniol hwnnw, dim ond cwrs paratoi ar gyfer ennill Trwydded A oedd yn cael ei gynnig yn yr oes honno, a chymhwyster ar gyfer hyfforddwyr ar y lefel ucha oedd hwnnw. Mae'n dda dweud bod pethau wedi newid tipyn erbyn hyn. Fel y digwyddodd hi, fy ysgol brofiad orau i ym maes hyffordddi, cyn mynd i America, oedd chwarae am rai tymhorau efo chwaraewyr llawer iawn hŷn a mwy profiadol na fi a dysgu ganddyn nhw.

Cymharu arddull chwarae clybiau Cymru a Lloegr ag America

Eto, o'i gymharu â'r hyn rown i'n ei brofi yn America, doeddwn i ddim yn hapus iawn efo'r math o chwarae oedd yn ffasiynol ar wahanol lefelau'r gêm yng Nghymru a Lloegr pan fyddwn i'n dod adra o bryd i'w gilydd. Dros gyfnod y Nadolig, a minna adra o Furman, mi fyddwn yn chwarae ychydig o gêmau i Now Parry yn Llanfairpwll neu i Joe Bach yn Llangefni. Dwi'n cofio mynd i Goodison i weld gêm yn yr Adran Gyntaf a gresynu at faint o weithiau y gwnaeth gôl-geidwad y ddau dîm gicio'r bêl i fyny'r cae tua'r cylch canol a bron pawb o'r ddau dîm yn cwffio amdani yn y fan'na. I mi, doedd hynny ddim yn gwneud synnwyr o gwbl achos rown i wedi dod i arfer yn Furman â'r drefn o gael y golwr i basio'r bêl i'r amddiffyn a'i gweithio hi'n amyneddgar i fyny'r cae drwy'r llinellau â phasio byr, pwrpasol. Roedd y system yn eitha tebyg i'r un y daeth tîm Abertawe'n enwog amdani ychydig flynyddoedd yn ôl. A dweud y gwir, mater o raid oedd arddel system felly yn Furman, gan ei bod hi'n rhy llafurus i redeg ar ôl peli hir mewn gwres mawr.

Dro arall, ar ddiwedd fy nghyfnod fel chwaraewr proffesiynol yn America, ddaru mi ddod adra am dipyn a chwarae i Fangor pan oedd Kevin Mooney yn chwaraewr-reolwr efo'r clwb. Mi fyddwn yn chwarae mewn llefydd fel Fleetwood a Morecambe ar nos Fawrth wlyb o dan yr un hen drefn a'r naill dîm a'r llall yn cicio'r bêl yn hir ac yn obeithiol i fyny'r cae dros bennau'r amddiffyn a'r chwaraewyr canol cae, dim ond i weld y gwrthwynebwyr yn ei hennill hi ac yn gwneud yr un peth yn ôl. Mi fyddwn yn chwarae yng nghanol y cae ac yn dod oddi arno ar ôl cyffwrdd y bêl rhyw ddwsin o weithiau'n unig yn ystod y 90 munud. Ar adegau felly rown i'n teimlo mor lwcus fy mod i wedi cael fy nghyflwyno i fath gwahanol o chwarae yn America. Ond mi ges i fwynhau un o uchafbwyntiau fy ngyrfa fel pêl-droediwr yn ystod yr ymweliad hwnnw. Ar ôl ymadawiad Kevin Mooney mi es i chwarae i Langefni, lle roedd Joe Bach yn dal wrth y llyw, a chefais gyfle i ddweud diolch wrtho fo am ei gymorth pan oeddwn yn blentyn. Mi ges chwarae yn ffeinal yr Intermediate Cup yn erbyn Llanidloes ar yr Oval yng Nghaernarfon a sgorio'r gôl fuddugol i ennill y gwpan honno am y tro cynta yn hanes y clwb. Ond yn anffodus, ddaru mi golli'r rhan fwya o'r dathliadau gan y bu'n rhaid i mi dreulio ychydig oriau yn yr ysbyty yn syth wedi'r gêm er mwyn cael pwythau i anaf ar fy mhen, a minna'n gorfod dychwelyd i America y diwrnod wedyn.

Gadael Furman

Chwaraewr proffesiynol ym Mecsico Newydd

Yn dilyn dyddiau dedwydd Furman daeth swyddogion tîm y New Mexico Chiles ata i a gofyn i mi arwyddo iddyn nhw yng Nghynghrair Bêl-droed Broffesiynol Gogledd America, a hwytha'n ymuno â'r gynghrair am y tro cynta. Cyn arwyddo mi fûm i'n trafod efo Ieus Griffiths a Wyn Davies gan eu bod nhw wedi gweithio mewn gwersylloedd hyfforddi yno. O gael ymateb ffafriol ganddyn nhw ac o wybod bod y clwb yn un blaengar iawn mi ddaru mi arwyddo cytundeb efo nhw.

A minna wedi cael sawl taith gofiadwy o gwmpas America, mae'n rhaid cyfadda mai un o'r rhai mwya cyffrous, ond am y rhesymau anghywir, oedd honno i Albuquerque i ymuno â'r New Mexico Chiles. Roedd fy ffrind penna i yn Furman, Rod Underwood, dyn du oedd yn fab i weinidog yn Atlanta, hefyd wedi cael cynnig gan y Chiles. Felly dyma gychwyn efo'n gilydd o'r ddinas honno am Albuquerque, y fo yn ei Toyota Corolla a minna'n gyrru tryc Ryder wedi'i logi, er mwyn dal ein dodrefn i gyd ac i wasanaethu fel llofft i ni gysgu ynddi bob nos. Roedd gynnon ni dri diwrnod o siwrna ar hyd priffordd yr Interstate 40. Y lle cynta ddaru'r cerbyd dorri lawr oedd yn Memphis, tua hanner nos. Yn y man mi gawson ni ein tynnu i garej lle ddaru'r gweithwyr drwsio'r tryc mewn tua dwy awr a hanner. Yr ail le i'r tryc dorri lawr oedd yng nghanol y diffeithwch, mewn ardal fach o'r enw London yn Little Rock, Arkansas, lle llai na Botffordd. Doedd neb o gwmpas a doedd dim disgwyl i unrhyw un yno fentro allan gefn nos i ofyn i ddau mor rhyfedd yr olwg â fi a Rod a oeddan ni angen cymorth. Doedd dim sôn chwaith am ffôn cyhoeddus, ac yn sicr doedd gynnon ni ddim ffôn symudol y dyddiau hynny. O'r diwedd dyma rhyw angel gwarcheidiol barfog a garw iawn yr olwg yn dod heibio mewn pic-yp, efo gwn anferth yng nghefn y cerbyd, a chynnig mynd â ni i garej. Bu'n rhaid derbyn ei gynnig, er ein bod ni'n nerfus tu hwnt o wneud hynny.

Ar ôl tridiau ar y lôn dyma gyrraedd Albuquerque, dinas sydd dros bum mil o droedfeddi uwchlaw lefel y môr, a hynny'n ei gwneud hi'n anodd dygymod â'r lle ar y dechrau. Ond ddaru mi ddod i arfer â hynny'n fuan a threulio dwy flynedd hapus dros ben yno. Roeddan ni'n byw, fel y rhan fwya o chwaraewyr eraill y tîm, mewn bloc pwrpasol o fflatiau, oedd yn cynnig yr un lefel o foethusrwydd ag a oedd gynnon ni yn Furman – peiriannau golchi a sychu dillad, peiriant golchi llestri, pwll nofio a *jacuzzi* ac yn y blaen, a hynny i gyd 25 mlynedd yn ôl.

Cynefino â'r clwb a'r gynghrair newydd

O ran y pêl-droed, roedd angen cynefino ag ambell elfen newydd. Yn y lle cynta, roeddan ni'n ymarfer ac yn chwarae ein gêmau cartra ar AstroTurf artiffisial, tra bod pob tîm arall yn y gynghrair yn chwarae ar laswellt. Roedd hi'n ddyddiau cynnar ar y math yna o wyneb ac roedd ei gyfansoddiad o'n gyntefig o galed. Hynny fu'n gyfrifol yn benna am y niwed ddaru mi ei wneud i 'nghefn, wnaeth fy ngorfodi i roi'r gorau i chwarae pêl-droed yn weddol ifanc. Roedd hi'n reit gostus i redeg y tîm, yn enwedig o gofio mai dim ond rhwng 6,000 a 10,000 fyddai'n dod i'n gwylio ni'n chwarae gartra. Byddai'n rhaid teithio pellter mawr weithiau ar gyfer gêmau oddi cartra, a hynny bob amser mewn awyren, er bod mynd ar daith awyren yn America yn aml mor gyffredin â mynd ar fws yn y wlad yma. Ymwelon ni â Portland, Seattle, Santa Barbara, San Francisco, Los Angeles, San Diego, Phoenix, Denver, Kansas City, Miami ac Orlando. Y patrwm fel arfer oedd chwarae dwy gêm o fewn deuddydd i'w gilydd pan fydden ni'n gorfod teithio'n bell. Pan fydden ni'n chwarae yn Portland mi fydden ni'n trefnu ein bod ni'n chwarae Seattle tua'r un adeg, oedd yn golygu un daith hir yn unig ac aros am bum diwrnod. Yna mi fydden ni'n chwarae dwy gêm adra, cyn hedfan falla i arfordir y Dwyrain i chwarae yn erbyn dau dîm yn y fan'na. Ffactor arall oedd yn anodd delio ag o weithiau oedd y gwres llethol. Dwi'n cofio chwarae gêm gyda'r nos yn Phoenix a hitha'n 122°!

Roedd safon pêl-droed y gynghrair roedd y Chiles yn chwarae ynddi yn uwch na'r safon yn Furman. Roedd rhai o chwaraewyr gorau'r holl golegau wedi cael eu denu i'r tîm newydd yn Albuquerque. Yn naturiol felly, roedd o'n griw ifanc, efo ambell hen ben fel Ignacio Baez, oedd wedi bod yn chwarae'n broffesiynol yn Cruz Azul ym Mecsico, yn cyfrannu tipyn o brofiad i'r tîm. Yr hyfforddwr oedd Dave Carr, sydd bellach yn Rheolwr Cwrs Hyfforddi Hyfforddwyr ym Mhrifysgol Ohio. Mae o'n ddyn dymunol dros ben oedd isio'r gorau i'w chwaraewyr bob amser a phob un ohonon ni'n gwneud ein gorau glas er ei fwyn o. Mi gawson ni ambell ganlyniad cofiadwy, yn arbennig wrth guro San Francisco o 2 i 1 a hwytha'n cynnwys yn eu tîm saith o dîm America oedd newydd ddychwelyd o Gwpan y Byd 1990. Yr hyn roddodd yr eisin ar y gacen oedd y ffaith i mi sgorio'r winar o foli efo 'nhroed chwith!

Yn Albuquerque mi fyddai Dave yn gadael i fi, a minna'n gapten o'r cychwyn, wneud y rhan fwya o'r trefnu ar y cae. Rydw i wedi bod yn un am ddweud wrth chwaraewyr eraill beth i'w wneud erioed, felly yn y man, ac ynta falla'n ei weld hi'n anodd cyplysu'r gwaith gweinyddol â'r hyfforddi, gofynnodd Dave i mi a fyddwn i'n hapus i fynd yn chwaraewr-reolwr, tra bydda fo'n canolbwyntio ar ofynion gweinyddol y clwb. Roeddwn i'n hoff iawn o'r syniad, oedd i mi yn estyniad o'r math o gyfraniad rown i'n ei wneud yno'n barod. Bonws ychwanegol oedd y ffaith y byddai'n golygu mwy o gyflog i mi. Cynt, rown i'n cael digon i fyw arno, ond heb allu ennill digon i gynilo at fy ymddeoliad! Felly roedd cael codiad cyflog yn sgil y cynnig newydd yn dderbyniol iawn. Dyna pryd y gofynnais i Ieus Griffiths, a oedd yn Albuquerque ar y pryd, ddod i gadw llygad ar yr hyn rown i'n ei wneud yn yr ymarferiadau oherwydd bod ei farn o a'i syniadau am y gêm yn bwysig iawn i mi.

Bywyd cymdeithasol Albuquerque

Roedd agwedd perchennog y Chiles, dyn croesawgar iawn, yn wych tuag at y chwaraewyr ac ataf inna. Mi ddaru mi gael sawl gwahoddiad i fynd am bryd o fwyd efo fo, falla am ei fod o'n meddwl 'mod i'n teimlo'n unig mewn gwlad ddieithr, ond roedd hynny ymhell o fod yn wir achos rown i ar ben fy nigon efo'r bywyd cymdeithasol yn Albuquerque. Roedd bron pawb ohonon ni yn y tîm pêl-droed yn ifanc ac yn sengl ac roedd y ddinas fin nos yn lle bywiog a byrlymus dros ben. Ddaru ni fanteisio'n fawr ar y gwahanol agweddau ar y bywyd hwnnw heb fynd dros ben llestri mewn unrhyw ffordd. Doedd hi ddim yn 'Wild West' yno o bell ffordd ond mi fyddai pobol yn dod i'r clybiau a'r bariau ar gefn eu ceffylau! O'm rhan i, rown i wrth 'y modd efo'r holl ganu gwlad oedd i'w glywed ymhob man yno drwy'r dydd ac yn aml drwy'r nos. Agwedd arall ar y diwylliant traddodiadol y gwnes i ymdaflu iddo oedd 'line dancing' – cyn hir rown i'n gwybod y mŵfs i gyd! Roedd bywyd y ddinas a'r dalaith o gwmpas yn plesio'n arw, y trigolion gan mwya o dras Brodorion America efo croen eitha tywyll, gwallt du hir iawn, het gowboi a denim a bŵts cowboi. A jyst y dynion oedd rheina! Dyma hefyd oedd fy nghyfle cynta i ddarganfod bwyd Mecsicanaidd, a byth ers hynny dyma'r math o fwyd dwi'n ei licio orau, heb unrhyw amheuaeth.

Cychwyn gyrfa hyfforddi

Ddaru mi ddod adra i Fotffordd am rai wythnosau ar ôl y tymor cynta, ond ddeng niwrnod cyn dechrau'r tymor newydd efo'r Chiles ddaru mi gael y newydd digalon bod y clwb wedi penderfynu tynnu allan o'r Gynghrair Broffesiynol. Ond roedd 'na ryw gysur ar y gorwel. Ar ôl i dymor chwarae'r Chiles ddod i ben ddechrau'r haf roedd nifer o'r chwaraewyr eraill a minna wedi cael ein cyflogi gan y clwb i gynnal gwersylloedd pêl-droed mewn llefydd fel Santa Fe a Farmington am wythnos ar y tro, efo'r bwriad o ysgogi mwy o ddiddordeb mewn pêl-droed ymhlith pobol ifanc y dalaith. Yn ystod y flwyddyn gynta honno hefyd rown i wedi dechrau meithrin perthynas fel hyfforddwr yn fy amser hamdden efo Albuquerque United, clwb pêl-droed iau mwya'r ardal, y bu Ieus, Wyn Davies a Roy Rees yn gyfrifol am ei ddatblygu, a dyna pam mae'r ddraig goch yn rhan o'u harfbais nhw hyd heddiw. Pan oeddwn i'n gweithio efo United roeddan nhw'n rhedeg 44 o dimau o chwaraewyr rhwng 6 a 18 oed ac roedd 'na nifer o glybiau eraill tebyg iddyn nhw yn yr ardal.

Mi fyddwn yn arfer gwylio rhai o'u gêmau nhw ar fora Sadwrn, gan ddod i nabod y bobol oedd yn rhedeg y clwb. Byddai nifer o'r chwaraewyr ifanc yn eu tro yn dod i weld ein tîm ni'n chwarae, felly mi dyfodd perthynas reit agos rhyngof i a'r clwb hwnnw. Pan ddaeth y newydd bod y Chiles yn darfod buas i'n ddigon ffodus i gael cynnig gan United fyddai'n golygu na fyddai'n rhaid i mi adael Albuquerque achos doeddwn i ddim, bryd hynny, yn awyddus i ffarwelio ag America. Roeddan nhw am i mi dderbyn swydd fel Cyfarwyddwr Hyfforddi'r clwb. Fy ngwaith i fyddai hyfforddi'r gwahanol dimau bob dydd, mynd i wylio'r hogia'n chwarae mewn rhai gêmau a llunio meysydd llafur ar gyfer gwahanol sesiynau hyfforddi'r clwb. Roedd hi'n swydd oedd yn apelio'n fawr a ddaru mi gael y pleser mwya o'i gwneud hi am ryw saith mis.

'Nôl i hyfforddi ym Môn

Yn y cyfnod rhwng gorffen chwarae i'r Chiles a dechrau yn fy swydd newydd efo Albuquerque United, yn ystod noson ffeinal yr Intermediate Cup, daeth Trefor Lloyd Hughes ata i a gofyn i mi a oedd gen i ddiddordeb mewn cynnig am swydd a fyddai ar gael yn Sir Fôn yn y dyfodol agos. Roedd o'n weithgar iawn ym myd pêl-droed yng ngogledd Cymru ac mi gafodd ei ymdrechion eu cydnabod maes o law wrth iddo gael ei ethol yn Llywydd Cymdeithas Bêl-droed Cymru (yr FAW) a'i ddewis yn ddiweddar yn ymgeisydd ar gyfer Is-lywyddiaeth FIFA. Ar y pryd doeddwn i ddim yn nabod Trefor yn dda o gwbl ond mi eglurodd mai am benodi Swyddog Datblygu Pêl-droed ar Ynys Môn roedd o'n sôn. Ers 1988 bu Chris Evans a Mike Smith yn llenwi'r swydd ond roedd y ddau wedi penderfynu derbyn cynnig i fynd i weithio efo clwb Wolverhampton Wanderers. Roedd Chris yn frodor o Gaergybi ac wedi bod yn chwarae'n broffesiynol efo Arsenal a York City cyn gorffen ei yrfa ar Heol Farrar, lle y bûm i'n cyd-chwarae â fo am gyfnod. Roedd Mike, wrth gwrs, yn gyn-reolwr ar dîm Cymru ac roedd y ddau wedi rhoi cychwyn ardderchog i fenter ym Môn oedd yn arloesol yn ei dydd ac yn ffrwyth gweledigaeth arbennig cynghorwyr Ynys Môn i hybu datblygiad pêl-droed ymysg chwaraewyr ifanc yr ynys.

Fy ymateb cynta i awgrym Trefor y dylwn i gynnig am y swydd datblygu pêl-droed oedd, "Diolch, ond dim diolch!" Roedd fy mryd i ar ddychwelyd i Albuquerque gan fy mod i'n meddwl mai yn America roedd fy nyfodol i yn y byd pêl-droed ac, o aros yno, y baswn i'n datblygu'n gynt fel hyfforddwr ac yn cyrraedd ymhellach. Yna, tua diwedd 1991, ddaru mi glywed bod y Cyngor wedi hysbysebu am Swyddog Datblygu Pêl-droed. Erbyn hynny roedd rhai pethau wedi dechrau pwyso arna i, oedd yn gwneud i mi feddwl y dyliwn i, falla, gynnig amdani. Yn un peth, rown i'n gwybod bod Mam a Dad yn awyddus i 'ngweld i'n dod adra ar ôl bod i ffwrdd cyhyd. Yn ail, pan fyddwn i'n mynd 'nôl yn rheolaidd i Fotffordd i fwrw'r Nadolig byddai plant bach fy chwiorydd yn mynd yn fwy a mwy dieithr ac yn naturiol, falla, yn gwrthod dod ata i, gan nad oeddan nhw'n fy nabod i. Byddai hynny'n gwneud i fi deimlo 'mod i bellach ar gyrion y teulu, heb fod yn rhan ohono go iawn. Roedd hyn yn fy mhoeni ac yn gyfrifol, i raddau, am wneud i mi newid fy meddwl a phenderfynu cyflwyno cais am y swydd ym Môn. Ar yr un pryd, o wybod mai cytundeb tair blynedd oedd ynghlwm â hi, roeddwn i'n cysuro fy hun y gallwn i, petawn i'n ddigon ffodus i'w chael hi, ddychwelyd i America i ailafael yn fy ngyrfa hyfforddi yno pan fyddai'r cytundeb hwnnw'n dod i ben. Er i mi ddeall bod nifer o enwau adnabyddus o'r byd pêl-droed yn yr het ar gyfer y swydd, fy nghais i oedd yn llwyddiannus.

Er hynny, roedd hi'n chwith gen i adael Albuquerque ac America yn gyffredinol. Roeddwn i wrth 'y modd efo'r math o fywyd oedd gen i yno, ac roedd y gwaith hyfforddi efo'r pêl-droedwyr ifanc yn rhoi cymaint o bleser i mi. Roedd y patrwm byw yno mor braf a hamddenol, y tywydd at fy nant i'n llwyr a'r bobol mor glên a chroesawgar, yn enwedig y rhai y byddwn i'n dod ar eu traws wrth hyfforddi eu plant. Byddwn i'n cael gwahoddiadau lu i alw draw am ginio neu i dreulio diwrnod efo nhw ar eu cwch ar y llyn. Doedd dim byd yn ormod o drafferth iddyn nhw. Roeddan nhw mor werthfawrogol o'r cyfle roedd yr hyfforddiant pêl-droed yn ei roi nid yn unig i wneud eu plant nhw'n chwaraewyr gwell ond i roi mwy o hyder iddyn nhw a'u helpu nhw i ddatblygu yn bobol ifanc gyflawn. Bu hynny'n rhan arbennig o fy athroniaeth i erioed wrth hyfforddi rhai ifanc, sef ei bod hi'n bwysig meithrin personoliaeth unigolion wrth ddysgu hanfodion y gêm iddyn nhw.

Felly 'nôl i Gymru. O leia fyddai 'na ddim pyliau o hiraeth am adra am dipyn. Bu hynny'n broblem ar brydiau yn America, yn enwedig yn ystod y dyddiau cynnar yno. Ond byddai llythyrau cyson oddi wrth Mam a Dad, rhai toriadau papur newydd am gêmau'r Gogledd, ambell lythyr gan aelodau'r capel ym Motffordd ac ambell ohebiaeth oedd yn gofiadwy am wahanol resymau bob amser yn gysur. Doedd Nain ddim yn licio sgwennu o gwbl ond mi wnaeth hi unwaith pan oeddwn i'n Furman. Dwi'n cofio hefyd cael llythyr gan Yncl Bob, brawd Dad, ar achlysur fy mhen-blwydd yn 21 oed, ac ynta'n nodi iddo ddathlu'r garreg filltir honno tra oedd ar y ffrynt lein yn ystod yr Ail Ryfel Byd a hynny, wrth gwrs, mewn gwrthgyferbyniad llwyr i fy amgylchiadau i yn Furman ar y pryd. Roedd 'na un adeg o'r flwyddyn yn America pan fyddwn i'n teimlo bod arna i angen bod yng nghanol Cymry, sef ar Ddydd Gŵyl Ddewi. Felly, yr adeg honno o'r flwyddyn mi fyddwn yn sgwennu at ryw gymdeithas Gymreig nad oedd yn rhy bell oddi wrtha i, gan ofyn a gawn i ymuno â nhw yn eu dathliadau, a chawn brofiadau braf iawn yn eu cwmni. Ddaru mi hefyd gael gwahoddiad i fod yn ŵr gwadd yn ystod ambell ddathliad, wedi i rywun o'r gymdeithas, mae'n debyg, weld fy hanes i mewn papur newydd wrth ddarllen adroddiad am ryw gêm bêl-droed neu'i gilydd.

Roedd un peth yn sicr: wedi dychwelyd, mi fu hi'n anodd addasu ar y dechrau i fywyd Ynys Môn unwaith eto ar ôl patrwm y bywyd 'mae popeth ar gael ar unrhyw adeg o'r dydd' oedd yn nodwedd arbennig o gymdeithas America. Dwi'n cofio methu cysgu un noson yn fuan ar ôl dychwelyd i Fotffordd a meddwl y basa hi'n braf iawn cael panad o goffi. Gan nad oeddwn i isio deffro'r tŷ i gyd wrth botsio yn y gegin, dyma sleifio allan yn ddistaw bach ac i'r car efo'r bwriad o daro ar ryw gaffi lle medrwn i gael y banad. Dyma ddreifio drwy Sir Fôn... dim arlliw o ddim byd. 'Mlaen i Fangor... nunlla ar agor yn y fan'na chwaith. Erbyn hyn rown i ar farw isio coffi felly ymlaen â fi i Landudno a chrwydro rownd fan'na yn y gobaith o gael achubiaeth. Allwn i ddim credu'r peth... tywyllwch ym mhobman. Cyn i mi sylweddoli'n iawn roedd hi wedi dechrau gwawrio a doedd dim byd amdani ond mynd 'nôl adra. Felly yn y gegin ym Motffordd y ces i fy mhanad wedi'r cyfan, a hitha'n amser brecwast!

Hyfforddi ym Môn

Natur y swydd newydd

Ar wahân i'r ffaith bod fy swydd newydd yn caniatáu i mi gael y pleser pur o hyfforddi trwy'r dydd, bob dydd, rown i'n ymwybodol iawn y byddwn hefyd yn gwneud gwaith arloesol. Trwy weledigaeth y Cyngor a'i Banel Datblygu Chwaraeon, ym Môn yn unig roedd y gwaith y byddwn i'n ei wneud yn bodoli ar y pryd. Doedd datblygu a chodi safon pêl-droedwyr ifanc ar draws yr ystod oedran drwy hyfforddiant wythnosol ddim yn digwydd trwy Gymru gyfan. Yn y man mi gafwyd datblygiad tebyg gan Gyngor Abertawe, ond aeth peth amser heibio cyn i FA Cymru gymryd yr awenau i hybu'r fath gynllun.

I ddechrau roedd y swydd wedi'i chanoli ar y cae plastig yng nghanolfan chwaraeon newydd Caergybi, lle byddwn i'n hyfforddi bob nos, er i hynny newid ymhen ychydig. Ar nos Lun mi fyddwn yn gweithio efo carfan o dan 16 oed, oedd wedi'u tynnu o blith clybiau'r gynghrair leol ar gyfer yr oedran hwnnw. Mi fyddwn yn cydweithredu'n agos â'r clybiau hynny ac â swyddogion y gynghrair wrth roi fy rhaglen hyfforddi ar waith, gan wneud yr un fath yn achos y chwaraewyr o oedrannau eraill. Ar nos Fawrth mi fyddwn yn gweithio hefo'r hogia dan 12, efo'r rhai o dan 13 ar nos Fercher a thro'r hogia o dan 14 a 15 oedd hi ar nos Iau. Felly rhwng 6 a 9 o'r gloch ar yr adegau hynny mi fyddwn i'n hyfforddi ac rown i wrth fy modd. Ar gyfer y sesiynau hynny mi fyddwn i hefyd yn gwahodd gwirfoddolwyr o'r gwahanol glybiau i ymuno â mi fel eu bod nhw'n cael cyfle i ddatblygu fel hyfforddwyr eu hunain. Yn ystod y dydd byddwn yn ymgymryd â'r gwaith papur oedd ynghlwm â rhedeg y cyrsiau, sef trefnu meysydd llafur, gêmau a chynorthwywyr.

Roedd y sesiynau gyda'r nos yn estyniad o'r gwaith hyfforddi y buas i'n ei wneud yn America. Mi rown i wedi teimlo ers blynyddoedd nad oedd ein tîm pêl-droed cenedlaethol ni yng Nghymru ar yr un lefel dechnegol â nifer fawr o'r gwledydd eraill. Yr unig reswm roeddan ni'n llwyddo i gystadlu efo nhw oedd am ein bod ni'n barod i weithio'n galed ac yn llwyddo i gau timau eraill i lawr. Mi rown i'n grediniol mai yn y dulliau roedd ein plant ni'n cael eu dysgu yr oedd yr ateb i'r diffyg hwnnw yn ein chwarae. Roedd yn rhaid rhoi mwy o bwys ar feistroli technegau wrth eu hyfforddi nhw, eu dysgu nhw sut i drin y bêl o dan wahanol amgylchiadau, sut i guro dyn mewn sefyllfa un am un, sut i gysgodi'r bêl yn effeithiol. O ddysgu'r agweddau hynny'n iawn mi fedren nhw chwarae i safon uchel lle bynnag y bydden nhw'n chwarae.

Yn y prynhawniau, rhwng 4 a 6, mi fyddwn yn cynnal Sesiynau Hwyl – elfen hollbwysig o hyfforddi pêl-droed. Dwi'n cofio Gérard Houllier, y cyn-reolwr nodedig efo timau Ffrainc, Lerpwl ac Aston Villa, pan oeddan ni'n dau'n gweithio yn Lake Placid efo cwmni Coerver, yn dweud wrtha i mai'r nod yn Ffrainc wrth hyfforddi plant hyd at 11 oed oedd eu cael nhw i syrthio mewn cariad â phêl-droed. Yna, efo'r rhai o 12 i 16, y bwriad oedd gweithio ar dechneg ac yna, yn achos y rhai oedd dros 16 oed, roedd y pwyslais ar dactegau. Mi rown i'n meddwl bod hwnna'n fodel arbennig o dda i geisio'i ddilyn a ddaru mi drio glynu at y patrwm hwnnw yn fy ymwneud i â chwaraewyr ifanc.

Dyna oedd wrth wraidd pob un o'r Sesiynau Hwyl fyddwn i'n eu cynnal ymhob un o'r canolfannau hamdden ar yr ynys. Felly ar ddydd Mawrth mi fyddai dwy sesiwn yn digwydd ym Mhlas Arthur yn Llangefni, ym Miwmares ar ddydd Mercher, yng Nghaergybi ar ddydd Iau ac yn Amlwch ar ddydd Gwener, ac roedd pob canolfan hamdden yn llawn ar eu cyfer nhw. Roedd unrhyw blentyn rhwng 6 a 9 oed yn cael dod yno i chwarae gêmau fyddai hefyd yn dysgu sgiliau pêl-droed iddyn nhw, fel eu bod nhw i gyd am 3.30 y prynhawn, pan oeddan nhw'n gadael yr ysgol, yn ysu am gael gwisgo'u 'kit' pêl-droed i ddod i'r Sesiynau Hwyl. Mi fydden nhw'n dod i mewn efo gwên ar eu hwynebau ac yn mynd adra efo gwên ar ôl rhedeg, chwysu a blino'n lân. Yn ogystal â chael amser wrth eu bodd, mi fydden nhw hefyd wedi gwneud tipyn o les i'w hiechyd. Yn yr un modd, rown i ar ben fy nigon yn eu plith nhw ac yn bwydo oddi ar eu brwdfrydedd.

Mesur llwyddiant y gwaith

Roedd hi'n nod ar hyd yr amser pan oeddwn i'n gweithio efo hogia Môn i ehangu eu gorwelion, ac yn hynny o beth mi fyddwn yn trefnu gêmau i'r grwpiau oedrannau gwahanol yn erbyn timau rhai o'r clybiau proffesiynol. Mi fyddai Manchester City a Lerpwl, lle roedd Steve Heighway yn gyfarwyddwr yr academi, yn dod â thimau i'r ynys. Yn y gêmau hynny dwi'n cofio Steven Gerrard a Jamie Carragher yn chwarae yn ein herbyn ni, ac ar adegau y ni fyddai'n ennill hefyd. Byddwn i'n mynd â'r hogia i ambell dwrnament ac roedd yr un a gynhelid bob haf yn Aberystwyth o dan enw Ian Rush ymhlith y mwya o'i fath, lle bydden ni'n gwneud yn dda iawn fel arfer. Dwi'n cofio'r tîm o dan 12 yn cyrraedd y ffeinal un flwyddyn a cholli 5–3, efo Michael Owen yn sgorio'r pump i'r tîm arall. Twrnament poblogaidd arall oedd y Classic fyddai'n cael ei gynnal ym Mhrifysgol Keele, ac ar un achlysur mi enillodd ein tîm dan 14 ni yn erbyn tîm Stoke City yn y rownd derfynol. Un o sêr ein tîm dan 11 ni oedd Wayne Hennessey, oedd yn ddisgybl yn Ysgol Biwmares ar y pryd, ond ddaru ni golli ei wasanaeth o'n ifanc pan symudodd ei deulu i fyw i Fae Colwyn fel y byddai ganddo lai o waith teithio i fynychu academi clwb Manchester City. Daeth Wayne yn ôl aton ni, wedi iddo fynd yn chwaraewr proffesiynol, i gymryd un o'n sesiynau hyfforddi ar gyfer y gôl-geidwaid, fel yn wir y daeth golwr arall a chwaraeodd i Gymru, Tony Roberts o Gaergybi gynt. Yn yr un modd bu Mickey Thomas, Wayne Phillips a Robbie Fowler yn ein cynorthwyo ni ym Môn.

Ennill cymhwyster hyfforddi pellach

'Nôl yn 1991, a minna'n teimlo mai yn y byd hyfforddi pêl-droed roedd fy nyfodol i, roeddwn i wedi hedfan o America i Gymru i geisio ennill cymhwyster hyfforddi, y Drwydded A, fyddai'n allwedd i gael gyrfa yn y maes hwnnw. Doedd y cyrsiau cymhwyso oedd ar gael yn America ddim mewn bri ar y pryd. Cynhaliwyd cwrs cymhwyso dros gyfnod o bythefnos yn Aberystwyth o dan arweiniad Jimmy Shoulder, oedd yn Swyddog Datblygu Cenedlaethol efo FA Cymru. Roedd y cwrs yn rhoi pwyslais ar ddysgu sgiliau hyfforddi ac ar dactegau, er bod y rhai a gynigir heddiw gan FA Cymru yn llawer ehangach ac yn fwy blaengar. Ar ddiwedd y cwrs roedd yn rhaid i ni sefyll papur ysgrifenedig ac arholiad ymarferol, oedd yn golygu cymryd sesiwn hyfforddi efo chwaraewyr ifanc ar y cae. Bu 28 ohonon ni'n ymdrechu i ennill y cymhwyster angenrheidiol ond dim ond tri ohonon ni oedd yn llwyddiannus: y fi, David Giles a David Armstrong, fu'n chwarae i Middlesbrough, Southampton a Lloegr.

Gweithio efo timau iau Cymru

Yn 1993 roedd tri hyfforddwr amser llawn yn gweithio yng Nghymru y tu allan i Gynghrair Lloegr, sef Jimmy Shoulder, y fi a Tommy Hutchison yn Abertawe. Mae gan Tommy ddwy record anghyffredin, sef sgorio i'w dîm, Manchester City, ac i'w gwrthwynebwyr, Spurs, yn ffeinal Cwpan yr FA yn 1981 mewn gêm gyfartal 1–1, a chwarae i Abertawe yn erbyn Southend yn 1991 pan oedd yn 43 oed, yr hyna i gynrychioli'r clwb erioed. Yn 1993 ddaru Jimmy, wedi iddo fod ar ymweliad â Môn i fwrw golwg ar y gwaith rown i'n ei wneud yno, ac ynta ar y pryd yn hyfforddi timau Cymru o dan 16 a dan 21, ofyn i mi fod yn gynorthwywr iddo. Felly pan fyddai gêm gan y tîm dan 16 mi fyddwn yn mynd yno ac yn dysgu agweddau ar hyfforddi ochr yn ochr â Jimmy, oedd yn brofiad ardderchog i mi. Ond yn fuan iawn ddaru mi deimlo y dylai'r Gymdeithas Bêl-droed yng Nghymru fod yn gwneud mwy i baratoi'r hogia dan 16 ar gyfer eu gêmau rhyngwladol.

Dwi'n cofio, yn achos un gêm arbennig yn erbyn Sbaen mewn twrnament dan 16 oed yn y wlad honno, roedd y Gymdeithas wedi gyrru cynrychiolydd draw i edrych ar dîm y wlad honno yn chwarae yn erbyn Macedonia, cyn i ni fynd yno ar gyfer ein gêm ni. Wedi i ni gyrraedd, pan ddaru ni gyfarfod ag o yn y gwesty, y cwestiwn mwya treiddgar y bu'n rhaid iddo adrodd arno ynghylch yr ornest y bu'n ei gwylio oedd "Pa liw crysa oedd gan dîm Sbaen?" Roedd hynny'n jôc ar y pryd ond roedd yn adlewyrchu'r diffyg sylw a roddid y dyddiau hynny i baratoi ein timau ni ar gyfer gêmau rhyngwladol. Fel y digwyddodd hi, roedd tîm Sbaen yn dîm arbennig iawn a ddaru'n hogia ni gael tipyn o drafferth yn eu herbyn nhw.

Nid fy rôl i ar y pryd oedd mynd â'r maen i'r wal er mwyn trio gwella'r sefyllfa. Ond yn sicr, mi wnaeth i mi sylweddoli, petawn i'n cael y cyfle yn y dyfodol, y baswn i'n gwneud pethau'n wahanol. Byddai angen gwybod cyn y gêm beth fyddai ein gwrthwynebwyr ni'n debyg o drio'i wneud ar y cae. Hyd yn oed os nad oedd modd casglu'r wybodaeth honno drwy fynd i weld y tîm arall yn chwarae, mi fyddai'n ddigon hawdd cael copïau o dapiau fideo perthnasol. Mae bod yn ymwybodol cyn mynd ar y cae o'r hyn y bydd ein hogia ni'n debyg o'i wynebu a sut dylian nhw ymateb i hynny yn rhoi hyder ac ymdeimlad o sicrwydd iddyn nhw ac yn cael gwared ar bryderon a allai amharu ar eu perfformiad nhw a pheri iddyn nhw danberfformio. Wedi'r cyfan, roeddwn i wedi cael profiad o hyn fy hun rai blynyddoedd ynghynt yn Furman.

Cyfraniad Bobby Gould

Ymhen dwy flynedd gofynnodd Bobby Gould, rheolwr tîm Cymru ar y pryd, i mi fod yn llwyr gyfrifol am y garfan dan 16, oedd yn brofiad gwych i mi. Roedd gen i hogia da iawn yn y tîm hwnnw, fel James Collins a Robert Earnshaw, ac er i ni gyflwyno rhai o'r gwelliannau ddaru mi eu crybwyll ynghynt, roedd diffygion. Doedd dim digon o amser wedi'i neilltuo i weithio efo'r chwaraewyr oherwydd prinder arian ac roedd hyn yn rhwystr pendant o ran datblygu'r tîm fel y baswn i wedi'i ddymuno. Mi rown i'n dod ymlaen yn dda efo Bobby ac roedd o'n gefnogol iawn i'r tîm dan 16, gan ddod i'w gweld nhw'n chwarae ambell waith. Bydda fo'n dod i siarad efo nhw ar adegau felly a bu hefyd yn cymryd sesiwn hyfforddi. Dwi'n cofio un adeg, pan oeddwn i'n paratoi i chwarae Georgia yng Nghei Connah, ddaru mi godi tua saith i gael brecwast cynnar yn ystafell fwyta'r gwesty i ddarganfod bod Bobby yn ei dracwisg yn barod i adael... roedd o ar gychwyn am Lanidloes ac ynta wedi derbyn gwahoddiad i fod yn chwaraewr gwadd yno mewn gêm elusennol 'plant yn erbyn y tadau'.

A dyna roi bys ar un o'i gryfderau fel rheolwr tîm Cymru, sef ei fod o'n arbennig o dda am fynd o gwmpas y wlad i ymweld â gwahanol gymunedau er mwyn iddyn nhw fod yn ymwybodol o'r hyn oedd yn digwydd yn y byd pêl-droed ar y lefel genedlaethol. Wrth gwrs, roedd o'n rheolwr profiadol oedd wedi chwarae ar y lefel ucha ac mi fydda i bob amser yn ddiolchgar iddo am roi'r cyfle cynta i mi hyfforddi ar y lefel ryngwladol. Yn wir, yn 1998 mi ofynnodd i mi ofalu am y tîm dan 18 yn ogystal, lle roedd chwaraewyr fel Ryan Green a Mattie Jones yn serennu. Ond chafodd Bobby ddim llwyddiant efo'r tîm cenedlaethol a'r farn gyffredin ar y pryd oedd bod hyfforddi ar y lefel ryngwladol wedi bod yn gam rhy fawr iddo. Dwi'n meddwl ei bod hi'n biti na lwyddodd i ddod â'r diweddar Don Howe efo fo i Gymru fel Rheolwr Cynorthwyol ar ôl iddyn nhw gydweithio cystal â'i gilydd yn Wimbledon, QPR a Coventry. Mi gefais i sawl cyfle i dreulio amser efo Don Howe. Mi rown i wrth fy modd yn ei gwmni a bu'n cynorthwyo ar sawl achlysur ar y cyrsiau hyfforddi. Roedd Don yn hyfforddwr gyda'r gorau ac mi fasa fo wedi gallu cyfrannu tipyn i wneud cyfnod Bobby efo Cymru yn fwy esmwyth. Cafodd Graham Williams ei benodi i'r swydd honno, ac er mor ddymunol ydy o fel person – mae'n dal i sgowtio i FA Cymru – doedd y ddau ddim yn rhan o bartneriaeth oedd gyda'r fwya addas i dîm Cymru ar y pryd.

Wrth gwrs, roedd Bobby'n elyn iddo fo'i hun weithiau, yn enwedig o ran y camau gwag a gafodd o oddi ar y cae.

Cyn ei gêm ola fel rheolwr Cymru, yn erbyn yr Eidal yn 1999, pan gollodd Cymru o 4 i 0, ddaru o gynghori Mark Hughes i beidio â thaclo'r Eidalwyr o gwbl achos mi fydden nhw'n siŵr Dduw o ddeifio! Penodwyd Mark yn Rheolwr tîm Cymru yn 2000 a chyda hynny mi gyflwynwyd cyfundrefn newydd o hyfforddwyr ar y lefel genedlaethol a dyna ddiwedd am y tro ar fy ngwaith efo timau hogia ifanc Cymru. Eto, ddaru mi ddim gweld colli hynny rhyw lawer. Wedi'r cyfan, gwaith achlysurol iawn oedd o ac erbyn diwedd y flwyddyn honno rown i wedi cychwyn ar gytundeb hyfforddi arall oedd yn rhoi hyd yn oed mwy o bleser i mi ac a fyddai'n rhoi cyfle i mi fesur yn wythnosol sut ddylanwad rown i'n ei gael fel hyfforddwr.

Hyfforddi tîm Porthmadog

Roedd fy nyddiau chwarae pêl-droed i wedi dod i ben yn America a minna'n 27 oed, gan fod meddygon clwb y New Mexico Chiles wedi dweud wrtha i bod yr anaf i'm cefn yn golygu y byddwn i, petawn i'n dal i ymarfer a chwarae'n broffesiynol, yn barhaol gloff erbyn imi gyrraedd 30 oed. Roeddwn i'n ymwybodol bod problem oherwydd, tua'r diwedd, wedi i mi chwarae gêm, mi fyddwn i'n methu cerdded yn iawn am ddyddiau wedyn. Beth bynnag, doedd fy nghytundeb i efo'r Cyngor ddim yn caniatáu imi chwarae ar ddydd Sadwrn, hyd yn oed taswn i isio gwneud hynny. Roedd hyn yn deillio o'r cyfnod pan oedd Chris Evans yn gyfrifol am y swydd, ac ynta hefyd ar lyfrau Bangor fel chwaraewr. Yn naturiol felly, pe bai o'n chwarae iddyn nhw, fydda fo ddim mewn sefyllfa i fwrw llinyn mesur dros berfformiadau'r hogia ifanc roedd o'n eu hyfforddi yn ystod yr wythnos yn y gynghrair ar ddydd Sadwrn.

Ond roedd fy ngwaith i fel hyfforddwr ar Ynys Môn yn mynd o nerth i nerth. Erbyn hyn rown i wedi creu tîm o hyfforddwyr gwirfoddol ardderchog i ymuno â mi, fel Gareth Roberts, Norman Williams, Mike Hughes a Russ Austin ac athrawon fel Dyfed Parry, Gwynedd Jones, Gari Jones a Dai

Jones. Ar ben hynny rown i'n gallu galw am gymorth gan rai fel Medwyn Evans, a fu'n chwarae i Wrecsam, a Viv Williams, un o sêr tîm Bangor gynt, gan fod eu plant nhw'n derbyn hyfforddiant gynna i. Mi rown i'n tybio y byddai gynnyn nhw lawer mwy i'w gynnig na phe bydden nhw ond yn sefyll ar yr ystlys yn gwylio'r chwarae. Ond un diwrnod, yn y flwyddyn 2000, daeth Viv, oedd efo clwb Porthmadog ar y pryd, ata i i ofyn a fyddai gynna i ddiddordeb mewn cymryd swydd ychwanegol. Mi roedd o, ddiwedd y tymor cynt, wedi bod yn rheoli'r clwb hwnnw am rai wythnosau ac yn ystod y cyfnod hwnnw mi ddaru nhw wneud yn reit dda. Mi gafodd o gynnig y swydd am y tymor oedd i ddod ond roedd o'n teimlo y basa fo'n licio dod â rhywun i mewn i ofalu am hyfforddi'r chwaraewyr tra bydda fo'n gallu canolbwyntio ar reoli'r chwaraewyr ac edrych ar ôl materion cyffredinol y clwb.

O'm rhan i, yr hyn fyddai'r gwaith yn Port yn ei olygu fyddai cymryd sesiwn hyfforddi efo'r tîm rhyw un neu ddwy waith yr wythnos a mynd i'w gweld nhw'n chwarae ar ddydd Sadwrn. Erbyn hyn roedd y Cyngor wedi diwygio amodau'r swydd fel nad oedd dyletswydd arna i mwyach i fynd i fwrw golwg dros yr hogia ifanc roeddwn i'n eu hyfforddi yn chwarae i'w timau ar ddydd Sadwrn. Felly rown i bellach yn rhydd i ddilyn tîm Port bryd hynny. Roedd cynnig Viv yn apelio'n fawr ata i, yn un peth am fy mod yn mynd i gael cyfle eto i hyfforddi dynion yn eu hoed a'u hamser yn rheolaidd, ond yn fwy na hynny oherwydd bod gen i barch enfawr at Viv fel person ac fel rheolwr, ac roeddan ni'n gweithio'n dda fel partneriaeth. Yr hyn roedd Viv wedi'i wneud o ran ffurfio tîm oedd dod â chwaraewyr ifanc gorau Gwynedd a Môn at ei gilydd i gynrychioli'r clwb yng Nghynghrair y Cymru Alliance. Roedd y ffaith bod y rhan fwya ohonyn nhw'n Gymry Cymraeg yn fonws ychwanegol, wrth gwrs, ond falla mai gwendid y cynllun oedd bod 'na ddiffyg cydbwysedd yn y tîm gan nad oedd gynnon ni ddim chwaraewyr profiadol i fod yn gefn i'r hogia ifanc.

Eto, roedd gan y polisi ei fanteision hefyd. Roedd y chwaraewyr ifanc hynny yn frwd iawn dros wella eu safon ac roedd eu hymroddiad nhw'n onest dros ben. Roedd hyn yn cael ei adlewyrchu gan y ffaith na fydden nhw byth yn colli sesiwn ymarfer. O ran natur y gwaith hyfforddi roeddwn i'n ei wneud yn Port, mae gofyn i hyfforddwr bob amser deilwra'i system i ateb yr adnoddau sydd ar gael iddo. Yn hynny o beth roedd gynnon ni chwaraewr peryglus yn arwain y llinell flaen o'r enw Carl Owen, oedd yn hoff o fynd y tu ôl i'r amddiffynwyr, felly roedd yn rhaid ffurfio patrymau chwarae oedd yn gallu bwydo ei gryfderau fo. Yn gymorth arbennig iddo roedd asgellwr cyflym iawn, Steven Pugh, un o'r goreuon yn yr ardal, a gynrychiolodd Gymru dan 21, a byddai'n fwriad gynnon ni ar y cae i drosglwyddo'r bêl mor sydyn â phosib iddo fo er mwyn trio manteisio'n effeithiol ar unrhyw fwlch fyddai'n ymddangos yn amddiffyn y tîm arall.

Campau tîm Port

Yn 2002, a ninna erbyn hynny wedi dod ag ambell chwaraewr profiadol i mewn, ddaru ni wneud y 'treble', gan ennill y gynghrair – oedd yn sicrhau dyrchafiad i Uwch Gynghrair Cymru – ac ennill dwy Gwpan, sef Cwpan Arfordir Gogledd Cymru a Chwpan y Gynghrair. Mi fydden ni'n cael cefnogaeth frwd gan ryw 200 i 300 o dorf ar y Traeth ac mi ddaru ni wneud yn eitha da yn y gynghrair newydd. Y nod i ni oedd trio gorffen bob tymor tua'r degfed safle yn y tabl, oedd yn cynnwys 18 tîm. Byddai hynny'n golygu ein bod ni'n ennill ein lle yng nghystadleuaeth y Premier Cup, lle bydden ni'n gallu cyfarfod â thimau fel Abertawe, Caerdydd a Wrecsam. Roedd chwarae yn y Premier Cup bob blwyddyn yn golygu rhyw fil neu ddwy o bunnoedd yn ychwanegol yng nghoffrau'r clwb. A ninna efo cyllideb dipyn llai na bron pob clwb arall yn yr Uwch Gynghrair, roedd ein camp ni wrth guro timau fel Llanelli, oedd bryd hynny'n cynnwys chwaraewyr proffesiynol, a'r Seintiau Newydd yn arbennig iawn. A dweud y gwir, gallai tîm Port bryd hynny guro unrhyw dîm yn y gynghrair ar eu dydd.

Bydd pobol yn aml yn fy holi ynglŷn â sut mae safon yr Uwch Gynghrair heddiw yn cymharu â'r hyn ydoedd yn y cyfnod hwnnw. Y Seintiau Newydd yw'r tîm gorau y dyddiau hyn a baswn i'n dweud eu bod nhw cystal â'r tîm gorau oedd gan y clwb hwnnw ddechrau'r ganrif hon. Cystal hefyd â thîm y Barri, a gafodd gymaint o lwyddiant efo'u chwaraewyr proffesiynol yn y nawdegau, ac â'r tîm oedd gynna i yn y Rhyl yn 2008. Yn sicr, cafwyd nifer o welliannau erbyn hyn gan fod y chwaraewyr yn fwy gwyliadwrus wrth edrych ar ôl eu hunain, bod lefelau ffitrwydd yn uwch, bod cyflwr y caeau'n well a bod dulliau hyfforddi yn fwy trylwyr a blaengar.

Hyfforddi ar gyfer Gêmau'r Ynysoedd

Yn ystod y blynyddoedd hynny efo Port mi newidiodd trefn fy swydd datblygu pêl-droed ym Môn. Bellach mi fyddai fy ngwaith i'n canolbwyntio ar ymweld yn ddyddiol ag ysgolion cynradd. Erbyn hyn roedd FA Cymru wedi gweld llwyddiant ein hymdrechion datblygu ni ac Abertawe ac wedi rhoi cynlluniau ar waith i benodi staff rhan-amser, i ddechrau. Y bwriad oedd gwneud gwaith tebyg mewn siroedd eraill drwy Gymru, fyddai'n arwain maes o law at strwythur cenedlaethol ac at wneud y penodiadau hynny yn rhai llawn-amser. Ond yn ogystal â hyfforddi plant ifanc Môn ddaru mi gael y pleser o fod yn rheolwr tîm pêl-droed dynion yr ynys yng Ngêmau'r Ynysoedd o 1993 ymlaen. Ers y Gêmau cynta yn 1985, bob yn ail flwyddyn bydd 27 o ynysoedd y byd, â Gwlad yr Iâ y fwya ohonyn nhw ac Ynys Sark y lleia, yn cystadlu yn erbyn ei gilydd mewn rhyw 18 o gampau, a'r Gêmau wedi'u lleoli ar ynys wahanol bob tro. Bu Ynys Môn yn cymryd rhan yn ddi-dor ymhob un o'r Gêmau ac roedd ymroddiad y cystadleuwyr yn amlwg yn wych a hwytha fel unigolion wedi gorfod ymdrechu i hel digon o arian i dalu eu costau eu hunain.

Byddai'n rhaid imi ddewis tîm o chwaraewyr pêl-droed oedd yn byw ar Ynys Môn ac ymarfer yn ddiwyd hefo nhw cyn pob achlysur. Mi fydden ni'n chwarae gêmau cyfeillgar yn erbyn timau fel Crewe Alexandra a thîm dan 19 Steve Heighway yn Lerpwl wrth baratoi ar gyfer y Gêmau ac, yn wir, mi ddaru ni'n raddol ddod iddi ar ôl dechrau symol. Yn

1997, yn Jersey, mi gollon ni o 1 i 0 yn y ffeinal ar ôl amser ychwanegol ac yna yn 1999 ddaru ni gyrraedd y brig wrth ennill y bencampwriaeth bêl-droed yn Gotland, a hynny am yr unig dro yn ein hanes. Unwaith eto, colli yn y ffeinal oedd ein hanes ni yng ngêmau Ynys Manaw ddwy flynedd wedyn, ond er dod yn agos yn gyson chawson ni ddim rhagor o lwyddiant yn ystod fy nghyfnod i fel rheolwr, a ddaeth i ben yn 2007. Eto, o gofio bod gynnon ni boblogaeth a chyllideb gymharol fechan, roedd ennill un fedal aur a dwy arian efo tîm pêl-droed Ynys Môn yn dipyn o gamp mewn gwirionedd.

Ond, i mi, bron mor bwysig â chyfrannu at lwyddiant y tîm pêl-droed oedd cael mwynhau'r ysbryd a'r gwmnïaeth oedd i'w chael efo'r hogia. Roedd nifer ohonyn nhw'n chwarae i dimau Bae Cemaes a Port ac yn halen y ddaear, ac ambell gymeriad, fel y capten, Martin Jones (Mart Bach), yn cadw'r hogia eraill mewn hwyliau efo'i frand arbennig o hiwmor. Mi fydda fo'n dod â'r un jôcs bob dwy flynedd, fel yr un am y bwdji, gan y byddai'n cael ei orfodi i'w hailddweud nhw gan y lleill "er mwyn i'r hogia newydd yn y tîm gael eu clywed nhw". Doeddan nhw ddim yn ddoniol iawn ond byddai pawb yn marw chwerthin oherwydd y ffordd y byddai Mart yn eu dweud nhw. Dyddiau da.

Cymdeithas Bêl-droed Cymru

Ymuno ag Ymddiriedolaeth Bêl-droed Cymru

Ym Mehefin 2007 roedd Ymddiriedolaeth Bêl-droed Cymru, corff a sefydlwyd gan Gymdeithas Bêl-droed Cymru er mwyn hybu'r gêm, wedi hysbysebu am Gyfarwyddwr Technegol. Roedd y swydd wedi bod yn wag yng Nghymru ers rhai blynyddoedd ond erbyn hyn roedd UEFA yn rhoi pwysau ar bob un o'i haelodau i benodi rhywun llawn-amser i ymgymryd â'r gwaith hwnnw. Cyfrifoldeb y Cyfarwyddwr Technegol fyddai datblygu chwaraewyr ifanc, yn fechgyn a merched, hyd at 16 oed, hyfforddi hyfforddwyr a hybu ffyniant y gêm ar lawr gwlad. Roedd ymdrin â'r holl agweddau hyn yn agos iawn at fy nghalon i ac roedd gen i bellach dipyn o brofiad yn y meysydd hynny. Yn ogystal, byddai'r swydd dan sylw yn fy ngalluogi i ymestyn y profiad hwnnw a baswn i wrth fy modd petawn i'n ddigon ffodus i'w chael hi.

Ond byddai hynny'n codi nifer fawr o anawsterau. Yn y lle cynta, rown i'n hapus iawn yn hyfforddi ym Môn a byddai'n chwith gen i adael clwb Porthmadog, lle ddaru mi gael llawer iawn o bleser yn gweithio efo'r chwaraewyr ac efo swyddogion fel Gerallt, Dylan a Phil, y Cadeirydd, a'r merched yn y gegin. Ar ben hynny, byddai'r swydd newydd, petawn i'n ei chael hi, yn debyg o achosi rhai problemau teuluol. Yn dilyn fy mhriodas efo Ellen yn 1993 ddaru ni gael dwy ferch fendigedig, Cara ac Ela, ac er i'w mam a finna wahanu yn 2003, roedd y genod yn dal yn rhan bwysig o 'mywyd i. Roeddan nhw'n treulio hanner yr wythnos efo fi ym Mhorth Llechog, lle roeddwn i wedi ymgartrefu hefo fy mhartner, Lynne, a'r hanner arall efo Ellen. Felly, petawn i'n llwyddiannus, pa effaith fyddai gweithio yng Nghaerdydd yn ei chael ar fy mherthynas i â'r plant, oedd bryd hynny yn 10 a 7 mlwydd oed? A minna wedi hen setlo 'nôl ym Môn, faint o 'sgytwad fyddai gadael unwaith eto a mynd i fyw i Gaerdydd?

Ar ôl trafod y mater yn hir efo Lynne dyma benderfynu yn y diwedd gyflwyno cais am y swydd, fel y gwnaeth dwsinau o bobol eraill, yn ôl yr hyn a ddalltis i wedyn, gan feddwl mae'n siŵr na fyddai gynna i unrhyw benderfyniad i'w wneud p'run bynnag. Roedd clywed fy mod wedi cael fy rhoi ar y rhestr fer yn dipyn o hwb i'r hyder ynddo'i hun. Felly i lawr â fi i Westy Mercure yng Nghaerdydd i ymddangos o flaen tua 25 o aelodau Cymdeithas Bêl-droed Cymru. Roedd pedwar ohonon ni ger eu bron nhw'r diwrnod hwnnw, sef Matthew Bishop, oedd eisoes ar staff FA Cymru, Ian Rush a Barry Horne, dau o gyn-sêr y tîm cenedlaethol, wrth gwrs. Bu'n rhaid i mi roi cyflwyniad ac ateb cwestiynau ac ar y cyfan rown i'n teimlo 'mod i wedi gwneud joban reit dda ohoni. Y diwrnod wedyn roeddwn i 'nôl ym Môn pan ges i alwad ffôn gan y Gymdeithas yn cynnig y swydd i mi. Fy ymateb cynta oedd "O diar!" neu rywbeth tebyg, ond cryfach. Bellach roedd gynna i benderfyniad i'w wneud a hynny o fewn 24 awr.

Er mor gyffrous oeddwn i o glywed y newyddion da, roeddwn yn ymwybodol nad oedd y sefyllfa'n ddelfrydol. Yn gynta oll, sut roedd hyn yn mynd i effeithio ar Cara ac Ela? Roedd honno'n broblem oedd yn achosi pryder mawr i mi. Yn ail, sut roedd hyn yn mynd i effeithio ar fy mherthynas i hefo Lynne? Roeddan ni wedi bod hefo'n gilydd am bedair blynedd. Roedd plant Lynne o'i phriodas gynta wedi gadael cartra i bob pwrpas, gan fod Aaron a Charlotte ym Mhrifysgol Manceinion. Ond sut roedd hyn yn mynd i weithio? Roedd Lynne yn berffaith hapus ar yr ynys ac yn gweithio yn y Cyngor Sir. Fyddai cael hyd i waith addas yn ardal Caerdydd ddim yn hawdd iddi. Er fy mod i'n poeni ar sawl cyfrif, ddaru mi benderfynu mai difaru am byth faswn i pe na bawn i'n cymryd y cyfle hwn. Felly derbyniais y swydd ac es i lawr i Gaerdydd ar 'y mhen fy hun, gan drafeilio'n ôl i Fôn bob penwythnos. O fewn chwe mis roedd Lynne wedi cael swydd yn Adran Beirianneg Prifysgol Caerdydd fel cyfrifydd ac roeddan ni wedi prynu tŷ ac ymgartrefu yn Nhreganna. Roedd y gofid ynglŷn â sut y byddai Cara ac Ela yn ymgodymu â hyn i gyd yn parhau ac er i mi a Lynne drafeilio'n rheolaidd yn ôl i Fôn ar hyd y blynyddoedd, rown i'n teimlo'n euog 'mod i wedi eu gadael nhw i lawr.

Rheolwr y Rhyl

Eto, ddaru derbyn y swydd Cyfarwyddwr Technegol yng Nghaerdydd ddim arwain ar y dechrau at dorri cysylltiadau ffurfiol â chyfundrefn bêl-droed gogledd Cymru. Ar ôl eu llwyddiant yn Uwch Gynghrair Cymru yn 2007–08 roedd tîm y Rhyl wedi cymhwyso ar gyfer cystadleuaeth Cwpan Intertoto UEFA ac yn ystod yr haf hwnnw mi ddaru eu perchennog nhw, Peter Parry, ofyn i mi a faswn i'n barod i'w paratoi nhw ar gyfer eu dwy gêm gynta yn erbyn Bohemian, un o brif glybiau proffesiynol Cynghrair Iwerddon. Colli dros ddau gymal o 9 i 3 oedd ein hanes ni, ond yr adeg honno roedd amserlen gêmau Ewrop a chyfundrefn cytundebau'r Rhyl yn ein gosod ni o dan anfantais fawr. Byddai cytundebau nifer fawr o'n chwaraewyr ni wedi dod i ben ar ddiwedd tymor blaenorol Uwch Gynghrair Cymru. Felly roedd dau ddewis yn agored iddyn nhw: un ai chwarae i'r Rhyl yn Ewrop heb gytundeb neu dderbyn cytundeb dros gyfnod o chwe wythnos yn unig yn ystod yr haf.

Doedd y naill ddewis na'r llall ddim yn apelio at chwaraewyr y Rhyl o gwbl. O ran yr opsiwn cynta, mi fasan nhw falla'n gallu cael anaf yn ystod y cyfnod dan sylw fyddai'n eu cadw rhag chwarae am fisoedd. Byddai hynny'n golygu na fasan nhw'n derbyn cyflog am ran helaeth o'r tymor newydd oherwydd na fyddai ganddyn nhw gytundeb fasa'n diogelu eu cyflog â pholisi yswiriant priodol. Yn achos yr ail ddewis posib, byddai derbyn cytundeb tymor byr dros yr haf a hwytha heb wybod a oedd y Rhyl am eu hailgyflogi ar gyfer y tymor wedyn yn rhwystro'r chwaraewyr rhag bod ar gael i arwyddo i glwb newydd. Felly pan ddaru ni chwarae yn erbyn Bohemian dim ond 12 chwaraewr oedd gynnon ni, ac roedd nifer o chwaraewyr gorau'r Rhyl yn Uwch Gynghrair Cymru yn ystod 2007–08 yn absennol o'r tîm.

Wedi profiadau y Rhyl yn Ewrop yn 2008 ddaru Peter Parry ofyn i mi barhau i hyfforddi'r tîm yn ystod tymor 2008–09, â'r bwriad o ddod yn bencampwyr Uwch Gynghrair Cymru ar ddiwedd y tymor. A hynny mewn golwg, rown i wedi cael sêl bendith FA Cymru i dderbyn y gwahoddiad ar delerau rhan-amser. Roedd hynny'n golygu mynd i fyny i'r Rhyl un noson yr wythnos i weithio efo'r garfan gref rown i wedi ei rhoi at ei gilydd ac i'w gwylio nhw'n chwarae ar y penwythnos. Yn eu plith roedd Neil Roberts, y chwaraewr rhyngwladol a fu'n serennu i Wrecsam ac a werthwyd i Wigan am £500,000 yn 2000; y golwr Lee Kendall; Josh Johnson, brodor o Drinidad a fu'n chwarae i Wrecsam; Craig Jones, sydd efo Bury bellach; Danny Williams, oedd hefyd wedi bod yn Wrecsam, fel yn wir roedd yr hen ben, Gareth Owen; Greg Strong o'r Alban; Jimmy Kelly; Mark Connolly; a Jamie Reed. Mi rown i'n tybio bod gen i dîm fyddai'n rhoi cyfle i mi bellach wneud rhywbeth gwahanol, gan ddefnyddio arddull mwy ymosodol ac agored. A phob parch i dîm Port, roedd yr hogia at ei gilydd yn weddol ifanc a dibrofiad ac yn hynny o beth bu'n rhaid dilyn patrwm oedd yn golygu cadw siâp reit dynn i drio stopio timau eraill rhag chwarae, gan ddibynnu wedyn ar wrthymosod sydyn, cynllun oedd yn aml yn anodd i'w roi ar waith yn erbyn timau da.

Llwyddiant efo'r Rhyl

O'r cyfarfod cynta un ddaru mi ei gael efo'r chwaraewyr cyn dechrau tymor 2008–09, roedd 'na dân ym moliau'r hogia i lwyddo, a dyna ddaru nhw ei wneud, gan ddod yn bencampwyr teilwng iawn. Y tymor blaenorol roeddan ni'n drydydd, efo'r Seintiau Newydd a Llanelli yn cipio'r ddau safle ucha yn y tabl, ond y tro hwn bu'n rhaid i'r ddau glwb hynny fodloni ar y trydydd a'r ail safle a ninna'n gorffen yn gyfforddus ar y brig. Yn wir, roeddan ni'n feistri ar y naill dîm a'r llall yn y pedair gêm ddaru ni chwarae yn eu herbyn nhw. Ond yn ystod y tymor hwnnw bu rhai o dimau eraill yr Uwch Gynghrair yn cwyno wrth FA Cymru fod gan dîm y Rhyl fantais annheg yn sgil y ffaith fy mod i'n eu hyfforddi nhw a minna'n aelod o staff Ymddiriedolaeth y Gymdeithas. O ganlyniad bu'n rhaid i mi roi'r gorau i fod yn uniongyrchol gyfrifol am y tîm. Bellach yr Is-reolwr, Allan Bickerstaff, oedd yn byw ym Mhrestatyn ac sydd hefyd erbyn hyn ar staff yr Ymddiriedolaeth, fyddai'n edrych ar ôl y garfan o ddydd i ddydd, er i mi – o bell – ddal i ddewis y tîm ar gyfer y gêmau a phenderfynu ar dactegau tan ddiwedd y tymor.

Oherwydd ein llwyddiant yn Uwch Gynghrair Cymru roeddan ni'n cael chwarae yng Nghynghrair Pencampwyr Ewrop yr haf hwnnw ac mi ges ganiatâd arbennig i hyfforddi'r tîm ar gyfer y gystadleuaeth honno. Y tro hwn, Partizan Belgrade oedd ein gwrthwynebwyr, y tîm gorau yn y gystadleuaeth ar y pryd, a ninna'n wynebu'r un broblem â'r flwyddyn flaenorol o ran methu dewis ein tîm gorau. Colli o 4 i 0 fu'n hanes ni adra ac ym Melgrad mi gawson ni stid o 8 i 0 gan dîm oedd yn chwarae ar lefel llawer uwch na ni ac a oedd, bryd hynny, efo rhai chwaraewyr ar gyflog o £50,000 yr wythnos. Y dyddiau hyn maen nhw'n dal i gystadlu yn erbyn goreuon y gystadleuaeth arbennig honno. I chwaraewyr y Rhyl yn 2009 roedd cael chwarae yn erbyn tîm fel Partizan mewn awyrgylch ffantastig o flaen 10,000 o gefnogwyr brwd yn brofiad penigamp.

Cymorth ariannol i ddarpar hyfforddwyr

Yn ystod fy nghyfweliad ar gyfer swydd y Cyfarwyddwr Technegol mi ges gyfle i sôn ei bod hi'n freuddwyd gynna i, petawn i'n llwyddiannus, i godi safon hyfforddi yng Nghymru trwy gynyddu nifer yr hyfforddwyr fyddai wedi cymhwyso ar y gwahanol lefelau, yn ogystal â chynyddu nifer y cyrsiau oedd ar gael i'w mynychu. Felly un o'r cynigion cynta ddaru mi ei gyflwyno i'r Ymddiriedolaeth, wedi imi gael fy mhenodi, oedd gofyn am grant gan FA Cymru er mwyn cynorthwyo unigolion yn ariannol i ddilyn y cyrsiau hyfforddi oedd ar gael ar bob lefel. Mi rown i'n cofio'r aberth ariannol y bu'n rhaid i mi ei gwneud wrth ddod draw yn unswydd i Gymru o Albuquerque i ddilyn cwrs hyfforddi er mwyn ennill fy Nhrwydded A. Yn fy marn i, os oeddan ni'n mynd i ddenu hyfforddwyr ar wahanol lefelau i wella datblygiad chwaraewyr ifanc Cymru yna mi ddylien ni gynnig cymorth ariannol iddyn nhw. Mi gytunodd y Gymdeithas ac ers 2008 mae'n cyfrannu £100,000 y flwyddyn at y pwrpas hwnnw.

Priod waith Ymddiriedolaeth yr FAW

Mae priod waith yr Ymddiriedolaeth yn ymrannu'n dair agwedd, sef datblygu chwaraewyr, addysgu hyfforddwyr a hyrwyddo pêl-droed ar lawr gwlad, a fi sy'n benna cyfrifol am y tri maes yma, ac am y timau dadansoddi sydd yn gwasanaethu'r gwahanol garfanau cenedlaethol. Dwi wedi bod yn ffodus i gael perthynas agos efo fy mhennaeth, Neil Ward, oherwydd y fo ydy'r dyn sydd wedi trawsnewid yr Ymddiriedolaeth yn ystod y 10 mlynedd diwetha. O'r herwydd mae ei dyfodol hi mewn dwylo diogel. Mae Neil hefyd yn hynod o gefnogol o ran yr obsesiwn sydd ganddo fo, fel finna, â datblygu mwy ar bêl-droed yng Nghymru, heb orffwys ar ein rhwyfau. Yn achos y gwaith o hybu'r gêm ar lawr gwlad, mae gynnon ni dîm brwd o swyddogion a gwirfoddolwyr i fwrw'r maen i'r wal ac yn hynny o beth fy nyletswydd i yw goruchwylio eu hymdrechion nhw. O ran datblygu chwaraewyr mi fydda i'n uniongyrchol gyfrifol am y tîm dan 16 ac ar gael i gynorthwyo mewn amrywiol ffyrdd efo'r timau cenedlaethol eraill. Wrth gwrs, er mwyn sicrhau bod ein system ni o ddatblygu chwaraewyr o'r safon orau, mae'n rhaid cael cyfundrefn effeithiol o hyfforddwyr ac o'm dyddiau cynnar i efo'r Ymddiriedolaeth bu hynny'n fath o grwsâd gen i.

Cymhwyso hyfforddwyr

Pan ddaru mi ddechrau mi welais i fod angen datblygu diwylliant hyfforddi yng Nghymru nad oedd yn bodoli cynt. Fyddai pobol ddim yn ystyried y gwaith o ddysgu sut i hyfforddi yn bwysig a fydden nhw ddim fel arfer yn edrych ar y gwaith hwnnw fel proffesiwn. Rydan ni yn yr Ymddiriedolaeth wedi newid y ffordd honno o feddwl ac mae prawf o hynny yn y nifer sylweddol sydd bellach yn mynychu cyrsiau hyfforddi, o'i gymharu â phum mlynedd yn ôl. Yn bwysicach, falla, mae'r ffaith ein bod ni yng Nghymru wedi cyrraedd nod arall ddaru mi ei osod pan ddaru mi ddechrau yn fy swydd, sef ein bod ni'n ennill statws i'n cyfundrefn hyfforddi, fel ein bod ni'n gallu teilyngu'r disgrifiad 'Gwlad Hyfforddi o Safon Byd', fel y'i dynodir gan UEFA. Erbyn hyn mi rydan ni'n gallu ymfalchïo yn y ffaith ein bod ni wedi cyrraedd y nod hwnnw.

Yn unol â chanllawiau UEFA rydan ni'n cynnwys cyrsiau hyfforddi ar bum lefel, gan ddechrau efo cwrs sylfaenol, sydd yn benna ar gyfer pobol sy'n gofalu am dimau plant. Yna mae gynnon ni gwrs Trwydded C, dros 180 o oriau, sy'n canolbwyntio ar ddatblygu'r unigolyn ac ar y technegau mae gofyn i chwaraewyr eu meistroli yn y gwahanol safleoedd. Byddwn, er enghraifft, yn dysgu amddiffynnwr canol sut i gau gwrthwynebydd i lawr a'r amser cywir i wneud hynny, sut ddylai amddiffynnwr canol ymateb pan fydd rhywun yn trio'i droi o, pa safle ar y cae y dylai'r amddiffynnwr canol fynd iddo pan mae'r bêl ym meddiant y golwr ac yn y blaen. Mae cwrs Trwydded B, ar y llaw arall, sydd hefyd yn ymestyn dros 180 o oriau, yn canolbwyntio ar hyfforddi gwahanol unedau'r tîm, megis uned amddiffynnol o ddau gefnwr a dau yn y canol. Bydd y cwrs, falla, yn tanlinellu'r elfennau y mae'n rhaid gweithio arnyn nhw er mwyn eu cael nhw i weithio'n gytûn o dan wahanol amodau mewn gêm. Felly hefyd yn achos y chwaraewyr yng nghanol y cae a'r uned ymosodol. Ac yn hynny o beth mae'r rhan fwya o'r dysgu ar gyfer Trwydded B yn digwydd mewn rhannau penodol o'r cae.

Trwydded A

Dwi'n bersonol yn uniongyrchol gyfrifol am y cyrsiau ar y ddwy lefel ucha, sef y Drwydded A a'r Drwydded Broffesiynol, ond mae cael staff da i gydweithio â nhw yn hollbwysig. Dwi'n ffodus bod gen i aelodau galluog sydd yn gweithio'n galed eithriadol, pobol fel Carl Darlington, Ian Hughes, Allan Bickerstaff, Gareth Owen a Gareth Davies. Mae'r cwrs Trwydded A yn ymestyn dros 300 o oriau ac mae wedi'i lunio er mwyn addysgu ymgeiswyr i ymdrin â gofynion technegol, tactegol, corfforol a meddyliol y gêm fodern, gan roi sylw hefyd i feysydd gwyddor a meddygaeth chwaraeon, fel y gallan nhw drefnu a chynnal sesiynau hyfforddi priodol. O ran eu gwaith ar y cae ymarfer mae disgwyl iddyn nhw dynnu'r gwahanol unedau y buon nhw'n eu hastudio ar y cwrs Trwydded B at ei gilydd a'u cael i weithio fel tîm, gan ddefnyddio cae cyfan ar gyfer yr ymarferion. Mae'r gwaith yn tueddu i ymrannu'n dair agwedd, sef 'swyddogaeth' (*function*), 'cymalau' (*phase*) a 'chwarae cysgodol' (*shadow play*).

Ar gyfer yr elfen gynta bydd yr hyfforddwr yn defnyddio un rhan o'r cae i weithio efo rhai chwaraewyr mewn safleoedd penodol. O ran yr ail elfen, sef 'cymalau', bydd gofyn datblygu'r agwedd 'swyddogaeth' ymhellach trwy gyflwyno mwy o chwaraewyr i'r symudiadau dros ddarn ehangach o'r cae. Yr un fydd y nod sylfaenol o hyd, ond erbyn cyflwyno'r ail elfen hon i'r ymarferiad bydd yr hyfforddwr hefyd yn rhoi sylw i sut mae'r tactegau'n effeithio ar chwaraewyr eraill o dîm A a thîm B. Bydd hynny'n golygu bod y chwaraewyr bellach yn cael gwneud rhediadau gwahanol a chyflawni onglau pasio newydd. Yn yr agwedd 'chwarae cysgodol' bydd yr hyfforddiant a gafwyd cynt yn cael ei roi ar waith mewn sefyllfa lle bydd dau dîm cyflawn o chwaraewyr yn wynebu ei gilydd.

Trwydded Broffesiynol

Mae'r cwrs Trwydded Broffesiynol, sy'n golygu 500 awr o waith dros gyfnod o ddeunaw mis, yn mynd â'r hyfforddiant i lefel uwch o lawer. Ar y cwrs hwn mae'r gŵr profiadol Lennie Lawrence, sydd wedi bod yn rheolwr/is-reolwr mewn 1,500 o gêmau yn y Gynghrair Bêl-droed, yn fy nghynorthwyo ac mae gynnon ni berthynas agos. Yn ogystal ag ymdrin â hyfforddiant tactegol ar y lefel ucha mae'r cwrs yn rhoi sylw i'r agweddau ymylol sy'n gymaint rhan o swydd Rheolwr ac sydd mor amrywiol, fel rheoli staff, technegau cyfweld, sut i ddelio â Chadeirydd a Bwrdd Rheoli, ymddygiad ar yr ystlys yn ystod gêm, sut i gyflwyno neges yn effeithiol yn yr ystafell newid, seicoleg ymdrin â chwaraewyr ac yn y blaen. Mae'r Drwydded Broffesiynol yn gymhwyster y mae'n rhaid i hyfforddwyr ei gael os ydan nhw am weithio mewn cynghrair genedlaethol o fewn Ewrop, a nod ein cwrs ni yw cyflwyno hyfforddiant, cefnogaeth a chyfarwyddyd fydd yn galluogi darpar hyfforddwyr i gyflawni eu dyletswyddau ar y lefel ucha un. Mae'r ffaith ein bod ni, yn y blynyddoedd diwetha, wedi denu ymgeiswyr o'r radd flaena i ddilyn ein cyrsiau ni yn brawf o'n llwyddiant.

Marcel Desailly

Y person cynta i roi statws i'n cyrsiau ni trwy gofrestru ar eu cyfer nhw oedd cyn-gapten Ffrainc, Marcel Desailly, a chwaraeodd dros gant o weithiau i'w wlad. Prin yw'r chwaraewyr sydd wedi ennill mwy o anrhydeddau yn y byd pêl-droed, ac ynta wedi bod yn aelod o dimau a gipiodd Gwpan y Byd, Cwpan Ewrop a Chynghrair y Pencampwyr. Ar ôl gorffen chwarae daeth yn un o wybodusion y timau sylwebu pêl-droed efo gorsafoedd darlledu fel y BBC, ac wrth iddo ryw ddiwrnod daro ar Ian Rush mewn gêm yn Lloegr mi ddigwyddodd sôn bod ei fryd o bellach ar geisio ennill cymhwyster hyfforddi. Ychydig wedi i mi ddechrau yn fy swydd fel Cyfarwyddwr Technegol cafodd Ian ei benodi gan yr Ymddiriedolaeth yn Gyfarwyddwr Perfformiad Elît ac rydan ni wedi gweithio'n agos iawn efo'n gilydd ers hynny. Mi fydd o'n gwneud tipyn o waith ar y tîm dan 16 efo mi ac mae'n weithgar iawn yn hybu'r gêm ar lawr gwlad. Felly pan soniodd Marcel am ei obeithion o gael cymhwyster hyfforddi

81

dyma Ian yn naturiol yn dweud wrtho am gofrestru ar gyfer cyrsiau Ymddiriedolaeth Bêl-droed Cymru.

Ac yn wir, dyna wnaeth o, gan weithio'i ffordd o lefel B i lefel A ac yna ennill ei Drwydded Broffesiynol. Ond cyn iddo ddechrau arni, ar wahân i'r ffaith bod ganddo brofiad helaeth fel chwaraewr a bod tân yn ei fol dros gyrraedd y brig fel hyfforddwr, doedd gan Marcel, fel cymaint o rai eraill tebyg iddo, fawr o syniad ynglŷn â sut i fynd ati i gynnal sesiynau hyfforddi. Pan ddaeth o i mewn aton ni gynta ar y cwrs lefel B dyma drefnu iddo weithio efo rhai o chwaraewyr clwb Dinas Caerdydd ac ynta wedi dewis canolbwyntio ar un agwedd arbennig yn ystod ei sesiwn efo nhw, sef sut i reoli tempo gêm. Roedd y dewis yn un diddorol iawn ond o siarad efo fo cyn dechrau roedd hi'n amlwg nad oedd o wedi meddwl o gwbl am hanfodion elfennol sesiwn o'r fath. Dyma ofyn iddo nifer o gwestiynau ymarferol ynghylch cynnwys y sesiwn. Sut roedd o am ddechrau – ac o glywed ei fod am gael y chwaraewyr i wneud ychydig o ymarferion ystwytho, ddaru mi holi pa rannau o'r corff y bydda fo'n canolbwyntio arnyn nhw ac am ba hyd yr oedd o'n bwriadu gwneud hynny. Faint o beli fydda fo'n eu defnyddio, ac ymhle ar y cae y bydda fo'n gosod y storfa beli y byddai angen iddo dynnu arni drwy gydol y sesiwn... ai yn y gôl, neu yng nghanol y cae, neu tu draw i'r ystlys yn ymyl y llinell hanner? Pan fydda fo'n canolbwyntio ar y dasg o reoli tempo'r gêm, faint o chwaraewyr fydda fo'n eu defnyddio ar y tro, ac a fydda fo'n defnyddio'r cae cyfan, hanner y cae neu lai? Fydda fo'n cyflwyno rheolau fel cyfyngu ar nifer y cyffyrddiadau y byddai chwaraewyr yn eu cael mewn symudiad?

Ymateb Marcel i'r cyfan, i bob pwrpas, oedd "Mi gawn ni weld sut eith hi"! Yn fwriadol, ddaru mi ddim trio'i ddarbwyllo ar unrhyw fater, dim ond gadael iddo sylweddoli drosto fo'i hun ymhle roedd gwendidau'r sesiwn arbennig honno. Roedd hi'n amlwg o'r cychwyn bod y diffyg paratoi manwl, y diffyg sylw i faterion tebyg i'r rhai ddaru mi dynnu ei sylw atyn nhw cynt a diffyg trefn ar gyfer fframwaith y cyfnod o awr oedd ganddo efo'r chwaraewyr yn mynd i arwain at sesiwn flêr a di-fudd. A dyna ddigwyddodd. Ddaru gwahanol agweddau'r hyfforddi redeg dros amser ac ar adegau bu'n rhaid i Marcel gyflwyno ambell elfen nad oedd o wedi bwriadu gwneud er mwyn darlunio'r pwynt roedd o'n trio'i danlinellu, a chafodd o ddim digon o amser yn y pen draw i weithio efo'r chwaraewyr ar y neges sylfaenol, sef sut i reoli tempo gêm.

Ond Marcel oedd y cynta i sylweddoli bod ei gynlluniau ar gyfer y sesiwn honno yn rhy llac o lawer ar unrhyw lefel o hyfforddi, ac y gallai hynny arwain at ddiffyg parch gan chwaraewyr at hyfforddwr ac at golli diddordeb yn yr hyn y bydda fo'n trio'i gyflawni. Yn syth ar ôl y profiad cynta hwnnw ddaru mi eistedd i lawr efo fo a llunio'r hyn roeddwn i'n ei ystyried fyddai'n strwythur manwl, effeithiol a buddiol ar gyfer y sesiwn dan sylw, gan danlinellu'r ffaith bod egwyddorion sylfaenol y strwythur hwnnw yn berthnasol i hyfforddi pêl-droed yn gyffredinol. Mi dderbyniodd o'r cyfarwyddyd yn llawen a thros gyfnod o bedair blynedd mi fûm yn ei fentora o ris i ris ar yr ystol hyfforddi nes iddo gyrraedd y brig. Erbyn hyn mae o'n rhedeg ei academi hyfforddi ei hun yn Accra, Ghana ac yn uchel iawn ei barch yn y maes. Synnwn i damad na fydd o, maes o law, yn gwneud ei farc fel rheolwr o bwys.

Enw da'r cyrsiau hyfforddi

Fyddwn ni ddim yn hysbysebu ein cyrsiau ni'n uniongyrchol gan fod yr enw da sydd iddyn nhw erbyn hyn yn denu digon o ymgeiswyr cymwys. Mae profiad pobol fel Marcel o'r gwahanol gyrsiau a'u sylwadau ffafriol wedi arwain nifer o sêr y byd pêl-droed i droi aton ni er mwyn ennill y cymwysterau angenrheidiol. Un o'r rhai mwya diweddar yw Patrick Vieira, er i Gareth Southgate, sy'n gweithio i FA Lloegr, fynd i Fanceinion i drafod â Patrick y posibilrwydd o'i gael o i ddod i ddilyn cwrs Trwydded B yn eu canolfan nhw ym Mharc San Siôr. Ddaru Patrick fy ffonio i cyn dod i benderfyniad, gan ofyn i mi amlinellu'r hyn roeddan ni'n gallu ei gynnig o ran hyfforddiant yng Nghymru. Felly ddaru mi hefyd fynd i fyny i Stadiwm Etihad i gael gair efo fo, gan bwysleisio bod ein cwrs ni wedi'i deilwra i ateb anghenion pob unigolyn o ran y gwahanol gryfderau oedd ganddyn nhw ac o ran yr agweddau hynny roedd yr unigolyn angen gweithio arnyn nhw. Ar ôl cael gair pellach â Marcel, ddaru Patrick ategu ei fod o gant y cant o'r farn mai y ni yng Nghymru oedd yn cynnig y ddarpariaeth orau ac mi benderfynodd gofrestru efo ni, er mawr siom i FA Lloegr, mae'n siŵr!

Darpar hyfforddwyr enwog

Ymhlith y nifer o enwau cyfarwydd eraill sydd wedi dilyn ein cyrsiau ni mae Tim Sherwood, Les Ferdinand, Sol Campbell, Craig Bellamy, Garry Monk, Paul Jewell, Mikel Arteta, Freddie Ljungberg a Thierry Henry. Pan ofynnodd aelod o'r wasg i Thierry, yn ystod ei ymweliad â Pharc y Ddraig yn ddiweddar, paham roedd o wedi dewis dilyn cwrs FA Cymru, roedd ei ateb yn destun tipyn o falchder i mi'n bersonol. Dywedodd ei fod wedi dilyn y llwybr arbennig hwnnw am ei fod o'n rhannu'r un weledigaeth â mi ynghylch sut y dylid anelu at hyfforddi chwaraewyr y gêm fodern. Yn syml, yr hyn mae hynny'n ei olygu, o'm rhan i, yw chwarae gêm sy'n seiliedig ar gadw meddiant, fel mae tîm Cymru yn anelu at ei wneud y dyddiau hyn. Weithiau, wrth gwrs, mi fydd y gwrthwynebwyr yn cadw'r bêl yn well. Yr adeg honno mae gofyn bod yn effeithiol mewn ffyrdd eraill, megis trwy ddefnyddio dulliau amddiffynnol priodol, ond â'r arf ychwanegol o fedru gwrthymosod yn sydyn ac yn glinigol. A dyna un o gryfderau tîm Cymru yn ystod Euro 2016, oherwydd o'r holl dimau fu'n cymryd rhan yn y rowndiau rhagbrofol, y ni oedd y pedwerydd tîm gorau o ran ein record amddiffynnol.

Sicrhau Dyfodol
y Tîm Cenedlaethol

Camp y tîm dan 16

Falla mai'r pwysica o'r cyfrifoldebau sydd gen i efo'r
Ymddiriedolaeth yw gofalu bob blwyddyn am y tîm dan 16
oed. Yn sicr, does 'na'r un ddyletswydd arall sy'n rhoi mwy o
bleser i mi na gweithio i drio sicrhau dyfodol llwyddiannus
i'n tîm cenedlaethol ni. Yn ddiweddar mae llwyddiant nodedig
y tîm hwnnw wedi ychwanegu'n sylweddol at y pleser. Ddwy
flynedd yn ôl, am y tro cynta ers 1949, mi gipiodd y tîm Darian
y Fuddugoliaeth – y 'Victory Shield' – sef y gystadleuaeth
flynyddol rhwng timau cenedlaethol y Deyrnas Unedig o dan
16 oed, gan ennill pob gêm. Bryd hynny roedd Lloegr, yr Alban,
Gogledd Iwerddon a Chymru yn ymrafael am y tlws. Yna, y
llynedd, mi benderfynodd FA Lloegr dynnu eu tîm allan o'r
gystadleuaeth, gan gyhoeddi eu bod nhw'n gwneud hynny
er mwyn rhoi profiad ehangach i'w chwaraewyr ifanc, trwy
chwarae mwy o gêmau yn erbyn gwledydd eraill Ewrop. O
ganlyniad, ar gyfer cystadleuaeth y llynedd, a gafodd ei chynnal
ym Mharc y Ddraig, Casnewydd, daeth tîm Iwerddon i gymryd
lle'r Saeson.

Roedd hi'n dipyn o gamp ein bod ni wedi bod yn fuddugol
yng nghystadleuaeth Tarian y Fuddugoliaeth yn 2014 ar ôl
cymaint o flynyddoedd aflwyddiannus. Roedd hi'n fwy o
gamp fyth ein bod ni wedi ei hennill hi eto fis Tachwedd
diwetha am yr ail flwyddyn yn olynol, gan ychwanegu at y
teimlad braf oedd eisoes yn bodoli yng nghylchoedd pêl-droed
y wlad yn dilyn llwyddiant y tîm cenedlaethol hŷn. Yr hyn

ddaru roi pleser arbennig i mi oedd y ffaith bod FA Cymru, pan ddaru nhw lunio dogfen strategaeth bum mlynedd yn ôl, wedi datgan mai'r nod o ran y tîm dan 16 oedd ennill Tarian y Fuddugoliaeth un waith bob pum mlynedd. Felly roeddan ni wedi cyflawni camp oedd tu hwnt i'r disgwyl. Y garreg filltir bwysig gynta, mae'n debyg, oedd curo Lloegr o 4 i 0 yn Hwlffordd yn 2010 pan ddaru Declan John a'i gyd-chwaraewyr sicrhau'r fuddugoliaeth fwya erioed gan unrhyw dîm pêl-droed cenedlaethol o Gymru yn erbyn Lloegr. Mewn gwirionedd, mi ddylian ni fod wedi ennill y tlws yn 2012 a 2013. Ar y ddau achlysur hynny roedd angen i ni guro yn y gêm ola, i ffwrdd yn erbyn Gogledd Iwerddon ac adra y flwyddyn wedyn yn erbyn yr Alban, ond ddaru ni fethu, er i ni ddod o fewn trwch blewyn i wneud hynny. Ond yr hyn oedd yn bwysig oedd bod timau dan 16 y ddwy flynedd wedyn wedi dysgu oddi wrth brofiadau'r ddau dîm aflwyddiannus.

Meithrin y doniau ifanc

Yr hyn roedd llwyddiant yr hogia dan 16 yn ei brofi yn fwy na dim oedd bod y rhaglen ddatblygu roeddan ni wedi ei rhoi ar waith ar eu cyfer nhw dros y blynyddoedd blaenorol yn taro deuddeg. Am ddwy flynedd cyn iddyn nhw ddod yn rhan o'r garfan genedlaethol ar gyfer cystadleuaeth Tarian y Fuddugoliaeth mi fydden nhw wedi bod yn rhan o broses feithrin drylwyr iawn o dan oruchwyliaeth Richard Williams. Mi fyddwn i, yn ystod y cyfnod hwnnw o ddwy flynedd, wedi galw'r 26 chwaraewr gorau yn y Gogledd a'r 26 chwaraewr gorau yn y De at ei gilydd bob gwyliau ysgol. Ar ben hynny, bob hanner tymor mi fydden ni'r hyfforddwyr yn treulio dau ddiwrnod efo hogia'r Gogledd a dau ddiwrnod efo hogia'r De. Yn ystod y cyfnodau hyn mi fyddwn i'n gweithio efo nhw ar faes llafur y byddwn i wedi'i baratoi'n fanwl ymlaen llaw er mwyn datblygu eu sgiliau nhw. I ategu'r gwaith hyfforddi byddwn hefyd yn trefnu ar eu cyfer nhw rhyw chwech i wyth gêm bob blwyddyn yn erbyn timau o'r clybiau proffesiynol yn Lloegr.

Wrth gwrs, erbyn iddyn nhw gyrraedd 13 oed bydd 95% o'n chwaraewyr gorau ni eisoes yn perthyn i glybiau proffesiynol. Mi ddaw ambell unigolyn sydd ddim yn perthyn i glwb proffesiynol drwodd yn hwyrach na'r gweddill ond eithriadau yw'r chwaraewyr hynny, er ei bod hi'n bwysig ein bod ni'n cadw llygad manwl ar y datblygwyr hwyr hynny rhag ofn iddyn nhw ddisgyn drwy'r rhwyd, fel petai. Yn wir, mae'r rhan fwya o'n chwaraewyr ni wedi symud at y clybiau proffesiynol, o academïau clybiau Uwch Gynghrair Cymru fel arfer, pan fyddan nhw rhwng 8 a 12 oed. Erbyn iddyn nhw gyrraedd yr oed meithrin ar gyfer y tîm dan 16 bydd y rhan fwya ohonyn nhw'n mynd i mewn i'w clybiau ryw bump neu hyd yn oed chwe diwrnod yr wythnos felly, o ran yr hyfforddiant 'cenedlaethol', cymharol brin yw'r amser y byddwn ni'n ei gael efo nhw. Ar yr un pryd, rydan ni'n sylweddoli mai ein rôl briodol ni yw ategu'r gwaith maen nhw'n ei wneud yn y clybiau.

Profiad yn erbyn timau tramor

Pan fydd pob grŵp meithrin ar eu trydedd flwyddyn mi fyddwn yn dewis y garfan genedlaethol o'u plith. Yn 14 oed mi fyddan ni'n cynnal gwersyll hyfforddi efo nhw ym mis Awst am ryw bedwar diwrnod, un arall ym mis Medi ac un arall ym mis Tachwedd, a'u paratoi nhw ar gyfer y gêmau rhyngwladol fydd yn dechrau y mis Mawrth wedyn. Bob blwyddyn mi fyddan nhw'n chwarae ddwywaith yn erbyn Gwlad Pwyl a Ffrainc ac yn cael gêmau yn erbyn Gwlad Belg a'r Swistir yn ogystal. Ar ben hynny, tua diwedd y flwyddyn mi fyddan nhw'n cystadlu ar gyfer Tarian y Fuddugoliaeth. Mae'r cyfnod hwnnw'n rhan allweddol o'u datblygiad o ran pontio rhwng pêl-droed clwb a phêl-droed rhyngwladol.

Wrth chwarae yn erbyn y timau hynny bydd ein hogia ni fel petaen nhw'n cael eu lluchio i mewn i ferw pêl-droed rhyngwladol. Mae Gwlad Pwyl yn llwyddo i gymhwyso ar gyfer pob twrnament mawr i dimau o dan 16, fel yn wir y mae timau Ffrainc a Belg (sy'n gallu ymfalchïo mewn system feithrin heb ei hail). Mae tîm y Swistir hefyd yn chwarae ar y lefel ucha bob amser. Rhyw chwe blynedd yn ôl, pan ddaru mi ddechrau gweithio efo'r tîm dan 16, mi fyddem yn colli o ryw 4 i 0 yn erbyn timau Pwyl a Ffrainc. Yn wir, dwi'n cofio un o sêr Manchester United erbyn hyn, Anthony Martial, yn sgorio tair gôl i Ffrainc yn ein herbyn ni yn yr eira yng Nghaerdydd. Yn y dyddiau hynny doedd gynnon ni ddim y sylfaen roedd ei hangen ar yr hogia i gystadlu'n deg ar y lefel honno. Erbyn hyn mi fyddwn ni'n curo'r gwledydd hynny'n rheolaidd. Bellach mae'r bwlch fu rhyngon ni a nhw wedi'i gau ac mae gwledydd eraill, megis Awstria, sydd hefyd yn arddel strwythur ardderchog ar gyfer chwaraewyr ifanc, yn curo ar y drws gan obeithio y medrwn ni eu cynnwys nhw ymhlith ein gwrthwynebwyr tramor rheolaidd.

Y timau dan 17 a dan 19

Wrth gwrs, y nod yw bod y chwaraewyr dan 16 yn symud ymlaen maes o law i gynrychioli timau Cymru dan 17, dan 19, dan 21 ac yna drwodd i'r tîm hŷn. Geraint Williams a'i gynorthwyydd, David Hughes, sydd yn gyfrifol am yr hogia rhwng 17 a 21 oed ac maen nhw'n gwneud gwaith da dros ben efo'r grwpiau hyn. Efo'r tîm dan 17 y bydd pencampwriaethau UEFA'n dechrau, efo grwpiau o bedwar tîm yn chwarae gêmau cymhwyso yn erbyn ei gilydd ym mis Medi a mis Hydref. Bydd y ddau dîm gorau ymhob grŵp yn mynd ymlaen ym mis Mawrth ac Ebrill i rowndiau'r timau elît, sydd unwaith eto'n ymrannu'n grwpiau o bedwar. Yna bydd yr ucha ym mhob grŵp yn cystadlu mewn twrnament terfynol ac mae'r un drefn yn digwydd yn achos y timau dan 19. Fy nod i o'r dechrau oedd nid yn unig gwneud yn dda yn y gêmau dan 16 ond ceisio sicrhau bod y timau hynny'n parhau i ddatblygu ar y lefel nesa, sef yn y gêmau dan 17. Tan ryw dair blynedd yn ôl ddaru'r un tîm o Gymru erioed gyrraedd y rownd elît ond yna mi newidiodd y sefyllfa er gwell. Yn 2013 mi lwyddodd y tîm dan 17 gyrraedd y rownd honno ac ennill y profiad gwerthfawr hwnnw o chwarae yn erbyn rhai o'r timau tramor gorau, sydd bob amser yn fantais erbyn iddyn nhw, falla, ddechrau chwarae i'r tîm hŷn. Erbyn hynny, mae'n debyg, byddan nhw wedi arfer chwarae yn erbyn rhai o'u gwrthwynebwyr yng ngêmau'r blynyddoedd cynt ar y lefelau iau. Y llynedd llwyddodd y tîm dan 19 i gyrraedd y lefel elît, tra cyflawnodd y tîm dan 17 y gamp honno eleni eto.

Y tîm dan 21

Felly, rydan ni wedi dechrau sefydlu patrwm o gael ein timau ni drwodd i'r rowndiau elît, a'r cam naturiol nesa yw cael un o'r timau hynny i gymhwyso ar gyfer twrnament terfynol. Mae'n edrych yn dda ar hyn o bryd o ran y tîm dan 21, sydd wedi chwarae pum gêm y tymor hwn heb golli eto. Ond rydan ni bob amser dan anfantais yn y cystadlaethau mawr oherwydd ein bod ni'n wlad gymharol fach. 'Dan ni byth ar ein cryfa oherwydd bod y tîm hŷn yn aml yn gorfod tynnu ar y tîm dan 21 ar gyfer rhai gêmau. Pan gollodd y tîm dan 21 ddwy waith yn erbyn Lloegr yn 2014, a hynny o 1 i 0 y tro cynta ac o 3 i 1 yr eildro, roedd wyth chwaraewr oedd yn gymwys i chwarae iddyn nhw yn absennol gan eu bod nhw wedi cael eu galw i garfan y tîm hŷn, sef Ben Davies, Adam Matthews, Jonny Williams, Emyr Huws, George Williams, Declan John, Lee Evans a Wes Burns.

Mae'n wir bod eu habsenoldeb nhw'n golygu bod mwy o hogia ifanc yn cael cyfle i chwarae ar lefel ryngwladol na fasa fel arall wedi cael eu lle yn y tîm dan 21. Eto, mae'n nod gynnon ni yn y pen draw i beidio â chynnwys cymaint o'r chwaraewyr hynny yn y garfan hŷn, er mwyn iddyn nhw anelu at gael y profiad o chwarae o fewn eu grŵp oedran priodol nhw ar y lefel elît yn gynta. Daeth cyfle cyn Dolig i roi hyn ar waith pan ddaru ni ryddhau Wes Burns o'r garfan gafodd ei dewis ar gyfer y gêm gyfeillgar yn erbyn yr Iseldiroedd er mwyn iddo gael chwarae mewn dwy gêm gystadleuol i'r tîm dan 21. Roedd hynny'n golygu y câi brofiad mwy gwerthfawr ar y cae efo nhw, fyddai o fwy o fudd i'r tîm hŷn yn y pen draw, wrth gwrs, na phe bai o'n eistedd ar y fainc ar gyfer y gêm yn erbyn yr Iseldiroedd.

Ymlaen i'r garfan hŷn

Patrwm arall sydd wedi amlygu ei hun yn y blynyddoedd diwetha yw bod aelodau o'r gwahanol dimau dan 16 yn rheolaidd yn mynd ymlaen i ymuno, yn y pen draw, â'r garfan hŷn, chwaraewyr fel Adam Matthews, Jonny Williams, Emyr Huws a Danny Ward. Yn 2013, ac ynta ddim ond yn 16 oed, ddaru Harry Wilson o glwb Lerpwl ymddangos yn erbyn Gwlad Belg, y chwaraewr ifanca erioed i chwarae dros Gymru ar y lefel ucha. Wedyn, o blith y grŵp ddaru ennill Tarian y Fuddugoliaeth am y tro cynta, mae Liam Cullen o glwb Abertawe a Tyler Roberts o glwb West Brom yn edrych yn addawol dros ben. A dyna danlinellu fy mhriod waith i efo'r tîm iau, sef datblygu unigolion ar gyfer y tîm hŷn.

Mesur potensial

Ond mae potensial yn rhywbeth anodd iawn i'w fesur. Yn yr un tîm dan 16 â Harry yn 2012 roedd pedwar chwaraewr y gellid dweud mai eu safle gorau nhw oedd rhif 10, y tu ôl i'r ymosodwr blaen. Eto, o ran eu doniau fel pêl-droedwyr roedd pob un yn haeddu bod yn y tîm. Felly pe bawn i'n neilltuo un ohonyn nhw ar gyfer rhif 10 yn y gêmau rhyngwladol mi fyddai hynny'n golygu na fyddai'r tri arall yn cael cyfle i ddatblygu yn y safle hwnnw. Mewn gwirionedd, does wybod, ymhen rhyw dair blynedd, pa un ohonyn nhw fydd fwya cymwys i chwarae yn y safle hwnnw. Falla fod un ohonyn nhw wedi hen gyrraedd ei botensial yn barod, tra bod un arall o'r pedwar o bosib yn mynd i flodeuo hyd yn oed ymhellach. Mae datblygiad pêl-droedwyr ifanc yn gysylltiedig â chymaint o ffactorau eraill a all effeithio ar eu perfformiad ar y cae. Un elfen amlwg ydy eu datblygiad corfforol. Mae hynny'n gallu dylanwadu ar gymaint o elfennau, fel eu seis, eu hegni, cydweithrediad cymalau eu cyrff a'u cyflymder. Yn ogystal, yn yr oed hwnnw mae llawer yn wynebu problemau emosiynol sydd weithiau'n effeithio ar eu hyder, fel unigolion ac fel chwaraewyr. Dyna pam rydan ni, pan fyddwn ni'n galw chwaraewyr ifanc ynghyd i garfan genedlaethol am y tro cynta, hefyd yn gwahodd y rhieni i'n cyfarfod ni, er mwyn iddyn nhw gael deall pwrpas y rhaglen ddatblygu y byddwn ni'n ei gweithredu.

Felly, sut roedd delio â mater y pedwar rhif 10? Sut rown i'n mynd i wybod pa un ohonyn nhw fyddai'n datblygu i fod y chwaraewr mwya cyflawn yn y safle hwnnw? Roedd hynny'n amhosib ar y pryd, felly dyma lunio strategaeth fyddai'n caniatáu iddyn nhw i gyd, ar ryw adeg mewn gêm, gael cyfnod yn safle'r rhif 10 arferol, ond a fyddai'n golygu na fyddai mwy nag un ohonyn nhw yn y safle hwnnw ar yr un pryd ar unrhyw adeg. Fyddai steil y tîm o chwarae ddim yn newid yn sgil hynny, ond byddai'r ffordd o roi'r steil ar waith yn wahanol o ran eu gofynion nhw fel unigolion. Erbyn hyn mae'r pedwar ohonyn nhw efo'i gilydd yn y tîm dan 19, er bod yr hyfforddwr, Geraint Williams, wedi addasu rhywfaint ar y cynllun gwreiddiol i gyd-fynd â'r strategaeth mae'r tîm yn ei defnyddio.

Dod i wybod am dalentau ifanc

Yn y pum mlynedd diwetha mae'r broses o fachu ein chwaraewyr ifanc gorau ni wedi gwella'n fawr iawn. Ddaru ni benodi Gus Williams, a fu'n gweithio efo fi fel is-hyfforddwr o dan Gyngor Ynys Môn, i fod yn gyfrifol am adnabod talentau ifanc ac mae'r gwaith mae Gus wedi ei wneud wedi bod yn aruthrol ac yn llwyddiant ysgubol. Ei briod waith yw gweithio efo'r 23 academi sy'n bodoli yng Nghymru, sef y 12 ohonyn nhw sydd ynghlwm â chlybiau Uwch Gynghrair Cymru, rhai eraill sy'n gysylltiedig â chlybiau ar lefel is, fel Porthmadog, Caernarfon a'r Barri, a'r rhai sy'n rhan o'r pedwar clwb mwya, sef Abertawe, Caerdydd, Casnewydd a Wrecsam. Y nod bob amser yw cael y cynghreiriau ar gyfer chwaraewyr ifanc i fwydo'r academïau hyn a'r rheini wedyn yn bwydo'n clybiau proffesiynol ni. Er hynny, mae 'na nifer o'n chwaraewyr ifanc ni'n ymuno â chlybiau dros y ffin.

Tasg Gus yw tracio'r chwaraewyr hyn i gyd, gan ddod i

wybod pwy sydd yn y gwahanol academïau, pwy sy'n rhagori a phwy sy'n gwneud yn dda yn y clybiau proffesiynol. Mi fydd o hefyd yn gweithio'n agos efo ysgolion i weld pa chwaraewyr nad ydan nhw'n perthyn i glybiau sy'n haeddu sylw, er mai prin yw'r chwaraewyr hynny y dyddiau yma. Roedd hi'n gwbl wahanol pan oeddwn i'n ifanc. Bryd hynny, yn yr ysgol y bydden ni'n cael ein profiadau cynnar o bêl-droed gan mai ychydig o glybiau iau oedd yn bodoli. Ond erbyn i mi gyrraedd tua 10 oed roedd nifer o gynghreiriau iau ar waith ac felly efo clybiau y buas i'n chwarae. Y dyddiau yma mae hogia wedi bod yn chwarae i glwb yn 4 neu 5 oed hyd yn oed, cyn iddyn nhw ddechrau chwarae yn yr ysgol.

Mae'r rhan fwya o'r chwaraewyr ifanc sydd wedi ymuno â chlwb proffesiynol wedi dechrau'n ifanc efo un o glybiau Cymru. Gwaith Gus a'i dîm o sgowtiaid (sef, fel arfer, criw o athrawon neu athrawon wedi ymddeol) yw mynd yn gyson, ar gyngor unigolion sy'n gweithio efo'r gwahanol glybiau, i weld nifer o hogia ifanc yn chwarae ar hyd a lled y wlad ac yna cyflwyno adroddiad arnyn nhw. Yn yr un modd, mae gynnon ni sgowtiaid drwy Loegr. Bydd Gus yn siarad efo pob clwb yng Nghynghrair Bêl-droed y wlad honno i wneud yn siŵr bod pob chwaraewr ifanc sy'n gymwys i chwarae i Gymru yn cael ei roi ar ei restr o, sy'n cynnwys enwau mwy na 1,000 o chwaraewyr ifanc dros 8 oed. Dyw'r sgowtiaid yma yn Lloegr ddim yn gweithio'n llawn-amser ond mi ân nhw allan i edrych ar unrhyw chwaraewr ifanc pan fydd Gus yn gofyn iddyn nhw wneud hynny.

Felly, os byddwn ni wedi clywed am hogyn bach 9 oed addawol yn Newcastle sydd â'i nain yn Gymraes yna mi fydd Gus yn gofyn i sgowt o'r ardal honno wneud adroddiad arno. Mae gan bob un o'r clybiau hyn wybodaeth ar eu bas data am dras pob chwaraewr ifanc y byddan nhw'n ei gofrestru, ac yn hynny o beth mi rydan ni'n gwybod bod 'na chwaraewyr rhwng 8 a 15 oed sy'n gymwys i chwarae i Gymru ar lyfrau 68 o'r 89 clwb y tu allan i Gymru sy'n perthyn i Gynghrair Lloegr. Enghraifft dda o lwyddiant y drefn honno yw Dan

James, un o sêr tîm Cymru dan 16 yn y flwyddyn 2012, sydd rŵan yn disgleirio efo'r tîm dan 19. Ddaru ni ddod o hyd i Dan yng nghlwb Hull pan oedd o'n 13 oed ac mi fasa hefyd wedi bod yn gymwys ac yn ddigon da i gynrychioli Lloegr ar y gwahanol lefelau, fel Harry Wilson. Ond mi gafodd ei brynu gan glwb Abertawe a daeth yn aelod gwerthfawr o'r academi yno ychydig flynyddoedd yn ôl.

Ar Lawr Gwlad

Cynnydd

Yn ystod y blynyddoedd diwetha mi fu cynnydd aruthrol yn nifer y bechgyn ifanc sy'n chwarae pêl-droed. Mewn gwirionedd, does dim posib cael llawer mwy o hogia i chwarae, er ei bod hi'n nod gynnon ni weld twf o 50% yn nifer y merched sy'n cymryd at y gêm. Erbyn hyn mae tair gwaith mwy o hogia ifanc yn chwarae pêl-droed nag sy'n chwarae rygbi ac mae'n gêm sy'n cynnig elfen o barhad wrth iddyn nhw dyfu'n ddynion, tra bod llawer o chwaraewyr rygbi ifanc yn tueddu i gefnu ar y bêl hirgron pan fyddan nhw'n cyrraedd rhyw oed. Rheswm arall dros y llwyddiant yw'r ffaith bod cymaint o glybiau pêl-droed bellach yn gallu rhoi cyfle i blant mor ifanc â 5 a 6 oed gymryd at y gêm. Yn hynny o beth mae gynnon ni fel Ymddiriedolaeth, o dan arweinyddiaeth Jamie Clewer, rôl bwysig iawn i sicrhau bod y clybiau mewn sefyllfa i roi cyfle i chwaraewyr ifanc ddatblygu. Doedd gynnyn nhw mo'r adnoddau i wneud hynny pan ddaru mi ddechrau yn fy swydd, ond erbyn hyn mae pob clwb cofrestredig yn gorfod cael dau hyfforddwr cymwys ar gyfer pob tîm sydd am chwarae mewn cynghrair – datblygiad sydd, wrth gwrs, yn bosib oherwydd y cyrsiau hyfforddi y byddwn yn eu cynnig. Mae'n nod gynnon ni hefyd gael y clybiau i greu partneriaeth efo ysgolion lleol fel bod eu hyfforddwyr nhw'n gallu mynd yno ar ôl ysgol ac, wrth gael y plant i fwynhau'r hyn y byddan nhw'n ei wneud efo nhw, eu swyno nhw i fod isio ymuno â chlwb pêl-droed.

Rôl clwb pêl-droed yn y gymdeithas

Erbyn hyn mae gan bêl-droed rôl hollbwysig yn y gymdeithas; yn wir, byddai modd defnyddio pêl-droed a chwaraeon eraill i ailadeiladu cymdeithas, yn enwedig yng nghefn gwlad Cymru. Yno, flynyddoedd yn ôl, y canolfannau fyddai'n denu'r bobol leol fyddai'r addoldai, yn gapeli ac eglwysi, a'r tafarndai. Erbyn hyn mi ddiflannodd y rhain i raddau helaeth gan adael gwagle yn y cymunedau o ran canolfannau y gall y trigolion droi atyn nhw'n rheolaidd er mwyn cymdeithasu. Yn fy marn i mae gan bêl-droed gyfle euraid i lenwi'r bwlch hwnnw. Mae 'na gymaint o chwaraeon sy'n gyfyng eu hapêl o ran natur y gamp neu o ran oed y rhai sy'n gallu cymryd rhan, er enghraifft gymnasteg, nofio, tenis ac yn y blaen. Nid felly yn achos pêl-droed, sydd bellach yn gallu denu chwaraewyr rhwng 3 a 70 oed, ac mae'r ffigyrau'n dangos bod mwy a mwy yn troi ati. Mae 'pêl-droed dan gerdded' yn gamp sy'n gynyddol boblogaidd ymhlith rhai mewn oed. Mae datblygiadau fel caeau artiffisial yn abwyd ychwanegol gan fod modd chwarae'r gêm ar hyd y flwyddyn.

Gwella adnoddau

Yn hynny o beth bu rheolwr tîm y Barri yn dweud wrtha i'n ddiweddar sut mae'r clwb wedi ffynnu ers cael cae plastig rai misoedd yn ôl. Erbyn hyn mae 650 o hogia a genethod yn defnyddio'r cyfleusterau bob wythnos. Hefyd bu cael adeilad cymdeithasol yn gaffaeliad ychwanegol i'r clwb o ran denu pobol yno. Mae methiant ein clybiau pêl-droed ni yn y gorffennol i ddarparu canolfannau ymgynnull, gan fodloni ar gyfleusterau newid mewn cwt sinc neu ystafell gefn rhyw dafarn, wedi bod yn wendid mawr o ran hybu diddordeb mewn pêl-droed. Falla ei bod hi'n wir i ddweud na fu hynny mor wir yn ein clybiau rygbi ni, yn enwedig yn y De.

Mae'n bryd i ni ddatblygu ein cyfleusterau pêl-droed, fel bod plant yn gallu dod i'r clybiau'n rheolaidd drwy'r flwyddyn i ymarfer a chwarae gêmau ar gaeau artiffisial. Mae'n bwysig hefyd fod adeiladau cyfforddus, pwrpasol yn cael eu codi i ddenu rhieni yno un ai i wylio'r plant wrthi neu i ddilyn rhyw weithgarwch cymdeithasol fel cadw'n heini, bingo, cwis neu edrych ar y teledu tra eu bod nhw yno. Yn ogystal, pan fydd y tîm cynta'n chwarae adra ar ddydd Sadwrn gellid annog y plant i ddod yno i weld y gêm, gan ddarparu hefyd, os byddan nhw'n colli diddordeb yn y gêm ar ôl ychydig, gyfleusterau arbennig iddyn nhw gael chwarae eu gêmau electronig yno. Mae llawer gormod o glybiau yng Nghymru yn hybu timau ar y lefel iau ond heb fod gynnyn nhw unrhyw gysylltiad â phrif dîm y clwb nac unrhyw wybodaeth ynghylch gweithgareddau'r tîm hwnnw.

Y dyddiau hyn mae problemau cymdeithasol fel unigrwydd, torcyfraith, fandaliaeth, gordewdra ac yn y blaen yn dipyn o ofid ac mi glywn ni'r gwleidyddion yn parablu byth a beunydd ynglŷn â sut y dylid mynd i'r afael â nhw. Fy mreuddwyd i yw gweld y clybiau pêl-droed trwy Gymru yn dod i'r adwy. Yn y lle cynta mae chwaraeon ynddyn nhw eu hunain, yn gynnar iawn yn natblygiad plentyn, yn gyfrwng i ddysgu parch a phwysigrwydd cynnal safonau a chydnabod rheolau. Yn yr un modd mae modd addasu agweddau ar hyfforddi pêl-droed i hybu rhifedd a llythrennedd ymysg plant a phobl ifanc. Byddai sicrhau bod pobol o bob oed yn mynychu'r clwb yn creu ymdeimlad o berthyn, gan gyfrannu falla at leihau problem unigrwydd. Byddai cyflwyno'r agweddau hyn yng nghyd-destun yr hwyl a'r boddhad a geir wrth ymarfer, chwarae a gwylio pêl-droed yn tanlinellu ymhellach pa mor fuddiol a dymunol fyddai datblygu ein clybiau pêl-droed ni i fod yn ganolfannau gwirioneddol gymdeithasol. Felly, mae angen buddsoddi llawer mwy o arian i sicrhau rhagor o adnoddau tebyg i'r hyn sydd ar gael yng nghlwb y Barri, er enghraifft.

Rôl Llywodraeth Cymru

Gobeithio fy mod i wedi dangos sut mae pêl-droed yn ffynnu yng Nghymru ar hyn o bryd, a hynny ar bob lefel. Yn wir, yn fy marn i, fu erioed well graen ar y gêm trwy'r wlad yn gyffredinol.

Dyma'r amser delfrydol, felly, i'r gwleidyddion yn y Cynulliad Cenedlaethol fwrw iddi i sicrhau bod cyllid digonol ar gael i ddatblygu'r gêm yng Nghymru ar hyd y llinellau ddaru mi eu hawgrymu. Yn yr Eisteddfod Genedlaethol ddwy flynedd yn ôl ddaru'r Prif Weinidog, pan oeddwn i a Chris Coleman yn rhannu llwyfan efo fo mewn sesiwn holi ac ateb ar y Maes, ddymuno'n dda i ni ar gyfer rowndiau rhagbrofol Euro 2016, gan obeithio y bydden ni'n cael ymgyrch lwyddiannus y tro hwn. Ddaru *ni* fynd â'r maen i'r wal, ond rhaid dweud yn bersonol 'mod i'n teimlo y gallai Llywodraeth Cymru a'r gwleidyddion wneud mwy.

Y Tîm Cenedlaethol

John Toshack

John Toshack yw'r rheolwr gorau a anwyd yng Nghymru erioed yn fy marn bersonol i. Pwy arall sydd wedi rheoli clwb o faint Real Madrid ddwy waith? Mae ei enw yn adnabyddus iawn ar y cyfandir ac mae ei brofiad yn helaeth. Ond yn anffodus roedd hi'n adeg eitha anodd i'r tîm cenedlaethol pan oedd John Toshack yn rheolwr arno rhwng 2004 a 2010. Yn rowndiau rhagbrofol Cwpan y Byd 2006 dim ond dwy gêm allan o ddeg ddaru tîm Cymru eu hennill. Yn y rowndiau rhagbrofol ar gyfer Euro 2008 ddaru'r tîm cenedlaethol ennill pedair gêm allan o ddeuddeg, a phedair allan o ddeg yng ngêmau rhagbrofol Cwpan y Byd 2010. Er hynny, mae'n ffaith bod nifer o chwaraewyr wedi cael profiad o chwarae dros Gymru yn ifanc gan John. Yn anffodus, prin oedd fy ymwneud i efo'r rheolwr yn ystod ei deyrnasiad o, er i mi drio meithrin perthynas. Falla fod y sefyllfa wleidyddol ffôl oedd yn bodoli yng Nghymdeithas Bêl-droed Cymru ar y pryd yn gyfrifol am hynny, gan wneud i John, o bosib, dybio y byddai'n ddoethach iddo gadw'n glir o weithgareddau'r Ymddiriedolaeth. Ar ben hynny, tydw i ddim yn siŵr faint o bwys roedd o'n ei roi bryd hynny ar hyfforddi hyfforddwyr a datblygu'r gêm ar lawr gwlad fel rhan o ddyletswyddau FA Cymru.

Ymddiriedolaeth Bêl-droed Cymru

Mi rown i wedi cael fy mhenodi i swydd Cyfarwyddwr Technegol Ymddiriedolaeth Bêl-droed Cymru yn 2007. Ddaru'r corff hwnnw gael ei sefydlu yn 1996, efo Jimmy Shoulder, y Swyddog Datblygu Cenedlaethol ar y pryd, yn awyddus i gael yr

Ymddiriedolaeth i hybu hyfforddiant hyfforddwyr a datblygiad chwaraewyr ifanc. Ond am flynyddoedd bu'r corff hwnnw ac FA Cymru ei hun yn tynnu'n groes braidd. O'i gymharu â rhai gwledydd, tydy incwm yr FAW erioed wedi bod yn fawr iawn ac i raddau mi fyddai hwnnw'n dibynnu ar lwyddiant y tîm cenedlaethol. Pan fyddai'r arian oedd ar gael yn gostwng, un o'r pethau cynta i ddiodda oedd maint y gyllideb fyddai'n cael ei neilltuo o'r gronfa ganolog ar gyfer datblygu'r timau iau. Un o'r cymhellion oedd gan Jimmy wrth sefydlu'r Ymddiriedolaeth oedd defnyddio'r consesiynau treth y byddai FA Cymru yn eu cael wrth sefydlu'r corff hwnnw i ddiogelu incwm rheolaidd a digonol i'r Ymddiriedolaeth fel y medrai ffynnu. Byddai hynny er lles y tîm cenedlaethol yn y pen draw, wrth gwrs. Byddai'r corff newydd hefyd yn gallu gwneud ceisiadau annibynnol am gymorth grant gan ffynonellau eraill, fel y Cyngor Chwaraeon a'r Loteri.

Roedd rhyw hanner dwsin o aelodau Cyngor FA Cymru hefyd yn rhan o bwyllgor rheoli'r Ymddiriedolaeth, ynghyd â chynrychiolwyr lleyg o feysydd penodol oedd yn gallu cynnig arbenigedd ar faterion cyfreithiol, ariannol, economaidd ac yn y blaen. Byddai hi'n arferiad i aelodau'r Cyngor weithredu ar wahanol bwyllgorau perthnasol yr FA, fel yr un fyddai'n ymdrin â dyfarnwyr. Ond mi dyfodd gwaith a phwysigrwydd yr Ymddiriedolaeth yn raddol nes i lais rhai o'r cynrychiolwyr, yn enwedig y rhai oedd hefyd ar Gyngor yr FAW, ddod yn fwy pwerus, er mawr ofid i rai o aelodau eraill y Cyngor. O ganlyniad mi ddatblygodd rhwyg rhwng y ddwy garfan, oedd yn bodoli yn ystod cyfnod John Toshack wrth y llyw, ddaru achosi problemau ynglŷn â gweinyddu'r Ymddiriedolaeth yn effeithiol o fewn FA Cymru.

Ond mi wellodd y sefyllfa pan benderfynodd yr FAW hysbysebu fy swydd i. Bryd hynny daeth y ddau gorff ynghyd i greu apwyntiad ar y cyd, a dyna pam roedd 25 aelod o'r Cyngor yn bresennol yn y cyfarfod ddaru gynnig y swydd i mi. Erbyn hyn mae gwaith FA Cymru wedi ei ddosbarthu'n hwylus rhwng y ddau gorff fel bod y naill yn cymryd gofal am rai agweddau o waith y Gymdeithas yn ei bencadlys yng Nghaerdydd tra bod gan yr Ymddiriedolaeth gyfrifoldebau penodol yn ei phencadlys ym Mharc y Ddraig, Casnewydd. Mae'r ddau brif weithredwr, Jonathan Ford a Neil Ward, yn cydweithio'n hapus â'i gilydd.

Yn y dyddiau cynnar toedd a wnelo fi ddim byd â hyfforddi'r tîm dan 21 na'r tîm cynta. Roedd rhywfaint o gydweithio rhyngof i a Brian Flynn, oedd yn gofalu am y tîm dan 17, yn enwedig o ran trosglwyddo gwybodaeth berthnasol iddo am y chwaraewyr ifanc fyddai'n symud ymlaen y flwyddyn wedyn o'r tîm dan 16 roeddwn i'n gyfrifol amdano. Ond at ei gilydd, oherwydd nad oedd pêl-droed yng Nghymru yn gyffredinol mewn sefyllfa gref y dyddiau hynny, doedd dim llawer o lewyrch chwaith ar ddatblygiad y timau iau. Mae chwaraewyr ifanc bob amser angen ysbrydoliaeth, angen llwyddiant ar lefel uwch y gallan nhw geisio'i efelychu. Yn arferol byddai rhywun yn disgwyl i'r tîm cynta roi'r symbyliad hwnnw iddyn nhw a gosod nod iddyn nhw drio ymgyrraedd ato. Ond yn y dyddiau hynny doedd perfformiad y tîm cenedlaethol ddim yn gallu creu'r math yna o hinsawdd. Ddaru John Toshack ymddiswyddo ym mis Medi 2010, wedi i Gymru golli gêm ragbrofol ar gyfer Euro 2012 o 1 i 0 yn erbyn Montenegro.

Penodi Gary Speed

Roedd mawr angen bellach i'r tîm cenedlaethol gael rheolwr fyddai'n medru diogelu'r hyn oedd gynnon ni a'n gwneud ni'n dîm allai gymhwyso ar gyfer rowndiau terfynol cystadlaethau Ewrop a'r byd. Un oedd wedi cyflawni hynny'n gyson rhwng 1998 a 2008 efo Sweden, tan iddo ymddiswyddo yn 2009, oedd Lars Lagerbäck, sydd erbyn hyn yn cael tipyn o lwyddiant efo tîm Gwlad yr Iâ. Yn ystod y cyfnod yn dilyn ymadawiad John Toshack ddaru mi gael cyfle i siarad efo Lars mewn cynhadledd ryngwladol i hyfforddwyr. O ganlyniad, ddaru o benderfynu cynnig am swydd rheolwr tîm Cymru, ond er iddo gael cyfweliad ni chafodd ei benodi.

Tua'r un cyfnod ddaru mi gael galwad ffôn gan Gary Speed yn dweud bod gynno fo awydd cynnig am y swydd, gan ofyn i mi beth roeddwn i'n ei feddwl o'r syniad. Ddaru mi ddweud wrtho 'mod i'n meddwl y basa fo'n ddewis ardderchog ar ei chyfer hi. Roeddwn i wedi dod yn ffrindiau da efo Gary wrth iddo ddilyn cyrsiau hyfforddi'r Ymddiriedolaeth odana i, tan iddo gyrraedd y safon ucha wrth ennill ei Drwydded Broffesiynol. Ar y cwrs hwnnw roedd o yng nghwmni John Sheridan, gynt o glwb Casnewydd, Paul Trollope, sydd efo Caerdydd, Tony Pulis, Paul Jewell, Kit Symons a Darren Ferguson – un o'r criwiau gorau rydan ni erioed wedi eu cael ar y cwrs. Roedd Gary yn chwarae i Sheffield United ar y pryd a phan fydda fo i lawr yng Nghasnewydd yn dilyn ei gyrsiau hyfforddi mi fydda fo'n aml yn derbyn gwahoddiad i ddod i gymryd sesiynau efo'r tîm dan 16. Roedd y broses honno'n fanteisiol mewn cymaint o ffyrdd. Byddai Gary, wrth wneud y cwrs, hefyd yn cael profiad ymarferol o hyfforddi. Mi allwn i ei fentora fo tra oedd o'n ennill sgiliau fel hyfforddwr a hefyd roedd y chwaraewyr ifanc hynny yn gallu elwa cymaint yn seicolegol o sylweddoli bod chwaraewr oedd yn chwedl yn y byd pêl-droed yn mynd i'r drafferth i roi sylw iddyn nhw. Ar y pryd hefyd roedd Gary'n gallu gweld ac yn gwerthfawrogi'r hyn rown i'n ei wneud efo'r hogia ifanc fyddai, hwyrach, yn asgwrn cefn y tîm cenedlaethol ymhen amser.

Wrth gwrs, Gary gafodd ei benodi yn Rheolwr tîm Cymru ym mis Rhagfyr 2010 ac rown i wrth 'y modd, fel roedd y chwaraewyr a chymaint o bobol eraill. Prin bod neb yn uwch ei barch nag o yn y byd pêl-droed, ac roedd o'n Gymro twymgalon. Un o'i ffrindiau gorau fo oedd Craig Bellamy, y chwaraewr mwya profiadol yng ngharfan Cymru ar y pryd, a dyma ddywedodd o am y penodiad yn ei hunangofiant:

Mi rown i wrth fy modd pan ddaru o dderbyn swydd Rheolwr tîm Cymru ym mis Rhagfyr 2010. Mi rown i'n hapus yn benna achos 'mod i'n gwybod faint roedd y swydd yn ei olygu iddo fo. Dwi'n caru fy ngwlad ond roedd o'n ei charu hi'n fwy. Welais i erioed chwaraewr dros Gymru oedd yn caru ei wlad yn fwy nag o, yn llawn angerdd a brwdfrydedd dros ei wlad.

Y tîm hyfforddi

Ychydig wythnosau wedi iddo ddechrau yn ei swydd ddaru Gary ofyn i mi ddod yn rhan o'r tîm roedd o'n bwriadu'i ffurfio i hyfforddi'r garfan genedlaethol. Roedd Gary eisoes wedi cyhoeddi y bydda fo'n dod â Damian Roden o glwb Manchester City yn rhan o'r tîm hwnnw, hyfforddwr oedd yn arbenigwr ym maes gwyddor chwaraeon. Bu Damian yn gweithio i'r Ymddiriedolaeth ar un adeg, cyn symud i glwb Bolton o dan Sam Allardyce, a thra oedd o yno mi ddaeth Gary, oedd yn un o'r chwaraewyr, i werthfawrogi ei ddoniau fo fel hyfforddwr. Bellach mae o'n bennaeth ffitrwydd a gwyddor chwaraeon o dan Mark Hughes yn Stoke ac yn cael ei gydnabod fel un o'r goreuon yn y maes. Yn wir, ar ôl ei dymor cynta yn ei swydd bresennol, iddo fo roedd y clod bod chwaraewyr Stoke wedi colli llai o ddiwrnodau oherwydd anafiadau nag unrhyw glwb arall yn yr Uwchgynghrair.

Roedd Gary, oedd yn hyfforddwr modern iawn ei ddaliadau, yn dymuno i Damian fod yn gyfrifol am wyddor chwaraeon efo holl dimau'r Gymdeithas. Yn wir, hyd yn oed pan oedd Damian yn gweithio i'r Ymddiriedolaeth yn y nawdegau mi fydda fo'n rhoi sylw amlwg i wyddor chwaraeon ac mi ddaru mi hefyd, ar ôl i mi gael fy mhenodi, gychwyn gwneud yr un fath wrth hyfforddi'r tîm dan 16. Pan ddaru Damian adael yr Ymddiriedolaeth rhyw dair blynedd yn ôl ddaru mi ddod â Dave Adams i mewn yn syth i barhau efo'r gwaith pwysig hwnnw. Mae o bellach yn gweithio efo Alan Curtis yn Abertawe. Roedd Gary, yn ogystal, yn gefnogwr brwd o'r dulliau roedd Damian yn eu hargymell.

Wedi'r cyfan, roedd llwyddiant ei yrfa ei hun fel chwaraewr, a barhaodd tan ei fod o'n 41 mlwydd oed, yn ddyledus i raddau helaeth i'r ffaith ei fod o wedi edrych ar ei ôl ei hun ar hyd ei yrfa. Bydda fo'n gofalu am ei gorff yn ystod yr holl gyfnod roedd o oddi ar y cae yn ogystal â'r adegau pan fydda fo'n ymarfer ac yn chwarae. Falla fod 'na rai chwaraewyr mwy disglair nag o bryd hynny ond doedd gan neb agwedd fwy proffesiynol at y gêm nag oedd gynno fo. Roedd rhoi pwys ar wyddor chwaraeon y dyddiau hynny yn gymharol newydd a doedd dim cymaint o fri ar waith hyfforddwyr ffitrwydd. Erbyn hyn, mae'r clybiau mawr i gyd yn arddel pwysigrwydd y ddau faes ac roedd Gary'n coelio'n gryf yn eu gwerth.

Y pedwerydd aelod a ddewisodd Gary i fod yn rhan o'r tîm hyfforddi cenedlaethol oedd Raymond Verheijen o'r Iseldiroedd, hyfforddwr ffitrwydd profiadol dros ben a gafodd ei benodi fel Rheolwr Cynorthwyol i'r tîm cenedlaethol ym mis Chwefror 2011. Doedd Gary ddim yn ei nabod o cynt ond roedd o'n barod i'w benodi ar air Damian ac un neu ddau o bobol eraill a wyddai amdano'n iawn. Dyna ddangos un arall o rinweddau Gary, sef ei barodrwydd i fentro ac i ymddiried yn rhywun roedd cyd-weithwyr yn ei argymell, er nad oedd ganddo brofiad o weithio â'r person hwnnw ei hun. Roedd hynny'n wir amdana i i'r graddau nad oeddwn i wedi gweithio efo'r tîm cenedlaethol cyn hynny. Ond rown i ar ben fy nigon bod Gary wedi gofyn i mi wneud hynny a fuas i ddim yn hir cyn derbyn ei gynnig o. Yr adeg honno hefyd ddaru o bwysleisio mai un o'r tasgau pwysica fyddai gen i fyddai dweud wrtho pan fyddwn o'r farn ei fod o'n gwneud rhywbeth yn anghywir – a hyn, wrth gwrs, yn tanlinellu i'r dim ei natur ddiymhongar o.

Mi ddaru mi deimlo rhyw wefr arbennig wrth feddwl am gael gweithio efo'r tîm cenedlaethol, a'i weld o'n gyfle i mi fentro i faes na wnes i erioed feddwl y baswn i'n licio bod yn rhan ohono. Cyn hynny rown i wedi boddi fy hun yng ngwaith yr Ymddiriedolaeth, er fy mod i'n ymwybodol o'r ffaith nad oedd y strwythur ar gyfer arwain y chwaraewyr ifanc roeddwn i'n gyfrifol amdanyn nhw drwodd i'r tîm cenedlaethol yn iawn, ac nad oedd athroniaeth sylfaenol addas yn bodoli. Ond wrth gwrs, rown i'n sylweddoli bod Gary'n torri tir newydd wrth ofyn i mi rannu fy ngwaith rhwng yr Ymddiriedolaeth a'r tîm cenedlaethol ar adegau penodol. Roeddwn i'n ddiolchgar iawn iddo, yn naturiol, am ddarbwyllo prif swyddogion yr Ymddiriedolaeth a'r FAW i ganiatáu i mi ymgymryd â'r dyletswyddau newydd.

Diwylliant newydd

Doedd record y tîm cenedlaethol ddim wedi bod yn dda ers blynyddoedd ond mi benderfynodd Gary y byddai'r tîm hyfforddi o bedwar roedd o bellach wedi'i ffurfio yn gweithio'n glòs efo'i gilydd, gan ddechrau efo llechan lân, fel petai. Roedd o am gyflwyno diwylliant newydd i'r tîm fyddai'n sylfaen i'w holl weithgareddau. Yn gynta roedd o am sicrhau y byddai'r chwaraewyr yn edrych ymlaen at ddod i'r gwersylloedd ymarfer cyn gêmau rhyngwladol. Yn y gorffennol roedd o'n ymwybodol bod rhai ohonyn nhw wedi bod yn rhy barod braidd i osgoi ymuno â'r garfan ar adegau. Roedd o am i bopeth y byddai'r garfan yn ei wneud ar y cae ac oddi arno fod yn broffesiynol ac o'r un safon ag y gallai eu clybiau nhw ei chynnig. Byddai'n rhaid i ni'r staff sicrhau bod y chwaraewyr yn derbyn amserlen fanwl o'u cyfnod yn y gwersyll, fel bod pob un ohonyn nhw'n gwybod yn union beth oedd yn digwydd ar unrhyw adeg ac ym mha le. O ganlyniad, ni fyddai gan unrhyw un esgus dros gyrraedd yn hwyr na mynd i'r lle anghywir ar gyfer unrhyw sesiwn. Roedd disgyblaeth yn bwysig i Gary, felly ddaru o osod canllawiau hefyd ynglŷn â sut roedd y garfan i fod i wisgo o dan wahanol amgylchiadau.

Roedd Gary o'r cychwyn am sicrhau bod y gwyddorau chwaraeon yn eu lle bob dydd tra oeddan ni yn y gwersyll. Rhaid oedd sicrhau bod y chwaraewyr yn cael y fitaminau cywir yn rheolaidd, eu bod nhw'n cael y bwyd iawn, bod y profion iechyd cywir yn cael eu gwneud a bod y sesiynau trafod ac ymarfer yn rhedeg fel wats. Cyn mynd allan ar y cae byddai'n rhaid egluro i'r chwaraewyr beth oedd yn mynd i ddigwydd yno a pham ein bod ni'n gwneud yr ymarfer arbennig hwnnw, fel eu bod nhw'n deall beth oedd ein bwriadau ni fel hyfforddwyr. Falla y bydden ni'n dangos sut roeddan ni am i'r tîm symud y bêl allan o'r cefn. Yna mi fydden ni'n egluro sut y dylai'r chwaraewyr canol cae adeiladu ar y symudiad hwnnw, cyn symud ymlaen i ddarlunio sut wedyn roedd tynnu'r blaenwyr i mewn i'r symudiad. Falla fod llawer o'r datblygiadau hyn yn ymddangos yn elfennol iawn heddiw ond roedd Gary am bwysleisio o'r dechrau'n deg fod y pethau bychain yn bwysig ac, yn wir, mi gytunodd y chwaraewyr â'i syniadau fo'n syth.

Mae Craig Bellamy, eto yn ei hunangofiant, yn crynhoi i'r dim ymateb y chwaraewyr i hyn oll:

> Daeth hi'n bleser bod yn rhan o'n gwersylloedd ymarfer ni. Roeddan nhw mor broffesiynol. Cynt... byddai ymuno â Chymru yn teimlo mor amaturaidd. Nawr roedd hi fel pe baem ni'n ymuno â chlwb o'r Uwchgynghrair. Roedd y gwyddorau chwaraeon yn grêt, roedd y gwaith o ddadansoddi'r gwrthwynebwyr yn wych ac roedd Gary Speed yn feistr ar wau'r cyfan at ei gilydd.

Yr hyn ddaru roi pleser arbennig i mi oedd y ffordd roedd Gary wedi defnyddio'r hyn roeddan ni'n ei wneud efo'r tîm dan 16 fel rhyw fath o batrwm. Dwi'n ei gofio fo'n cyflwyno capiau i'r hogia a'r genod hynny yn Llanelli ar achlysur Ffeinal Cwpan Cymru, ychydig fisoedd wedi iddo gael ei benodi. Ddaru o fanteisio ar y cyfle i'w hannerch nhw yng ngŵydd nifer o'u rhieni, gan eu llongyfarch nhw ar eu llwyddiant y tymor hwnnw a thynnu sylw at y ffaith ei fod o'n bwriadu defnyddio'r hyn oedd wedi bod yn digwydd yn eu gwersylloedd ymarfer nhw fel patrwm ar gyfer y tîm cenedlaethol a'r timau iau eraill i gyd. Ddaru o hefyd fynegi'r gobaith y basa fo'n eu gweld nhw'n symud trwy dimau'r gwahanol oedrannau i gyrraedd y tîm cenedlaethol yn y man, gan arddel yr un arddull o chwarae a'r un dulliau paratoi. Yn sicr, roedd y fath gyhoeddiad yn hwb aruthrol iddyn nhw ar y noson.

Y gêm i ferched

Mi rown i'n arbennig o falch bod yr achlysur hwnnw yn cael ei ystyried yn un oedd yr un mor bwysig i'r genethod ag i'r hogia. Mi rown i wedi credu erioed bod angen rhoi rhagor o le i'r gêm i ferched yng Nghymru. Pan oeddwn i yn Furman roeddan nhw'n rhoi tipyn o sylw yno i gymal yng Nghyfansoddiad America oedd yn datgan bod merched i gael yr un chwarae teg â bechgyn. Yn hynny o beth mi fyddai'r Brifysgol yn cynnig yr un nifer o ysgoloriaethau ym maes chwaraeon i'r naill ryw a'r llall. Felly mi ges i fy nhrwytho ym mhwysigrwydd yr egwyddor honno wrth i mi hyfforddi timau merched yn America am nifer o flynyddoedd ymhob rhan o'r wlad. Yn wir, pan ddaru mi ddechrau ar fy ngwaith hyfforddi efo Cyngor Ynys Môn mi 'nes i fynnu bod Swyddog Datblygu Pêl-droed Merched yn cael ei phenodi yn ogystal, a rhoddwyd y swydd bryd hynny i Karen Williams, oedd yn aelod o dîm merched Bangor. Yn y man ddaru mi ailgydio yn fy ngwaith yn y maes hwnnw trwy hyfforddi tîm merched Cymru dan 19 am dymor.

Mae'n dda dweud bod y rhan honno o'r gêm yng Nghymru, yn sgil rhoi strwythur effeithiol yn ei le, yn dal i ddatblygu a'r safon yn dal i godi. Mae llawer o'r diolch am hynny yn ddyledus hefyd i ymdrechion merched sy'n gyn-chwaraewyr wrth iddyn nhw fwrw iddi i hyfforddi'r cenedlaethau iau, heb anghofio'r ffaith bod nifer o ddynion yn ogystal yn gwneud gwaith gwerthfawr iawn efo timau merched. Erbyn hyn mae llawer mwy o dimau i ferched yn bodoli nag oedd flynyddoedd yn ôl, a llawer mwy o chwaraewyr. Ar hyn o bryd mae tua 20% o ferched Cymru sydd o fewn yr oedran priodol yn chwarae pêl-droed, ond yn y strategaeth mae FA Cymru wedi ei chyhoeddi hyd at 2024, y nod yw cael 50% o'r boblogaeth honno i chwarae'r gêm erbyn hynny.

Wrth gwrs, weithiau mae'n anodd cael pethau i symud mor gyflym ag y basa rhywun yn ei hoffi, ond mae'n rhaid cofio bod sefydlu prosesau a chyfundrefnau newydd yn y byd pêl-droed yn cymryd amser. Mae Uwch Gynghrair Cymru'n bodoli ers bron i bum mlynedd ar hugain ond hyd yn hyn tydi hi ddim wedi cyrraedd y man y baswn i wedi gobeithio iddi fod. Ar ôl dweud hynny, mae hi'n dal yn ifanc o'i chymharu â sefydliadau eraill tebyg yn y byd pêl-droed. Yn yr un modd, 'swn i wedi licio tasa safon Cynghrair y Merched rywfaint yn well nag y mae hi erbyn hyn, ond o leia mae'n mynd i'r cyfeiriad iawn. Mae 'na nifer o arwyddion calonogol, wrth weld mwy o genod sydd wedi chwarae i'r tîm cenedlaethol efo'u bryd ar ennill cymwysterau hyfforddi. Mae Jayne Ludlow, cyn-gapten tîm merched Cymru a fu'n chwarae i dîm Arsenal am dair blynedd ar ddeg ac sydd bellach yn Rheolwr y tîm merched cenedlaethol, wedi cyrraedd y brig fel hyfforddwraig. Mae hi newydd ennill ei Thrwydded Broffesiynol, y Gymraes gynta erioed i wneud hynny. Ac i'r rheini fyddai'n amau bod y gofynion ar ei chyfer hi wrth ddilyn y cwrs yn fwy llac, mi ddylid nodi mai tri o'r rhai oedd yn cydweithio â hi ar y cwrs ar hyd y ffordd oedd Craig Bellamy, Les Ferdinand a Garry Monk.

Gêmau Euro 2012 dan y drefn newydd

Pan ddechreuodd Gary yn ei swydd roeddan ni eisoes wedi colli'r tair gêm ragbrofol gynta ar gyfer Euro 2012 ac felly heb ryw lawer o obaith o fynd drwodd i'r rowndiau terfynol. Felly, yn unol â'r syniad o ddechrau o'r newydd efo llechan lân, ddaru ni'r pedwar hyfforddwr egluro i'r chwaraewyr ein bod ni'n mynd i wynebu'r gêmau oedd i ddod ag arddull newydd, athroniaeth newydd a syniadau newydd, gan bwysleisio nad oedd disgwyl i bethau ddisgyn i'w lle ar y cae am beth amser. Felly y bu hi o ran y gêm gynta yn erbyn Iwerddon yn Nulyn ym mis Chwefror 2011, yng nghystadleuaeth Cwpan y Cenhedloedd, a fawr ddim o amser i baratoi ar ei chyfer, ac mi ddaru ni golli o 3 i 0. Ar gyfer y gêm nesa yn erbyn Lloegr yng nghystadleuaeth Euro 2012 ym mis Mawrth 2011 dyma egluro wrth y tîm y gallen ni'n hawdd benderfynu chwarae'r gêm honno trwy ddefnyddio tactegau fyddai'n gweddu i'r ornest arbennig honno'n unig. Ond fyddai hynny ddim yn cydymffurfio â'n hathroniaeth ni ar gyfer y tymor hir ac â'r arddull roeddan ni'n gobeithio'i ddatblygu ar gyfer y dyfodol. Yn wir, ddaru ni egluro y gallai trio rhoi'r arddull hwnnw ar waith yn erbyn Lloegr, a ninna heb gael llawer o gyfle i'w ymarfer o, arwain at gweir reit sylweddol. Beth bynnag, efo cefnogaeth lwyr gan yr hogia, penderfynodd Gary nad chwarae i gael canlyniad derbyniol oedd yn bwysig ond, yn hytrach, bwrw'r maen i'r wal efo'r cynllun newydd, yn barod ar gyfer gêmau rhagbrofol Cwpan y Byd 2014.

Ac yn wir, er ein bod ni heb Gareth Bale, ddaru ni wneud yn reit dda yn eu herbyn nhw, gan golli o 2 i 0. Mi sgorion nhw'r ddwy gôl o fewn yr ugain munud cynta, cyn i ni gael cyfle i setlo. Fel yr aeth y gêm yn ei blaen, roedd ein chwaraewyr canol cae ni'n dod yn ôl yn rhy ddyfn o lawer i nôl y bêl wrth i ni geisio adeiladu o'r cefn. O ganlyniad ddaru hynny alluogi Lampard a Rooney i wthio i fyny'r cae, gan roi ein chwaraewyr canol cae ni o dan bwysau, felly doedd gan ein hamddiffynwyr ni chwaith ddim cyfle i anadlu. Roedd gynnon ni ddau ddewis. Un ai anghofio am y cynllun gwreiddiol a chwarae peli hir allan o'r cefn, neu bwrw iddi i drio gwella ar y cynllun hwnnw am y 70 munud oedd yn weddill... a dyna wnaethon ni, gan gystadlu'n deg â Lloegr tan y chwiban ola. Ar ôl y gêm ddaru ni ddangos fideo oedd yn amlygu beth roeddan ni'n ei wneud yn anghywir ac yna fideo o'r hyn y buon ni'n ei ymarfer, sef bod y chwaraewyr canol cae, yn wahanol i fel roeddan nhw yn erbyn Lloegr, yn sefyll ymhell oddi wrth ein hamddiffynwyr ni, er mwyn rhoi llawer mwy o le ac amser i bawb wrth symud y bêl allan o'r cefn. Erbyn y gêm nesa mi fydden nhw'n gwybod yn well.

Pan ddaru ni chwarae Lloegr am yr eildro yn rowndiau rhagbrofol Euro 2012 ym mis Medi'r flwyddyn honno roeddan ni, ers y tro cynt, wedi colli dwy ac ennill dwy ac wedi disgyn i safle 117 ar restr FIFA, yr isa roedd Cymru wedi bod erioed. Bu'r beirniaid, wrth gwrs, wrthi'n fflachio'u cleddyfau ac yn gofyn cwestiynau gwirion fel a oedd hi'n bryd i Gary ymddiswyddo, oedd y staff hyfforddi'n ddigon profiadol ac yn y blaen. Ar y pryd, yn eironig, roedd pob dim y tu ôl i'r llenni yn FA Cymru mor bositif. Er nad oedd y canlyniadau wedi bod cystal, roedd perfformiadau'r tîm yn sicr yn gwella. Ddaru ni ystyried y ffaith ein bod ni wedi disgyn mor isel ar restr FIFA fel sialens, ac mewn cyfarfodydd efo prif weithredwr FA Cymru mi fuon ni'n pwysleisio bod angen mwy o gefnogaeth ac adnoddau i fwrw 'mlaen os oedd y tîm am gael canlyniadau gwell. Roedd agwedd y garfan hefyd yn amlwg yn adlewyrchu'r newid o ran yr awyrgylch oedd yn bodoli wrth iddyn nhw baratoi at gêm. Bellach mi fyddai chwaraewyr oedd wedi brifo ac yn methu chwarae gêm yn dod i'r gwersyll ymarfer ac yn dewis derbyn triniaeth gan ein staff ni yn hytrach nag aros yn eu clybiau. Y rheswm penna am hyn oedd eu bod nhw'n awyddus i beidio â cholli unrhyw drafodaeth ynglŷn â thactegau fel y medren nhw gymryd eu lle'n hwylus yn y paratoadau ar gyfer gêmau'r dyfodol. Yn ychwanegol at hynny roedd 'na ryw gwlwm arbennig wedi datblygu rhwng hogia'r garfan ac roedd nifer ohonyn nhw'n croesawu'r cyfle i ddod at ei gilydd bob cyfle a gaent.

Darpariaethau Gary ar gyfer y garfan

Roedd y math o ddarpariaeth y byddai Gary yn ei pharatoi ar eu cyfer nhw pan fydden nhw'n dod ynghyd hefyd yn hybu'r teimlad yma o agosatrwydd. Pan fyddai'r hogia'n ymgynnull am y tro cynta yn y gwesty mi ddechreuodd o drefnu adloniant hwyliog iddyn nhw, yn hytrach na'u bod nhw'n diflannu i'w hystafelloedd. Roedd o'n rhoi pwys mawr ar gymdeithasu, oherwydd yn y gorffennol, yn enwedig yn achos chwaraewyr oedd yn byw o fewn cyrraedd Caerdydd, roedd 'na duedd i rai ohonyn nhw ddewis peidio ag aros yn y gwesty ac, yn hytrach, mynd adra bob nos. Roedd hyn yn dueddol o greu rhaniad yn y garfan. Dwi'n ei gofio fo'n dod â chonsuriwr i mewn, digrifwr dro arall, ac un achlysur wnaeth apelio'n fawr oedd noson o rasio ceffylau ar DVD, efo'r hogia'n cogio betio ar wahanol geffylau. Ddaru o hefyd wneud ymdrech i dynnu teuluoedd y chwaraewyr at ei gilydd. Un o'r pethau cynta wnaeth Gary ar ôl dechrau yn ei swydd oedd newid y gwesty lle byddai'r tîm yn aros. Bu'n arferiad yn ystod y cyfnod pan nad oedd Cymru'n gwneud yn dda iawn i aros yng ngwesty'r Vale ym Mro Morgannwg, oedd yn lle dymunol iawn. Ond ynghlwm â'r syniad 'ma o ddechrau efo llechan lân, mi symudodd Gary'r tîm i westy'r Celtic Manor yng Nghasnewydd ac yn ystod un penwythnos rhwng dwy gêm mi drefnodd farbeciw i'r teuluoedd, gan gynnwys y plant, yn y gwesty.

Cyrraedd y nod

Yn yr ail gêm honno yn erbyn Lloegr yn Wembley, y ni oedd y tîm gorau. Ddaru Darcy Blake roi Wayne Rooney yn ei boced a bu Fabio Capello a Stuart Pearce yn rhedeg 'nôl ac ymlaen ar hyd yr ystlys fel pethau gwyllt yn trio annog eu chwaraewyr i wneud yn well, tra oeddan ni ar fainc Cymru yn medru eistedd yn ôl a mwynhau perfformiad yr hogia. Ddaru ni gael cyfleon i sgorio ond Lloegr aeth â hi o 1 i 0. Ac efo ysbryd y tîm yn cryfhau efo pob gêm, mi ddaru ni orffen y flwyddyn efo tair buddugoliaeth yn erbyn Montenegro, Bwlgaria a Norwy, a phob un o'r timau hynny yn uwch o dipyn na ni ar restr FIFA. Roeddan ni erbyn hyn wedi cyrraedd y man lle roeddan ni wedi gobeithio bod erbyn yr adeg honno, ac yn sgil ein perfformiadau diweddara ni ddaru ni godi i safle 45 ar restr FIFA, gan ennill cydnabyddiaeth ganddyn nhw am fod y tîm ddaru symud fwya yn ystod y flwyddyn. Roedd hi'n argoeli'n dda.

Gary

Y newyddion erchyll

Tua diwedd 2011 rown i'n hyfforddi yn Doha, Qatar ar wahoddiad yr Aspire Academy, gafodd ei sefydlu yn 2004 er mwyn darganfod a datblygu athletwyr ifanc y wlad honno mewn nifer o feysydd. Roeddwn i wedi bod yno sawl gwaith o'r blaen yn rhedeg cyrsiau hyfforddi ond y tro hwn roedd gen i gymhelliad ychwanegol. Ychydig cyn i mi adael Cymru bu Gary a minna'n trafod y posibilrwydd o gael y tîm cenedlaethol i ymweld â'r wlad tua'r mis Chwefror canlynol er mwyn i'r hogia gael cyfle i ymarfer am gyfnod mewn tywydd cynnes, braf, gan chwarae gêm yn erbyn Qatar tra oeddan nhw yno. Rhan o 'ngwaith i yno, felly, fyddai gweld a fyddai modd trefnu hyn i gyd. Roeddwn i'n bwriadu aros dros gyfnod o ryw bedwar diwrnod ac ar fora Sul y 27ain o Dachwedd roeddwn i'n annerch cannoedd o hyfforddwyr pêl-droed mewn neuadd yn ymyl y gwesty, cyn cynnal sesiwn ymarferol efo nhw.

Doeddwn i ddim wedi mynd â fy ffôn efo fi, gan y gwyddwn y baswn i'n brysur ofnadwy am yr ychydig oriau o ymarfer. Pan es i 'nôl i'r gwesty i gael cinio (mae'r amser yn Qatar rai oriau ar y blaen i Brydain) ddaru mi sylwi bod nifer fawr o negeseuon wedi'u gadael ar fy ffôn yn holi a oeddwn i wedi clywed y newyddion ac yn gofyn i mi ffonio. Roedd y rhan fwya ohonyn nhw oddi wrth Lynne, a phan ddaru mi siarad efo hi o'r diwedd mi ges i glywed y newyddion ysgytwol am Gary. Yr adeg honno doedd fawr ddim gwybodaeth ynglŷn â sut y bu farw a'r hyn ddaeth i'm meddwl i gynta oedd ei fod o wedi cael ei ladd mewn damwain car. Ar y pryd doedd dim posib cael gwybod mwy trwy'r cyfryngau yn Qatar, ond pan ddaeth rhagor o wybodaeth yn y man doeddwn i ddim yn gallu coelio'r peth. Fel pawb arall, chefais i'r un awgrym bod unrhyw beth yn poeni Gary ac roedd fel petai popeth yn mynd o'i blaid o.

Oherwydd yr ymrwymiadau oedd gen i yn Qatar dros y dyddiau nesa mi fasa wedi bod yn anodd codi pac a dod adra, ond dyna'n union rown i'n teimlo fel gwneud. Roedd bod mewn gwlad dramor ymhell o Gymru fel yna, heb unrhyw un arall yn gwmni, yn golygu bod yr ergyd gymaint yn waeth. Mi rown i isio trio deall pam roedd hyn wedi digwydd i rywun rown i'n teimlo mor agos ato, isio trafod y golled aruthrol efo ffrindiau, isio cydymdeimlo â'r teulu roeddwn i wedi dod i'w nabod yn dda iawn. Ond wedi siarad efo Lynne a dod i'r casgliad na fedrwn i wneud fawr ddim am rai dyddiau hyd yn oed pe byddwn i'n dod adra ar unwaith, ddaru mi benderfynu aros am ryw ddau ddiwrnod arall i gwblhau'r gwaith oedd gen i yn Qatar.

Mi gyrhaeddais i adra mewn pryd i rannu'r tristwch eithriadol a 'sgubodd dros y byd pêl-droed drwy Brydain gyfan. Bu dilynwyr clybiau Leeds, Everton, Newcastle, Bolton a Sheffield United, lle bu Gary'n serennu, a chefnogwyr trwy Gymru gyfan, wrth gwrs, yn dangos eu cydymdeimlad yn eu miloedd ac unigolion yn cynrychioli pob agwedd ar fywyd yn canu ei glodydd. Lle bynnag yr âi Gary, roedd o'n ennill y parch mwya, fel chwaraewr, fel rheolwr ac, wrth gwrs, fel person. Roedd ganddo bersonoliaeth fagnetig oedd yn ei wneud o'n boblogaidd gan bawb ac o'm rhan i'n bersonol roedd gynna i berthynas ardderchog efo fo. Mi fydden ni'n anghytuno weithiau ond roedd Gary'n licio cael pobol i herio'i benderfyniadau. Y peth diwetha roedd o isio oedd cael criw o gynffonwyr o'i gwmpas. Mi fyddai ganddo bob amser feddwl agored, sydd yn bwysig i bob hyfforddwr da, ac yn aml, er na fydda fo falla o'r un farn ar y cychwyn, mi fyddai'n ddigon parod i newid ei feddwl o glywed rhesymau dilys dros y newid.

Peth nodweddiadol o'r meddwl agored hwnnw oedd y ffordd y bydda fo'n trin y wasg mewn cynadleddau. Fydda fo byth yn darllen adroddiadau yn y papurau newydd yn dilyn gêmau Cymru. Y rheswm penna am hynny oedd ei fod yn awyddus i beidio â rhoi'r argraff, mewn cynadleddau i'r wasg, ei fod o'n ffafrio newyddiadurwr oedd wedi bod yn glên wrtho fo neu'r tîm, neu ei fod o'n tueddu i anwybyddu rhai oedd wedi bod yn feirniadol.

Ed a Tommy Speed

Mi ddaru mi benderfynu peidio â mynd i weld y teulu ar ôl dychwelyd o Qatar achos, o dan yr amgylchiadau, rown i'n teimlo ei bod hi'n bwysig parchu eu preifatrwydd nhw. Ddaru mi siarad â Roger, tad Gary, dros y ffôn achos roeddan ni'n dau wedi dod yn dipyn o ffrindiau. Bydda fo, Carol ei wraig a Louise, gwraig Gary, a'u meibion, Tommy ac Ed, yn dod i weld Cymru'n chwarae gartra yn rheolaidd. Tydw i ddim wedi gweld y teulu ers tro bellach ond ar y dechrau ddaru mi alw am banad efo Louise a'r hogia fwy nag unwaith. Roedd Gary'n meddwl y byd o'r hogia ac wrth ei fodd yn adrodd eu hanes pan fydden ni'n dau efo'n gilydd. Mae meddwl am y straeon hynny'n dal i wneud imi wenu.

Roedd Tommy bryd hynny yn focsiwr addawol a rhyw noson bu'n rhaid i Gary fynd efo fo i Lerpwl ar gyfer gornest yn erbyn bachgen o sipsi. Pan gerddon nhw i mewn i'r neuadd ddaru nhw ddychryn wrth weld cymaint o sipsiwn oedd yno yn gweiddi eu cefnogaeth yn groch i'w hogyn nhw, a Gary'n dychryn wrth sylweddoli mai y fo oedd unig gefnogwr Tommy. Ac ynta'n ofni am ei fywyd, roedd Gary'n gobeithio mai colli fyddai hanes Tommy, ond gwaetha'r modd ddaru o ennill. Felly dyma Gary ato'n syth wedi'r dyfarniad a'i gyfarch efo'r geiriau, "Da iawn ti, Tommy, rŵan ty'd o 'ma reit sydyn!" ac allan â nhw ar ras trwy'r drws cefn. Roedd Ed, yr hyna, yn debycach i'w dad ac yn meddwl yn ddwys am bêl-droed. Ar y pryd roedd o'n aelod o garfan dan 16 Cymru felly ddaru mi ddod i'w nabod yn dda. Byddai Gary'n sôn am y ddau ohonyn nhw'n mynd i weld ambell gêm efo'i gilydd ac ynta'n synnu pa mor graff oedd Ed weithiau wrth ddadansoddi'r hyn oedd yn digwydd ar y cae.

Mi fu ar lyfrau Wrecsam am gyfnod cyn symud i glwb Caer ac erbyn hyn mae'n chwarae pêl-droed i un o dimau prifysgol Efrog Newydd. Ar ôl i'w ddyddiau chwarae ddod i ben dwi'n meddwl y gwneith o hyfforddwr da iawn.

Yr angladd

Angladd Gary ym Mhenarlâg oedd y profiad mwya emosiynol ddaru mi ei gael erioed, efo 250 o bobol yn bresennol yn y gwasanaeth preifat. Yn ystod teyrnged arbennig o deimladwy gan Ed, a minna'n eistedd rhwng Gary McAllister a Simon Grayson, cyd-chwaraewyr Gary yn Leeds, roedd ein dagrau ni'n llifo, fel yn achos y rhan fwya o'r galarwyr, wrth iddo sôn sut roedd o'n gobeithio gwireddu breuddwyd ei dad. Mi gafwyd anerchiad cofiadwy hefyd gan un o ffrindiau penna Gary, Alan Shearer. Dywedodd fod pêl-droed yn aml yn cael enw drwg am fod yn fyd calon-galed a chreulon, lle mae pobol â'u bryd ar edrych ar eu hôl nhw eu hunain ar draul eraill, a'i fod yn fyd lle nad oes ffrindiau'n bodoli, dim ond cydnabod. "Ond," meddai, "mae'r angladd yma heddiw a phawb sy'n bresennol yn brawf bod hynny, yn yr achos yma, ymhell o fod yn wir."

Roedd gan Gary wastad storïau doniol i'w hadrodd a dwi'n ei gofio fo'n dweud yr hanes am Alan a fo, un haf, yn llogi cwch hwylio reit foethus i deithio ar hyd glannau Sbaen am ryw dridiau. Yn anffodus, ddaru'r cwch dorri lawr ar ôl rhyw ddiwrnod ond fu'r cwmni oedd yn berchen arno ddim yn hir cyn darparu cwch arall yn ei le, oedd yn digwydd bod yn gymaint crandiach i edrych arno, yn llawer mwy moethus o ran ei gyfleusterau ac yn werth cannoedd o filoedd o bunnoedd. Fel roeddan nhw'n hwylio i mewn i Marbella mi gafwyd perl o sylw gan Alan ddaru wneud i'r ddau ohonyn nhw chwerthin yn afreolus am amser wedyn a bron bob tro y bydden nhw yng nghwmni ei gilydd. Wrth i'r cwch gyrraedd y cei goludog yr olwg, i ganol nifer o gychod drudfawr eraill ar ddiwrnod arbennig o braf, roedd Alan yn gorwedd yn y *jacuzzi* ar y dec efo gwydraid o *champagne* yn ei law. Dyma fo'n troi at Gary gan ddweud, "Mi rown i'n gwbod y dylwn i fod wedi gwneud mwy o ymdrech pan oeddwn i yn yr ysgol erstalwm."

Y gêm goffa

Yn y man mi benderfynodd FA Cymru y dylid cynnal gêm arbennig i goffáu Gary yng Nghaerdydd ar 29 Chwefror, 2012 a gwahoddwyd Costa Rica i chwarae yn erbyn Cymru, gan mai yn erbyn y wlad honno yr enillodd Gary ei gap cynta dros ei wlad yn 1990. Er bod Chris Coleman, oedd yn ffrindiau mawr efo Gary, erbyn hynny wedi ei benodi yn Rheolwr ar dîm Cymru, dymuniad y teulu oedd bod Raymond Verheijen a finna'n paratoi tîm Cymru ar gyfer y gêm honno ac roedd Chris yn hollol hapus i ni wneud hynny. Er fy mod i'n sylweddoli y byddai'r achlysur yn un anodd iawn i ddygymod ag o, rown i'n ei hystyried hi'n fraint 'mod i'n cael bod yn gyfrifol am hyfforddi'r tîm. Yn fy ngwaith bob dydd mi fyddwn yn cynnal trafodaethau'n ddyddiol bron efo Raymond, ond â gêm Costa Rica yn nesáu a Raymond wedi mynd yn fwy a mwy distaw ers y Nadolig, ddaru mi ddechrau amau bod rhywbeth o'i le.

Ers marwolaeth Gary roedd Raymond wedi bod yn datgan ei farn yn gyhoeddus ynghylch sut roedd o'n meddwl y dylai pethau barhau o ran gwaith prif hyfforddwyr FA Cymru ac roedd hi'n amlwg bod y Gymdeithas a fo'n tynnu'n groes. Heb ddymuno beirniadu'r naill ochr na'r llall, mae'n rhaid i mi gyfadda 'mod i'n ystyried ei amseru fo, o ran gwneud y sylwadau ddaru o, yn anffodus dros ben ac yn amharchus iawn o deulu Gary. Roedd y gêm yn erbyn Costa Rica ar nos Fercher, ac ar y nos Wener cynt, tra own i ar ganol pryd o fwyd efo Lynne mewn tŷ bwyta lleol, ddaru mi gael galwad ffôn gan Roger, tad Gary, yn holi beth oedd yn digwydd o ran y paratoadau ar gyfer y gêm. Roedd o wedi clywed nad oedd Raymond yn bwriadu bod yn y gêm, heb sôn am ddod draw o'r Iseldiroedd i baratoi'r chwaraewyr ar ei chyfer hi. Ddaru mi ddweud wrth Roger nad oeddwn i'n gwybod dim am y peth, ond ddaru mi ddim derbyn gair gan Raymond wedyn chwaith, er i mi glywed ymhen ychydig iddo yrru ffacs at FA Cymru yn ymddiswyddo. Roedd y newydd yn siom fawr i mi gan fod y cyfrifoldeb am gael y chwaraewyr yn barod ar gyfer y gêm ac am sicrhau bod dymuniadau'r teulu'n cael eu parchu rŵan yn llwyr ar fy ysgwyddau i.

Ddaru'r chwaraewyr ddod i mewn i'r gwersyll ar y dydd Sul a dyna'r tro cynta i'r grŵp clòs yna fod efo'i gilydd ers marwolaeth Gary. Roedd ambell un o'r hogia, fel Gareth, yn absennol, ond doeddwn i ddim yn siŵr sut i fynd ati i gyfarch y lleill. Yn sicr, doedd y geiriau arferol pan fydden ni'n dod at ein gilydd yn y gorffennol, fel "Neis i'ch gweld chi i gyd eto", ddim yn addas o gwbl y tro hwn. Felly ddaru mi eu galw nhw ynghyd i ystafell heb gadeiriau a'u cael nhw i sefyll mewn cylch yn gafael yn ei gilydd. I ddechrau, ar ôl gair byr o groeso, ddaru mi gydnabod pa mor anodd oedd y sefyllfa i bob un ohonon ni o dan yr amgylchiadau, ond gan nodi bod gynnon ni gyfle rŵan, yn un criw agos fel oeddan ni, i gofio am Gary efo'n gilydd ac i gefnogi'n gilydd wrth wneud hynny. Roeddwn i wedi paratoi fideo o yrfa Gary fel chwaraewr ac fel hyfforddwr a ddaru ni edrych arno efo'n gilydd. Er mor hiraethus oedd ambell olygfa, roedd 'na gyfle i chwerthin hefyd. Un o hoff atgofion y garfan o'r sesiynau ymarfer oedd gweld Gary ar y cae ymarfer yn cyflawni nytmeg ar Joe Allen ac mi achosodd ail-fyw'r digwyddiad ar y fideo dipyn o hwyl, er i hynny greu rhywfaint o embaras i Joe!

Mi oedd gynnon ni ambell ddarpariaeth arall i helpu'r hogia drwy'r profiad o ddelio â cholli Gary. Dros gyfnod y gwersyll ddaru ni ddod ag arbenigwraig trawma i mewn ac roedd yr hogia'n rhydd i fynd ati i drafod, mewn sesiynau ar eu pen eu hunain, unrhyw bryd yn ystod y cyfnod paratoi. Mi fanteisiodd nifer ohonyn nhw ar y cyfle. Hefyd roedd gohebydd pêl-droed Sky, Bryn Law, fyddai'n dilyn tîm Cymru yn gyson, wedi gosod camera mewn ystafell arbennig fel y gallai'r chwaraewyr, pe bydden nhw'n dymuno gwneud, fynd yno i gofnodi eu hatgofion nhw am Gary neu eu sylwadau nhw ar ei gyfraniad o i'r tîm cenedlaethol. Mi fu'r tridiau o baratoi yn gyfnod anodd achos, yn y bôn, doedd neb mewn hwyliau i chwarae gêm o bêl-droed. Ond roedd yn rhaid gwneud achos mai dyna oedd dymuniad y teulu ac roeddan ni i gyd am barchu hynny. Dod yn ail i hynny ar y noson roedd y pêl-droed a'r gêm.

Roedd y teulu agos i gyd yn y gêm, wrth gwrs, ac mi oeddan nhw wrth yr ystafell newid pan ddaru ni gyrraedd, oedd yn brofiad emosiynol iawn i bawb. Gofynnodd Roger a fyddai'n bosib iddo fo ac Ed ddod i mewn i'r ystafell newid cyn y gêm er mwyn dweud gair wrth y chwaraewyr ac, wrth gwrs, ddaru mi gytuno. Doeddwn i ddim am i unrhyw un o'r teulu adael y stadiwm y noson honno yn difaru na chawson nhw'r cyfle i wneud neu ddweud rhywbeth. Fel ddaru o wneud yn yr angladd, dangosodd Ed ryw aeddfedrwydd anhygoel wrth annerch y chwaraewyr. Ddaru o eu llongyfarch nhw ar yr hyn roeddan nhw wedi'i gyflawni fel unigolion a dweud pa mor galed roeddan nhw wedi gweithio fel carfan o dan Gary, gan ychwanegu bod ei dad yn browd iawn ohonyn nhw a'r ffordd roeddan nhw wedi datblygu. Aeth o 'mlaen i bwysleisio mai'r ffordd orau y basan nhw'n medru diolch iddo fyddai llwyddo i gyrraedd rowndiau terfynol Cwpan y Byd ym Mrasil yn 2014. Dyna fasa Gary isio a dyna fasa'r teulu isio hefyd.

Yna aeth Ed a Roger at bob un o'r hogia yn unigol ac ysgwyd llaw â nhw. Yn ystod yr amser y bu Ed yno efo ni, y fo oedd y cryfa yn yr ystafell, tra bod y gweddill ohonon ni'n deilchion yn ein dagrau. Golygfa ryfedd oedd gweld chwaraewyr proffesiynol gwydn a phrofiadol o dan deimlad i'r fath raddau cyn mynd allan i chwarae gêm ryngwladol. Yn ôl y sôn, aeth Ed i fyny'r grisiau wedyn lle roedd gwahoddedigion wedi ymgynnull yn y rhanbarth gorfforaethol ar gyfer pryd o fwyd. Mi safodd ar gadair yng nghanol y llawr a siarad am ei dad, gan gael yr un effaith yno ag a gawsai yn yr ystafell newid. Ar ôl profiad mor emosiynol roedd yn rhaid i fi, fel hyfforddwr, osgoi sôn am unrhyw dactegau ar gyfer y gêm oedd i ddod. Sut gallwn i eu galw nhw ynghyd a dweud rhywbeth tebyg i, "Reit, hogia, anghofiwch am hynna rŵan, mae gynnon ni gêm i'w chwarae, mae'n rhaid canolbwyntio"?

Roedd yr emosiwn yn amlwg ymhlith y dorf hefyd. Baneri ymhob man, enw Gary'n cael ei lafarganu'n gyson a'r ymdeimlad mai eilbeth oedd y gêm iddyn nhw yn ogystal ac mai pwrpas y noson oedd cael cyfle i ddod ynghyd i gofio am eu harwr. Y ddau ddaru arwain y timau i'r cae, ochr yn ochr â Tommy ac Ed, oedd Craig Bellamy ac Aaron Ramsey, nad oeddan nhw'n chwarae oherwydd anaf – sef un o'r hen do o gyfnod Gary fel chwaraewr i dîm Cymru ac un o'r sêr ifanc gafodd ei wneud yn gapten ar ei wlad gan Gary. Roedd Costa Rica yn dîm da – wedi'r cyfan, aethon nhw 'mlaen i gyrraedd rownd yr wyth ola yng Nghwpan y Byd 2014. Felly roedd y gêm yn mynd i fod yn un anodd, ond eto, ychydig iawn dwi'n ei gofio amdani. Fy mlaenoriaeth i oedd nid yn gymaint cael canlyniad da ond, yn hytrach, gofalu am les y chwaraewyr. Yn hynny o beth rown i am i bob un ohonyn nhw deimlo'n rhan o'r achlysur trwy gael y cyfle i ymddangos ar y cae.

Ar y noson roedd Ashley Williams, un o'r chwaraewyr mwya ffit yn y garfan na fydd byth yn gorfod colli gêm oherwydd anaf, yn enghraifft deg o'r ffordd ddaru emosiwn y noson effeithio ar y chwaraewyr. Pan ddaeth y tîm i mewn i'r ystafell newid yn ystod hanner amser ddaru o eistedd i lawr a chwyno nad oedd o'n gallu cael digon o deimlad yn ei goesau i wneud iddyn nhw symud a'u bod nhw'n teimlo'n farw. Roedd hynny'n amlwg oddi wrth ei berfformiad hefyd. Pan fyddai'r tîm yn ymosod, tuedd Ash fyddai symud i fyny'r cae i gefnogi ond doedd o ddim yn gallu gwneud hynny ar y noson. Yn hytrach, roedd yn dewis aros yn ei hanner ei hun. Fel arfer mi faswn i'n gweiddi arno i fod yn fwy effro, ond doedd dwrdio chwaraewyr ddim yn gweddu ar achlysur o'r math hwn. Roedd yn rhaid i mi ddeall a pharchu stad emosiynol yr hogia.

Rwy'n meddwl bod y noson yn deyrnged deilwng i Gary, ac ynta wedi bod yn allweddol o ran ein llywio ni fel tîm cenedlaethol i gyrraedd y safon lle rydan ni heddiw. Mae'r garfan bresennol yn sylweddoli eu bod nhw'n dal i ddilyn y trywydd a gafodd ei sefydlu gynno fo, trywydd a ddaeth â llwyddiant iddyn nhw. Maen nhw wedi cadw ar y llwybr hwnnw nid yn unig am eu bod nhw'n gwybod bod Gary'n chwaraewr gwych oedd yn deyrngar iawn i'w wlad, ond am eu bod nhw'n deall ei fod o'n rheolwr ardderchog ac yn berson sbesial iawn yn ogystal.

Chris Coleman

Amcanion y rheolwr newydd

Mi rown i wedi mwynhau bod yn rhan o'r tîm fu'n gyfrifol am hyfforddi'r garfan genedlaethol o dan Gary ond, yn naturiol, doeddwn i ddim yn sicr a fyddai'r sawl fyddai'n ei olynu yn dymuno i mi barhau â'r gwaith hwnnw. Wedi'r cyfan, mae rheolwyr newydd yn draddodiadol yn hoff o ddod â'u pobol eu hunain efo nhw. Roeddwn i'n gwybod y byddwn i, beth bynnag, yn cael dal ati efo fy mhriod waith efo FA Cymru o ddatblygu chwaraewyr ifanc a hyfforddi'r hyfforddwyr. Eto, rown i'n llwyr sylweddoli y byddai angen i mi fedru cyd-weithio â'r rheolwr newydd ar ambell agwedd ar waith y Gymdeithas. Cafodd Chris Coleman, oedd wedi ymddiswyddo ychydig cynt o fod yn rheolwr ar dîm Larissa yng Ngroeg, ei benodi ar 19 Ionawr, 2012. Ar y pryd, doeddwn i erioed wedi'i gyfarfod o nac yn gwybod llawer amdano.

Mi ddaru mi gael cyfarfod efo fo'n fuan wedyn, gan egluro wrtho y byddwn i'n deall i'r dim pe na bai o'n dymuno imi barhau efo'r tîm cenedlaethol ond gan ychwanegu bod angen i ni gael trafodaeth am natur fy ngwaith i'r Ymddiriedolaeth er mwyn sicrhau ei fod o'n hapus efo'r drefn. Ar y llaw arall, pe bai o isio unrhyw wybodaeth o ran deall sut roedd y tîm cenedlaethol wedi cyrraedd y safon bresennol ac os oedd am barhau ar yr un trywydd, yna mi faswn i yno i'w gynorthwyo ac yn barod i wneud fy ngorau drosto. Yn ffodus, roedd Chris a Gary, ar ôl cyd-chwarae i Gymru yn y gwahanol grwpiau oedran, wedi bod yn ffrindiau agos ers blynyddoedd. Roedd gan Chris y parch mwya at ei ragflaenydd a'i ateb o i mi oedd, "Os oeddet ti'n ddigon da i Gary, rwyt ti'n ddigon da i mi."

Ychwanegodd ei fod o wedi bod yn gwneud ei waith cartra, ei fod yn licio'r hyn roedd o wedi'i glywed am fy nghyfraniad i ac y basa fo'n ffŵl pe na bai'n barod i fanteisio ar hynny. Dwi'n deall iddo gael yr un math o gyfarfod efo Raymond yn yr Iseldiroedd, felly roedd hi'n ymddangos y byddai'r bennod nesa yn natblygiad y tîm cenedlaethol yn mynd rhagddi'n hwylus. Roedd hyn, wrth gwrs, yn y cyfnod cyn y gêm goffa yn erbyn Costa Rica ac ymddiswyddiad Raymond.

Yn y man ddaru mi gael cyfle i ddangos i Chris, trwy gyfrwng fideo yn benna, yr hyn rown i wedi bod yn trio'i gyflawni efo'r garfan genedlaethol, ac roedd o ar yr un donfedd yn llwyr. Cyfaddefodd nad oedd wedi cael cyfle i roi'r athroniaeth honno ar waith efo Fulham gan ei fod wedi'i orfodi i ddefnyddio patrymau chwarae oedd yn erbyn ei egwyddor. Dyna pam, meddai, y penderfynodd o fynd i Sbaen ac yna i Roeg, yn y gobaith o chwarae pêl-droed fel y dylai gael ei chwarae. Felly roedd o am gario 'mlaen â'r dulliau roeddan ni wedi bod yn eu harddel o dan Gary. Ond roedd tywydd garw ar y ffordd, a chanlyniadau siomedig i gychwyn.

Gêmau cynta Chris

Ddiwedd Mai roedd hi'n braf iawn cael cefnu ar straen y misoedd cynt a mynd i New Jersey i chwarae gêm yn erbyn Mecsico, yr un gynta o dan Chris. Roedd 'na sawl ffactor ddaru wneud y profiad yn un dymunol iawn, fel y gwesty braf yn edrych dros ddinas Efrog Newydd a chael defnyddio cyfleusterau gwych tîm pêl-droed Americanaidd y New York Giants wrth ymarfer. Yr agwedd fwya siomedig ar y daith oedd y gêm ei hun. Roedd Stadiwm MetLife yn wych ond roedd wyneb y cae ddaru ni chwarae arno yn warthus. Stribedi o wair wedi eu rhoi ar AstroTurf oedd y cyfansoddiad, efo bylchau rhyngddyn nhw, ac o ganlyniad mi drodd Adam Matthews ei ffêr yn ddrwg wrth roi ei droed yn un o'r bylchau hynny. Roedd hi hefyd yn annioddefol o boeth a Mecsico'n dîm arbennig o dda, yn bymthegfed ar restr FIFA bryd hynny.

Doeddan ni ddim ar ein cryfa ac yn dilyn perfformiad siomedig o ddi-fflach ddaru ni golli o 2 i 0.

Effaith colli Gary

Roedd y gêm nesa yn erbyn Bosnia yng nghanol mis Awst ar Barc y Scarlets yn Llanelli o flaen torf o ychydig filoedd. Doedd hynny ddim yn debyg o ysbrydoli'r hogia ac, yn wir, mi gafwyd perfformiad di-ddim arall wrth i ni golli o 2 i 0. Doedd dim byd wedi newid o ran y patrwm chwarae; yr un oedd yr athroniaeth sylfaenol a'r arddull. Ond y gwahaniaeth mawr oedd bod un dyn pwysig ar goll a bod y chwaraewyr yn gadael i hynny ddylanwadu ar eu perfformiad nhw gymaint nes i Craig Bellamy annerch yr hogia ar ôl y gêm. Ddaru o gyfadda ei fod o, mae'n siŵr, cynddrwg ag unrhyw un ohonyn nhw gan fod colli Gary yn dal i bwyso ar ei feddwl, ond bod rhaid iddyn nhw ddod at eu coed os oedd y tîm yn mynd i gael unrhyw lwyddiant yn y dyfodol. Roedd yn rhaid iddyn nhw roi'r gorau i chwarae fel petaen nhw mewn trans. Ond roedd hi'n anodd dianc rhagddo, ac yn y meddylfryd digalon hwnnw yr aeth yr hogia i mewn i gêmau rhagbrofol Cwpan y Byd 2014, a hynny'n fwy na dim oedd yn gyfrifol am y dechrau gwael ddaru ni ei gael yn y gystadleuaeth arbennig honno. Oherwydd doedd dim byd arall wedi newid.

Ymweliad trychinebus â Serbia

Colli fu ein hanes ni, o 2 i 0, i Wlad Belg yn y gêm ragbrofol gynta yng Nghaerdydd, ond roedd gwaeth i ddod. Yn wir, chwarae Serbia yn y gêm nesa fu'n gyfrifol am un o'r profiadau gwaetha ddaru mi ei gael erioed yn y byd pêl-droed, a dwi'n siŵr y basa llawer o gefnogwyr Cymru yn dweud yr un fath. Ddaru ni golli yn Novi Sad o 6 i 1. Roedd 'na amgylchiadau y gallen ni fod wedi eu defnyddio yn rhyw fath o esgus. Mae nifer o wledydd Dwyrain Ewrop, tebyg i Serbia, yn feistri ar ddefnyddio tactegau oddi ar y cae cyn y gêm, â'r bwriad o darfu ar eu gwrthwynebwyr. Mae dewis stadiwm annifyr efo wyneb chwarae sâl ac ystafelloedd newid hen a blêr yn digwydd yn gyffredin, ac mae'n anodd deall weithiau sut mae UEFA yn caniatáu'r fath gyfleusterau tila. Ar gyfer y gêm honno yn Serbia roedd gan Chris a finna ystafell newid y byddai gan dîm Arthur Picton gywilydd ohoni! Doedd dim golau ynddi, na drws i'r ystafell. Yr unig ddodrefn yno oedd bwrdd wedi'i droi drosodd yn y gornel er mwyn i ni gael rhoi ein cotiau arno – doedd dim ffordd o'u hongian nhw yn nunlla arall – ac un gadair unig. Doedd y gawod ddim yn gweithio ac wedi'r gêm roedd yn rhaid inni deimlo'n ffordd i gael hyd i'n dillad gan ei bod hi'n dywyll bitsh yno.

A ninna wedi cynnwys nifer o hogia reit ddibrofiad ar y lefel ryngwladol, fel Joe Allen, Ben Davies ac Adam Matthews, mi gawson ni wers ddrud ar y cae y noson honno. Ddaru Serbia ddim gadael i ni setlo o gwbl a ddaru ni wneud llawer gormod o gamgymeriadau a gafodd eu cosbi'n llym gan y tîm cartra. Roedd bŵio cefnogwyr Cymru wedi dechrau ymhell cyn y chwiban ola ond roedd yn llawer gwaeth wrth i fi a Chris gerdded heibio iddyn nhw ar ein ffordd i'r ystafell newid. Doeddwn i ddim yn gweld bai arnyn nhw o gwbl, a'r hyn oedd yn gwneud y sefyllfa'n waeth i mi oedd fy mod i'n nabod nifer o'r wynebau blin oedd wedi teithio'r holl ffordd yno i weld perfformiad mor siomedig. Roedd yr ystafell newid yn dawel pan gyrhaeddon ni hi a doedd dim awydd ar neb i yngan yr un gair. Ond dwi'n cofio'n glir beth oedd fy neges i iddyn nhw, sef y bydden ni i gyd yn edrych yn ôl ar y profiad hwnnw yn Novi Sad fel y peth gorau fyddai wedi digwydd i ni fel carfan a bod gwir angen sioc o'r fath arnon ni i'n hysgwyd ni i wneud yn well. Ddaru mi hefyd gael cyfle i ailadrodd y geiriau hynny mewn cyfweliad ar gyfer S4C ar y ffordd o'r stadiwm. Ac felly y bu.

Gwawr newydd

Mewn cynhadledd yn Warsaw i reolwyr rhyngwladol y daeth y goleuni, a dyna pryd ddaru Chris, yn fy marn i, ddangos ei wir gryfder fel rheolwr. Mae'n swydd braf dros ben pan fo pethau'n mynd yn iawn, ond pan fo canlyniadau'n mynd o chwith mae'n

gallu bod yn lle eithriadol o unig. Mi rown i'n teimlo bod
Chris, yn naturiol falla, wedi bod yn ddi-hwyl braidd yn dilyn
y dechrau gwael a gawsai yn ei swydd newydd. Er nad oedd
o'n dangos ar yr wyneb bod unrhyw beth o'i le, rown i'n amau
ei fod o'n poeni dipyn pan oedd o tu ôl i ddrysau caeedig. Eto,
ddaru o ddim rhoi ei ben yn ei blu ac yn ystod y gynhadledd
ddaru o droi ata i a dweud, "Reit, dwi wedi dod i'r casgliad bod
yn rhaid i ni wneud rhywbeth yn wahanol, bod angen newid
rhywbeth. Mi rown i'n cytuno'n hollol â'r hyn roedd Gary'n
ei wneud ond bellach mae'n rhaid inni gael y chwaraewyr i
deimlo eu bod nhw ar lwybr gwahanol."

Awgrym cynta Chris oedd ein bod ni'n cymryd y gapteniaeth
oddi ar Aaron. Er nad oedd o'n cwyno, roedd Chris o'r farn bod
pwysau'r gapteniaeth yn dweud ar ei gêm o. Roedd gêmau fel
yr un yn erbyn Serbia yn anodd iddo gan ei fod o fel capten yn
dueddol o gymryd y cyfrifoldeb i gyd am y perfformiad gwael,
a doedd hynny ddim yn deg arno. Ym marn Chris, byddai ei
ryddhau o o'r swydd honno yn rhoi cyfle iddo fod ar ei orau
fel chwaraewr. Roedd Ashley yn gapten ar Abertawe, yn fwy
aeddfed ac yn fwy profiadol yn y swydd nag Aaron. Mi rown
i'n derbyn dadl Chris ond fy mhryder i oedd sut effaith fyddai'r
penderfyniad yn ei gael ar forâl Aaron. Er clod i Chris, doedd
dim angen poeni am ei sgiliau rheoli pobol. Mi eglurodd y
sefyllfa wrth Aaron dros banad o goffi a ddaru ynta gytuno'n
llwyr â'r rhesymeg y tu ôl i'r newid.

Mi gafwyd newidiadau hefyd i gyfarfodydd y garfan pan
oeddan nhw yn y gwersyll. O dan yr hen drefn mi fyddai'r
chwaraewyr yn dod at ei gilydd yn un criw mawr ar rai
adegau, tra byddai rhai cyfarfodydd yn cael eu neilltuo ar
gyfer unedau penodol llai, fel y chwaraewyr canol cae neu'r
gôl-geidwad. Bellach roedd Chris am gael gwared ar y
cyfarfodydd unedol gan alw'r holl chwaraewyr ynghyd pryd
bynnag y byddai gofyn trafod rhywbeth. Byddai pawb, yn ôl
y drefn honno, yn gwybod yn union beth roedd pawb arall yn
ei feddwl ac yn ei wneud. Roedd 'na newidiadau i'w gwneud o
ran patrwm y chwarae hefyd. O'r cychwyn, o dan Gary, doedd

dim disgwyl y byddai'r dull gafodd ei feithrin ganddo yn aros yn ddigyfnewid. Roeddan ni i gyd yn derbyn y basa'n rhaid iddo ddatblygu ymhen amser o'i ffurf wreiddiol ar ryw wedd neu'i gilydd. A dyna ddaru Chris ei wneud yn y man.

A'n gobeithion ni o gyrraedd rowndiau terfynol Cwpan y Byd 2014 wedi hen ddiflannu, byddai'r pwyslais bellach ar wneud yn dda yng nghystadleuaeth Euro 2016. Yn hynny o beth, yr agwedd a gafodd sylw cynta Chris oedd ein gwaith amddiffynnol ni. Ddaru o bwysleisio bod yn rhaid i ni ei gwneud hi'n fwy anodd i dimau sgorio yn ein herbyn ni. Wrth gwrs, nid dim ond ein gwaith amddiffyn ni oedd angen sylw arbennig. Roedd gofyn gwella pob agwedd ar ein chwarae neu methu fyddai'n hanes ni eto. Yn hynny o beth ddaru ni roi strategaeth ar waith oedd yn dechrau efo ymchwiliad manwl gan ein dadansoddwyr ni.

Ddaru ni ofyn iddyn nhw lunio adroddiad arbennig ar y ddwy gystadleuaeth ddiwetha y buon ni'n rhan ohonyn nhw, sef Euro 2012 a Chwpan y Byd 2014, gan ganolbwyntio ar ystadegau oedd yn berthnasol i'r timau ddaeth ar frig y gwahanol grwpiau rhagbrofol. Roedd hynny'n golygu nodi faint o goliau gawson nhw a faint ddaru nhw ildio, sut goliau oeddan nhw, faint o goliau gafodd eu hildio wrth i symudiadau ymosodol dorri i lawr, pa chwaraewyr oedd yn rhan o'r symudiadau wnaeth arwain at goliau, sawl croesiad wnaethon nhw a sawl croesiad i'r cwrt cosbi ddaru nhw eu hildio ac yn y blaen. Ddaru ni hefyd hel yr un ystadegau ar gyfer y timau ddaeth yn ail yn eu grŵp. I'r manylyn lleia, felly, roeddan ni'n medru dangos i'r garfan sut yn union ddaru'r timau gorau lwyddo yn y cystadlaethau hynny, gan danlinellu'r neges sylfaenol mai dyna roedd angen i ni ei wneud os oeddan ni am lwyddo yn Euro 2016.

Rhoi patrwm newydd ar waith

Y cam nesa, wrth gwrs, oedd gweithio ar y wybodaeth honno efo'r garfan. Doedd hi ddim yn fater o ddweud yn unig bod yn rhaid i ni ildio llai o groesiadau; yn hytrach, roedd yn rhaid i ni weithio ar batrymau chwarae na fyddai'n caniatáu i'n gwrthwynebwyr ni wneud croesiadau. Doedd hi ddim yn fater syml o weld sut roedd ein cefnwr ni'n ymateb i'r asgellwr yn ei erbyn pan oedd hwnnw efo'r bêl wrth ei draed. Roedd yn rhaid rhoi sylw i sut cafodd yr asgellwr y bêl yn y lle cynta, ac yn hynny o beth falla fod ein chwaraewyr canol cae ni ar fai. Pwy felly oedd yn mynd i stopio'r asgellwr rhag cael y bêl? Beth os yw cefnwr y tîm arall wedi rhedeg heibio'r asgellwr sydd â'r bêl... pwy sy'n mynd i ddelio efo fo? O ran amddiffyn y croesiadau, roedd yn rhaid penderfynu pwy fyddai'n mynd i ba safle, pwy oedd â'r cyfrifoldeb am sicrhau na fydden nhw'n cael cynnig clir am y gôl? Ar ôl trafod yn yr ystafell gyfarfod mi fydden ni wedyn yn mynd allan i ymarfer ar y cae nid yn unig yr agweddau uchod yn eu tro ond pob elfen o chwarae'r tîm.

Roeddan ni hefyd wedi penderfynu, ar gyfer y gêm gynta yn Andorra, ein bod ni'n mynd i chwarae tri yn y cefn, oedd yn batrwm newydd i ni. Roedd hi'n amlwg felly bod tipyn o waith o'n blaenau ni er mwyn trwytho'r chwaraewyr yn y system newydd, a ninna'n gwybod y byddai'r cefnogwyr a'r cyfryngau am ein gwaed ni pe na bydden ni'n gwneud sioe go lew ohoni yng ngêmau Euro 2016. Byddai nifer o reolwyr yn sefyllfa Chris, dwi'n siŵr, wedi dewis peidio â chorddi'r dyfroedd, felly roedd mentro efo'r drefn newydd yn benderfyniad dewr ar ei ran o ac eto'n gydnaws â'i gryfderau fel rheolwr.

Problemau yn Andorra

Roedd gynnon ni wythnos gyfan cyn yr ornest honno ym Medi 2014 i ymarfer efo'r garfan, ond eto ddaru'r gêm ddangos bod gan y drefn newydd nifer o wendidau o hyd. Roeddan ni'n gwybod nad oedd disgwyl i'r system lifo'n rhwydd yn Andorra, ac felly y bu hi. Yn y lle cynta, roedd cyflwr y cae yn warthus. Cae artiffisial 3G (*third generation*) oedd o, wedi ei wneud o ffeibr synthetig a rwber sydd yn edrych yn debyg i wair. Mae'n well gen i gaeau gwair ond does gen i ddim gwrthwynebiad i gaeau artiffisial. Ond mae pob cae o'r fath, pan mae'n newydd, yn gorfod cael deg wythnos i setlo cyn iddo fod yn addas i chwarae arno. Roedd cae newydd Andorra wedi bod i lawr am chwe wythnos yn unig. Ar ben hynny, mae pob cae yng nghystadlaethau UEFA yn gorfod cael ei archwilio gan swyddogion y corff hwnnw ddeuddeg wythnos cyn i unrhyw gêm gael ei chwarae arno. Ond doedd y cae yn Andorra ddim yn bodoli tan chwe wythnos cyn i ni chwarae yno!

O ganlyniad, pan oedd y bêl yn bownsio ar yr wyneb hwnnw roedd hi'n amhosib dweud sut roedd hi'n mynd i ymateb – fyddai hi'n mynd i'r chwith, ynteu i'r dde, neu a fyddai'n dod oddi ar yr wyneb synthetig yn syth? Yn ogystal, doedd dim sicrwydd a fyddai'r bêl yn bownsio gan droelli tuag ymlaen neu gan droelli tuag yn ôl, ac roedd hi'n amhosib penderfynu pa mor uchel y byddai'r bêl yn bownsio. Roedd chwaraewyr fel Ashley Williams a Neil Taylor wedi bod yn ymarfer ar gae 3G efo Abertawe ond roeddan nhw'n methu dygymod o gwbl ag anwadalwch y cae yn Andorra. Roedd Aaron yn cwyno ei fod o'n methu rhedeg â'r bêl gan nad oedd modd ei rheoli'n iawn a Gareth, ac ynta weithiau'n dymuno pasio'r bêl efo'i gyffyrddiad cynta, yn gorfod trio'i rheoli hi i ddechrau cyn pasio. O ganlyniad, petai o am symud y bêl yn sydyn o un ochr y cae i'r llall â phàs hir, roedd o'n methu gwneud hynny, gan ei fod o'n gorfod ei rheoli hi gynta, a thrwy hynny arafu'r symudiad ac, o ganlyniad, roi digon o amser i chwaraewyr Andorra gyrraedd ar draws y cae i'r man lle roedd y bàs sydyn i fod i fynd. I wneud pethau'n waeth, pan fyddai'r bêl yn bownsio, neu bob tro y byddai rhywun yn mynd i mewn i dacl, mi fyddai darnau bychan o rwber yn saethu'n un gawod annifyr oddi ar wyneb y cae.

Rhwng popeth, roedd hi'n noson hir. Roedd 'na elfennau eraill o'r gêm honno oedd yn gwneud pethau'n anodd i ni. Honna oedd y gêm gynta i'r ddau dîm yn y rowndiau rhagbrofol, ac er bod Andorra, mae'n siŵr, yn sylweddoli nad oedd gynnyn nhw lawer o ddyfodol yn y gystadleuaeth, roeddan nhw'n mynd i mewn i'r gêm heb golli ac yn teimlo'n ffres ac yn llawn gobaith. Mater arall fyddai mynd allan i Andorra a'u chwarae nhw wedi iddyn nhw golli pump neu chwech o gêmau. Buon nhw hefyd yn ddigon ffodus i gael gôl ar ôl chwe munud yn dilyn penderfyniad amheus i roi cic o'r smotyn iddyn nhw ac roedd hynny'n hwb pellach i'w hyder. Mi ddaru ni daro 'nôl trwy beniad gwych Gareth o groesiad Ben Davies. Ar un cyfnod fydda fo ddim yn sgorio efo'i ben yn aml ond bellach roedd o'n arf pwysig ganddo, wrth amddiffyn yn ogystal ag wrth ymosod. Ond fu dim amheuaeth erioed am ei dalent efo'i draed a, diolch byth, ddaru ni elwa o'r dalent honno unwaith eto, wedi iddo gael ail gynnig ar gic rydd gan y dyfarnwr i wneud y sgôr yn 1–2!

Taro'r rhwyd

Yn wir, o'r naw gôl gafodd eu sgorio gan Gymru yn y gêmau rhagbrofol ar gyfer Euro 2016 y bu Gareth yn chwarae ynddyn nhw, ddaru o sgorio saith ohonyn nhw, a does dim dwywaith ei fod o ac Aaron yn gallu creu rhywbeth o ddim byd ar adegau. Eto, mae'n rhaid pwysleisio bod gynnon ni yn y garfan nifer o chwaraewyr sy'n ddigon tebol i rwydo dros eu gwlad ac mi fyddwn ni'n gweithio'n galed wrth ymarfer ar gyd-chwarae a chyfuno fel y gall unrhyw un o'n hymosodwyr ni ddod o hyd i'r rhwyd. Wedi'r cyfan, mae hogia fel Emyr Huws, Jonny Williams, Hal Robson-Kanu, Sam Vokes a Simon Church yn sgorio'n aml i'w clybiau. Hyd yn oed o'r cefn mi gafodd Neil Taylor a Chris Gunter ambell gyfle yn ystod ein hymgyrch ni ac mae Ashley Williams a James Collins hwytha'n beryglus iawn o safleoedd gosod. Mae Joe Allen, o ganol y cae, wedi dechrau cael blas ar sgorio i Lerpwl ac mae Dave Edwards yr un mor debyg o wneud. Falla y dylian ni, wrth ymarfer, fod yn ceisio gwella'r sefyllfa o ran creu mwy o gyfleon i wahanol chwaraewyr, a gobeithio y gwelwn ni ffrwyth hynny yn Ffrainc

Peidio â dathlu'n rhy fuan

Gam wrth gam ddaru ni adeiladu ar y fuddugoliaeth honno yn Andorra. Er inni gael canlyniadau boddhaol ar hyd y daith i Ffrainc, ddaru ni ddim cymryd dim byd yn ganiataol tan i ni groesi'r llinell neu, yn hytrach, tan i Gyprus ein gwthio ni dros y llinell yn Zenica trwy guro Israel yn Jeriwsalem! Wedi'r cyfan, ddaru ni ymuno efo'n grŵp ni o chwe thîm ar gyfer y gêmau rhagbrofol fel y pumed detholyn. Yn hanesyddol mae pob tîm yn tueddu i orffen yn agos at y safle lle ddaru nhw ddechrau, ac yn sicr does 'na'r un tîm sy'n dechrau yn y pumed neu'r chweched safle yn ennill eu grŵp. Felly y nod i ni oedd ennill ein lle yn y rowndiau terfynol trwy ddod yn y tri safle ucha, ond eto doeddan ni ddim am roi'r drol o flaen y ceffyl. Roedd cymaint o enghreifftiau yn y gorffennol o dîm Cymru yn boddi wrth ymyl y lan ond, y tro hwn, mi ddaru ni fel carfan fod yn ddigon synhwyrol i beidio â chodi ein gobeithion cyn pryd. Eto, mae'n rhaid i mi gyfadda, ar ôl y fuddugoliaeth yn erbyn Gwlad Belg yng Nghaerdydd, rown i'n eitha ffyddiog bod cyrraedd Ffrainc bellach yn bosibilrwydd cryf iawn! Dyna'n sicr un o'r perfformiadau a'r canlyniadau mwya boddhaol ddaru mi eu profi erioed fel hyfforddwr pêl-droed.

Paratoi ar gyfer Gwlad Belg

Mehefin 2015

Penderfynu ar batrwm chwarae

Un o gryfderau'r garfan yn y cyfnod hwn oedd yr hyder distaw oedd i'w deimlo yn eu cwmni nhw. Roedd hynny'n deillio nid yn unig o'r ffaith ein bod ni wedi cael canlyniadau cystal yn y pum gêm roeddan ni wedi eu chwarae yn rowndiau rhagbrofol Pencampwriaeth Ewrop hyd yma, ond hefyd oherwydd bod ganddyn nhw bob ffydd yn y ffordd y cawson nhw eu paratoi ar gyfer y gêmau hynny. O ganlyniad, roeddan nhw'n ddigon hyblyg bellach i addasu i ba batrwm chwarae bynnag yr oeddan ni fel tîm hyfforddi wedi'i ddewis ar gyfer gêmau'r Bencampwriaeth hyd yn hyn. Mi gafodd y patrymau hynny eu newid o gêm i gêm i ateb dulliau chwarae'r gwahanol wrthwynebwyr ac yn wyneb natur ein perfformiad ni yn y gêmau cynt. Dyna un o'r pethau y bydda i'n ei hoffi am gêmau rhyngwladol – mae bron pob tîm yn y gystadleuaeth yn wahanol o ran ei arddull a'i ddiwylliant. Mae hyn yn golygu eu bod nhw'n chwarae, falla, mewn ffordd nad ydan ni'n gyfarwydd â hi ac o ganlyniad mae'n rhaid i ni fod yn barod i addasu ein patrwm o gêm i gêm.

Yr hyn sy'n braf am y garfan sydd gynnon ni ydy eu bod nhw wedi dysgu a phrifio i gyrraedd lle maen nhw arni heddiw. Bu'r tîm hyfforddi a'r chwaraewyr – er mai'r un rhai ydan nhw, i raddau helaeth, a brofodd sawl siom yn rowndiau rhagbrofol cystadleuaeth Cwpan y Byd 2014 – yn gweithio'n galed i sicrhau bod perfformiadau'r hogia yng ngêmau Euro 2016 wedi codi i lefel uwch o lawer. Y peth pwysig ydy bod pawb wedi dysgu o'r profiad siomedig hwnnw. Gan ein bod ni wedi ildio naw gôl o'r chwarae gosod yn y gystadleuaeth honno, gofynnodd Chris i fi a'r tîm dadansoddi (un o fy nghyfrifoldebau penodol i efo'r Gymdeithas Bêl-droed) nodi, o edrych ar berfformiad y timau gorau bryd hynny, pa mor anghyffredin oedd ildio cymaint o goliau o chwarae gosod. Ddaru ni ddarganfod nad oedd y timau ddaeth yn gynta ac yn ail yn eu grwpiau ond wedi ildio rhyw dair neu bedair gôl o'r chwarae gosod. O ganlyniad, wrth ymarfer mi fuon ni'n gweithio'n galed ar yr agwedd honno o'n chwarae ni ac roedd hynny wedi talu ar ei ganfed i ni yng nghystadleuaeth Euro 2016 hyd yma.

Peth arall y buon ni'n rhoi sylw arbennig iddo oedd faint o groesiadau gan y gwrthwynebwyr i'r canol fyddai'r timau gorau yn eu caniatáu. Yn ein gêm ni yn y Liberty yn erbyn Croatia yn rowndiau rhagbrofol Cwpan y Byd 2014 ddaru ni nodi eu bod nhw wedi ymosod a chroesi i'r canol 32 o weithiau, ac Eduardo'n sgorio o groesiad dri munud cyn y diwedd i ennill y gêm. Roedd hi'n amlwg bod hynny'n wendid yn ein chwarae ni yn ystod y cyfnod hwnnw – gwendid sydd, erbyn hyn, trwy waith caled, wedi cael ei ddatrys. Prawf o hynny, falla, yw ein bod ni wedi ildio dwy gôl yn unig, a hynny o giciau gosod, ym mhum gêm gynta rowndiau rhagbrofol Euro 2016. Elfen arall o'n chwarae ni sydd wedi gwella yw dycnwch ac agwedd y tîm. Yn y gorffennol, pan fyddai camgymeriad yn dylanwadu ar ganlyniad rhai o'n gêmau ni, y ni fel arfer fyddai'n euog o fod wedi gwneud y camgymeriad hwnnw. Y dyddiau hyn roedd yr hogia'n mynd allan ar y cae â'r agwedd meddwl eu bod nhw'n mynd i roi'r fath bwysau ar y tîm arall nes achosi i'n gwrthwynebwyr ni wneud y camgymeriad tyngedfennol hwnnw.

Yn 2014, cyn dechrau rowndiau rhagbrofol Pencampwriaeth Ewrop, eisteddodd Chris a fi (y ni yw'r unig aelodau o'r tîm hyfforddi sy'n llawn-amser) wrth y ddesg i bwyso a mesur pa ddull o chwarae fyddai'n gweddu orau i ni ar gyfer y gystadleuaeth. Fel rheolwr mae Chris yn ddewr iawn ac, i ddefnyddio cymhariaeth o fyd bocsio, fydda fo byth yn barod i ymladd gornest trwy bwyso 'nôl ar y rhaffau. Mae o am gyflwyno ychydig o antur a chyffro i chwarae ei dîm, sy'n gwneud fy swydd i gymaint yn fwy pleserus. Felly ei awgrym o yn y cyfarfod agoriadol hwnnw oedd ein bod ni'n newid y patrwm chwarae oedd wedi dod yn ail natur i ni bron, sef system 4-3-2-1, a'n bod ni'n sefydlu patrwm o chwarae tri yn y cefn.

Ond roedd 'na broblem efo defnyddio llinell o dri yn y cefn sef nad oedd ein hamddiffynwyr arferol ni, Ashley Williams, Ben Davies, Neil Taylor, James Collins, Chris Gunter, Paul Dummett, Jazz Richards nac Adam Matthews, yn gyfarwydd â chwarae mewn system o'r fath. Roeddan nhw wedi hen arfer â chwarae mewn llinell gefn o bedwar efo'u clybiau bob wythnos. Yr unig un o'r garfan oedd efo'r profiad o linell gefn o dri oedd James Chester, gan ei fod efo clwb Hull City ar y pryd. Ateb Chris oedd bod yn rhaid eu dysgu nhw, felly, i addasu i system o'r fath, er nad oedd disgwyl iddyn nhw arddel trefn newydd a meddwl ei bod hi'n mynd i weithio fel wats o'r cychwyn cynta. A dyna ddigwyddodd, ond gan amrywio'r drefn roeddan ni am ei defnyddio yn uwch i fyny'r cae. Ym marn Chris roedd yn rhaid i ni ofyn cwestiynau gwahanol, gan roi cyfle hefyd i Gareth Bale greu rhywbeth sbesial. Y nod felly oedd sicrhau ein bod ni ar y blaen yn dactegol i reolwyr eraill ein grŵp ni yn y Bencampwriaeth.

O ganlyniad roeddan ni wedi newid siâp y tîm ar gyfer bron pob gêm. Yr unig dro y gwnaethon ni lynu wrth yr un patrwm ar gyfer dwy gêm yn olynol oedd yn erbyn Bosnia a Chyprus ym mis Hydref 2014. Y rheswm am hynny oedd ein bod ni'n chwarae'r ddwy gêm honno o fewn tridiau i'w gilydd, a byddai defnyddio system wahanol ar gyfer yr ail, efo dau ddiwrnod yn unig i ymarfer cyn y gêm, yn ffolineb llwyr. Wedi'r cyfan, roeddan ni wedi chwarae yn erbyn Bosnia ddwy flynedd ynghynt yn Llanelli a'u cael nhw'n dîm da iawn. Yn ôl y sôn roeddan nhw'n dal i chwarae gan ddefnyddio'r un system, felly y peth pwysig i ni oedd ein bod ni'n cael wythnos i baratoi'n iawn ar eu cyfer nhw.

Ond fel roedd hi'n digwydd, ddaru'r darnau i gyd ddim disgyn i'w lle ar y dechrau wrth inni grafu buddugoliaeth yn erbyn Andorra a chael gêm gyfartal 0–0 yn erbyn Bosnia. Un gwendid ddaru ni sylwi arno yn y gêm honno oedd nad oeddan ni wedi adeiladu o'r cefn yn ddigon effeithiol gan fod ein chwaraewyr ni yng nghanol y cae yn dod yn ôl yn rhy ddyfn yn rhy gynnar. Felly doedd y bylchau roeddan ni'n trio eu creu ar gyfer y chwaraewyr blaen ddim yn amlygu eu hunain. Dridiau'n ddiweddarach mi ddechreuon ni ar dân yn erbyn Cyprus ond pan gafodd Andy King gerdyn coch a Simon Church ei anafu aeth ein cynlluniau ni ar chwâl braidd ac roedd y fuddugoliaeth o 2 i 1 braidd yn rhy dynn.

Y cwestiwn mawr nesa ar ôl y ddwy gêm honno oedd pa system roeddan ni am ei defnyddio yn erbyn Gwlad Belg ym mis Tachwedd. Roeddan ni wedi colli 0–2 iddyn nhw ddwy flynedd ynghynt yn rowndiau rhagbrofol Cwpan y Byd ond falla na chawson ni'r clod dyledus am berfformiad calonogol iawn bryd hynny, yn enwedig o gofio bod James Collins wedi cael cerdyn coch ar ôl dim ond 25 munud. Yna ddaru ni gael gêm gyfartal 1–1 yn eu herbyn nhw oddi cartra ar ôl perfformiad canmoladwy arall. Yn y gêmau hynny ddaru ni ddefnyddio'r un patrwm, sef 4-2-3-1, trefn roedd ein chwaraewyr ni yn gwbl hyderus yn ei dilyn, yn enwedig o ran effeithiolrwydd ein hamddiffyn. Felly dyma benderfynu glynu wrth y system honno ar gyfer ein gêm gynta ni yn eu herbyn nhw, a'r un anodda un, yn Euro 2016 ym mis Tachwedd 2014. Unwaith eto, mi weithiodd yn dda iawn wrth i ni sicrhau gêm gyfartal 0–0, a'n hamddiffyn cadarn ni'n llwyddo i wrthsefyll popeth ddaru Gwlad Belg ei daflu aton ni.

O gadw ar y trywydd roedd Chris am ei ddilyn, byddai gofyn i ni bellach benderfynu sut roeddan ni am chwarae yn erbyn Israel ym mis Mawrth 2015. Ar ddechrau Hydref 2014 rown i wedi gweld tîm Basel yn defnyddio system effeithiol iawn yng ngêmau Cynghrair Pencampwyr Ewrop yn erbyn Lerpwl, a ddaru Brendan Rodgers ei hun droi at yr un patrwm efo Lerpwl am gyfnod yn ddiweddarach. Mae gweld timau eraill yn chwarae a sylwi ar eu patrymau nhw yn hollbwysig i unrhyw hyfforddwr os ydy o am ddysgu a llwyddo. Mi fydda i a Chris yn aml yn ffonio'n gilydd yn ystod gêm ar y teledu lle bydd rhyw dîm yn cyflawni rhywbeth trawiadol, gan dynnu sylw ein gilydd at ddigwyddiadau o'r fath. Wedi gweld gêm tîm Basel buas i'n cyfeirio at dactegau'r tîm yn ystod y cyrsiau y byddwn yn eu rhedeg ar gyfer darpar hyfforddwyr, cyn tynnu sylw Chris at y drefn honno. Ar ôl i'r ddau ohonon ni ei thrafod efo'n gilydd mi benderfynodd o y byddai'n werth i ni roi cynnig arni yn y gêm yn erbyn Israel ym mis Mawrth 2015. Dyna un rhinwedd arall sy'n perthyn iddo fel rheolwr – mae o bob amser yn barod i wrando ar syniadau gan bobol eraill ac i fentro â chynlluniau newydd.

Natur y patrwm hwnnw oedd ein bod ni'n chwarae tri ar draws y cefn, dau gefnwr asgellaidd, pedwar ar ffurf bocs yng nghanol y cae, gan gynnwys Aaron a Gareth fel dau rif 10, fel petai, ac un yn y tu blaen. Hanfod y fath gynllun oedd ein bod ni'n manteisio i'r eitha ar y chwaraewyr oedd gynnon ni er mwyn cael y gorau ohonyn nhw. Gan dderbyn mai Gareth ac Aaron yw'r ddau ymosodwr mwya peryglus yn y tîm, roedd angen iddyn nhw gael y bêl mewn sefyllfaoedd lle y gallen nhw wneud y difrod mwya posib. Yn y gêm flaenorol yn erbyn Gwlad Belg bu Gareth yn chwarae fel y prif flaenwr, yn safle rhif 9. Wrth ddadansoddi'r ystadegau yn dilyn y gêm honno ddaru ni ffindio mai dim ond ar ddeunaw achlysur y derbyniodd o'r bêl drwy'r gêm, am y rheswm ein bod ni'n amddiffyn yn rhy ddyfn. Pan oeddan ni'n trio cael y bêl iddo byddai dau gefnwr yn ei warchod o bob amser, gan ei gwneud hi'n anodd i ni ei roi o mewn safleoedd bygythiol. Roedd system Basel yn caniatáu i ni addasu'r cynllun fel bod Gareth ac Aaron rŵan yn dod yn ddyfnach i dderbyn pasys byrrach fyddai'n caniatáu iddyn nhw symud i mewn i fylchau.

Erbyn i ni chwarae yn erbyn Israel ym mis Mawrth 2015 roedd y drefn newydd wedi dod i weithio'n ardderchog wrth i ni gael buddugoliaeth drawiadol o 3 i 0. Er bod gynnon ni ddeg wythnos cyn y gêm nesa yn erbyn Gwlad Belg mi ddechreuodd y gwaith paratoi ar ei chyfer y diwrnod ddaru ni gyrraedd yn ôl o Haifa. Y dasg gynta oedd penderfynu pa batrwm roeddan ni am ei ddefnyddio yn y gêm honno. Oeddan ni am lynu wrth y patrwm a fu gynnon ni yn y tair gêm ddiwetha roeddan ni wedi eu chwarae yn eu herbyn nhw, sef 4-2-3-1, a ninna wedi gwneud yn dda iawn ymhob un o'r gornestau hynny? Yn sicr, roedd y chwaraewyr yn gyfforddus wrth ddefnyddio'r patrwm hwnnw ac roedd o wedi bod yn arbennig o effeithiol yn amddiffynnol. Eto, roeddan ni'n teimlo y basan ni wedi gallu bod yn fwy creadigol, felly, o fynd am drefn wahanol, mi fydden ni falla'n gallu achosi mwy o broblemau i dîm Gwlad Belg y tro nesa. O ganlyniad dyma benderfynu glynu wrth y patrwm ddaru ddod â'r perfformiad gorau a'r canlyniad gorau i ni hyd hynny yn y Bencampwriaeth, sef system Basel ddaru ni ei defnyddio yn erbyn Israel.

Addasu'r patrwm yn sgil anafiadau

Ond mi gododd problemau i ddrysu'r cynllun hwnnw. Yn yr wythnosau cyn y gêm yn erbyn Gwlad Belg daeth y newyddion bod Ben Davies a James Collins, dau o'r tri oedd yn y llinell gefn yn erbyn Israel, wedi cael anafiadau drwg wrth chwarae i'w clybiau, oedd yn golygu na fydden nhw ar gael ar gyfer y gêm honno. Felly a oedd gynnon ni'r chwaraewyr yn y garfan fyddai'n gadael i ni barhau â'r bwriad gwreiddiol? Yn hynny o beth ddaru ni benderfynu y basa James Chester, oedd bellach yn holliach, yn dod yn ôl ar yr ochr dde yn y tri cefn ac y byddai Paul Dummett, oedd yn chwarae fel cefnwr chwith neu yng nghanol yr amddiffyn i Newcastle, yn gallu cymryd ei le ar yr ochr chwith. Mi gawson ni gyfle i ymarfer y drefn honno am wythnos cyn i Paul orfod tynnu allan oherwydd trafferthion â llinyn y gar.

Yr unig opsiwn bellach oedd symud James Chester draw

i'r ochr chwith yn y llinell o dri, symud Chris Gunter o safle'r cefnwr asgellaidd i'r ochr dde a dod â Jazz Richards i mewn fel cefnwr asgellaidd yn ei le. Roedd Chris wedi chwarae yng nghanol yr amddiffyn o bedwar dyn pan gawson ni'r gêm gyfartal honno, 1–1, yn erbyn Gwlad Belg yn 2013 ac mi gafodd dipyn o hwyl arni. Ac ynta wedi ennill dros 50 o gapiau erbyn hyn, mae o'n un o'r chwaraewyr mwya dibynadwy a phrofiadol yn y garfan, byth yn methu gêm, byth yn methu ymarfer, byth yn gadael y tîm i lawr. Mae gan y chwaraewyr eraill barch mawr iddo ac o ran yr ysbryd arbennig sy'n bodoli yn eu mysg ar hyn o bryd, mae o'n un o'r cyfranwyr pwysica. Er hynny, y cwestiwn roedd yn rhaid i ni ei ofyn rŵan oedd a fydden ni'n ddigon hyderus i ddefnyddio'r cynllun ddaru ni benderfynu arno'n wreiddiol efo chwaraewyr nad oeddan nhw'n gyfarwydd â'r system, neu a oeddan ni am fynd yn ôl at y drefn y buon ni'n ei defnyddio cynt yn erbyn Gwlad Belg, a hynny'n weddol lwyddiannus. Yn nodweddiadol o'r agwedd bositif fu ganddo o ddechrau'r Bencampwriaeth, penderfyniad Chris oedd y dylian ni gadw at ein bwriad gwreiddiol o ddefnyddio'r patrwm chwarae a fu mor llwyddiannus yn erbyn Israel.

Adeiladu ar y fuddugoliaeth yn Israel

Yn ystod y dyddiau yn dilyn y gêm honno buon ni fel tîm hyfforddi yn cynllunio'n fanwl. Falla mai'r penderfyniad pwysica oedd dewis peidio â chynnal gêm baratoi cyn cwrdd â Gwlad Belg. Roeddan ni'n ffyddiog y gallen ni roi'r holl baratoadau angenrheidiol yn eu lle, y byddai'r chwaraewyr yn hollol ffres ar gyfer y sialens honno, eu bod nhw'n gwybod yn union beth oedd y disgwyliadau arnyn nhw ac yn gwbl hyderus y gallen nhw eu cyflawni'n llwyddiannus ar y noson. Yna roedd yn rhaid trafod â'r dadansoddwyr a phwyso a mesur pob agwedd ar ein perfformiad ni yn erbyn Israel, gan roi sylw i bob cic, pàs, tacl, peniad, rhediad a symudiad, a chraffu'n arbennig ar yr hyn ddaru ni ei wneud yn dda ac, yn bwysicach, ar yr agweddau lle roedd 'na le i wella.

Roedd y cyfnod paratoi yn wahanol i'r arfer yn y ffaith bod gynnon ni, y tro hwn, bron i bythefnos efo'r garfan. Roedd y tymor pêl-droed wedi gorffen ers ychydig wythnosau felly roedd pawb ar wahân i Aaron, oedd wedi bod yn chwarae yn Rownd Derfynol Cwpan yr FA efo Arsenal ar Fai'r 30ain, wedi cael rhyw hoe fach cyn ymuno â gwersyll tîm Cymru. Wrth gwrs, fel rheol bydd rhai wythnosau wedi mynd heibio ers y gêm ddiwetha i'r hogia ei chwarae dros Gymru ac felly roedd hi y tro hwn hefyd. O ganlyniad ddaru Chris a finna, efo cyflwyniadau byr o ryw chwarter awr, ddechrau efo nifer o gyfarfodydd i dynnu sylw at wahanol agweddau ar y chwarae yn Haifa, â chymorth fideo.

Ddaru ni agor trwy nodi'r hyn oedd i'w ganmol yn y gêm honno, gan danlinellu'r agweddau positif a thynnu sylw'n arbennig at y modd ddaru'r tîm gyflawni'r hyn y gofynnwyd iddyn nhw ganolbwyntio arno yn y cyfnod cyn y gêm. Roedd gynnon ni enghreifftiau o'n chwarae ni pan oeddan ni efo'r meddiant ac o'r hyn wnaeth weithio ar y noson. Ddaru ni bwysleisio eto beth roeddan ni'n anelu ato a dangos pa mor llwyddiannus oeddan ni wedi bod wrth drio gwireddu hynny. Yna roedd gynnon ni enghreifftiau o sut roeddan ni'n amddiffyn a pha mor effeithiol oeddan ni yn hynny o beth. Y cam nesa oedd troi at y gêm yn erbyn Gwlad Belg, rhoi sylw i gryfderau a phatrwm chwarae'r gwrthwynebwyr ac yna nodi beth fyddai ein tactegau ni yn eu herbyn nhw.

Llunio tactegau i wynebu Belg

Roedd Belg y llynedd wedi bod yn chwarae system o 4-2-3-1, ond fel ddaru ni sylwi pan aeth Chris a fi i'w gweld nhw'n chwarae yn erbyn Ffrainc ychydig cyn y gêm dan sylw yng Nghaerdydd, roeddan nhw erbyn hynny wedi newid i batrwm 4-3-2-1.

Yn ein herbyn ni mi fydden nhw'n cyflwyno uned newydd a phwerus yn y canol, sef Nainggolan, Witsel a Fellaini, oedd yn llawer rhy gryf i Ffrainc, a Hazard a De Bruyne o'u blaenau nhw. Byddai Fellaini'n mynd yn uchel i fyny'r cae yn gyson i gyrraedd y peli hir a gâi eu chwarae i mewn iddo, fel bydd o'n ei wneud efo Manchester United, ac yn aml yn bygwth sgorio. Eto, gan ein bod ni wedi dewis tri o hogia tal yn y llinell gefn roeddan ni'n hyderus y gallen ni ddelio'n gyfforddus efo'r dacteg honno.

Ond yna daeth y newydd bod Fellaini wedi cael anaf ac na fydda fo'n chwarae. Er y byddai'n rhaid iddyn nhw felly wneud heb y chwaraewr bygythiol yma, roeddan ni'n llwyr sylweddoli, o gofio'r hogia talentog oedd gynnyn nhw yn eu carfan, mai'r cyfan roedd absenoldeb Fellaini yn ei olygu i ni oedd y bydden nhw bellach yn cyflwyno perygl o fath gwahanol i'w chwarae nhw. A chymryd y byddai Gwlad Belg rŵan yn dychwelyd i'r patrwm 4-2-3-1, ein gofid penna ni oedd De Bruyne a Hazard, fyddai bellach yn chwarae mewn llinell efo Mertens, o flaen Nainggolan a Witsel. Mae De Bruyne yn chwaraewr peryglus dros ben a chwbl wahanol i Fellaini. Wrth iddo symud tua'r gôl a'r cefnwr yn dod i'w farcio mae o'n medru gwneud rhediadau peryglus iawn y tu ôl i'r amddiffynnwr trwy weithio un-dau bach sydyn. Mae ganddo draed llawer gwell na Fellaini, mae'n feistr ar groesi'r bêl yn effeithiol dros ben ac yn gallu creu problemau di-ri pan fydd o mewn sefyllfa o un yn erbyn un, tra bod seren Man U ar ei orau wrth fanteisio ar groesiadau gan chwaraewyr eraill.

Ond roeddan ni wedi gorfod delio â De Bruyne cyn hyn, felly y cyfan roedd yn rhaid i ni ei wneud yn ein sesiynau trafod efo'r garfan oedd atgoffa'r hogia o'r ffordd ddaru ni ymateb iddo fo yn y gêmau blaenorol yn erbyn Gwlad Belg. Bryd hynny roeddan ni'n llwyddiannus iawn, er iddo sgorio yn ein herbyn ni unwaith. Ond dim ond hanner y broblem oedd De Bruyne. Roedd gofyn hefyd ffrwyno chwaraewr gorau Uwchgynghrair Lloegr y tymor diwetha, sef Eden Hazard, a dyma oedd y cynllun. Roedd Jazz Richards, ddaru wneud yn dda yn erbyn Hazard yn y gêm yng Ngwlad Belg, bellach wedi dod i mewn i'r tîm fel cefnwr de. Mae o'n athletwr da ac roeddan ni'n hyderus y bydda fo'n ddigon effro a chysurus wrth warchod seren Chelsea. Ond doeddan ni ddim yn disgwyl iddo wneud hynny ar ei ben ei hun. Y bwriad oedd cael dau arall yn gefn iddo.

Roeddan ni'n gwybod bod Hazard, er mai ei rôl o oedd chwarae ar draws lled y cae, yn tueddu i ffafrio chwarae o'r canol tua'r chwith. Mae o mor ddawnus fel ei fod o'n medru mynd heibio ei farciwr fel y mynno, felly roedd yn rhaid rhagdybio y bydda fo'n curo'r amddiffynnwr fyddai gyferbyn ag o, sef Jazz yn yr achos yma. Felly roedd angen cymorth Chris Gunter a Joe Allen i drio'i gadw'n weddol ddistaw, ac yn hynny o beth roedd hi'n hollbwysig bod y ddau ohonyn nhw a Jazz yn medru cyfathrebu'n effeithiol efo'i gilydd. Y bwriad oedd bod Jazz yn gyfrifol am gymryd Hazard os oedd o'n mynd i lawr yr ochr chwith. Ond tydy ymosodwr clyfar fel y fo, er ei fod yn giamstar ar guro'i ddyn pan fo galw, ddim fel arfer yn gadael i unigolyn ei farcio fo. Mae'n feistr ar ddod o hyd i safleoedd a bylchau sy'n gwneud i amddiffynwyr deimlo'n ansicr ynghylch pwy yn union sydd i fod i'w gymryd o, a bydd yr hanner eiliad hwnnw o oedi yn ddigon i alluogi Hazard i adael y darpar daclwr ymhell y tu ôl iddo. Felly, petai o'n symud i mewn o'r asgell byddai Jazz yn gadael iddo fynd, gan gadw llygad ar Vertonghen rhag iddo ynta gael ei roi'n glir ar hyd yr asgell. Ond bwriad Hazard wrth ddod tu mewn fyddai symud i'r boced rhwng Jazz, Chris a Joe a chreu ansicrwydd yn eu plith ynglŷn â phwy oedd i fod i'w gymryd o. O ganlyniad roedd y cyfathrebu rhyngddyn nhw yn mynd i fod yn dyngedfennol.

Buon ni'n rhoi sylw manwl yn y sesiynau trafod efo'r chwaraewyr i'r modd y dylai Jazz, Chris a Joe ymateb i symudiadau Hazard yn hynny o beth. Bydd pob tacteg sy'n cael sylw yn ein sesiynau trafod ni'n cael ei rhoi ar waith wedyn ar y cae ymarfer, ac yn yr achos yma ddaru ni ofyn i David Cotterill a Tom Lawrence chwarae rôl Hazard yn yr ymarferiadau a'u cael nhw i wneud y math o symudiadau y byddai'r ymosodwr o Wlad Belg yn debyg o ymgymryd â nhw. Yn yr un modd ddaru ni drwytho Jazz, Chris a Joe ynghylch sut roeddan nhw i fod i ymateb. Bydd popeth y byddwn ni'n ei wneud ar y cae ymarfer yn cael ei ffilmio, felly y cam ola oedd dychwelyd i'r ystafell drafod i ddadansoddi'r ymarfer ac i sicrhau bod y chwaraewyr perthnasol yn gwybod yn union beth roedd gofyn iddyn nhw ei wneud. Ond yn fwy na hynny, y ffactor allweddol yn hyn i gyd yw sicrhau eu bod nhw'n deall *pam* rydan ni'n arddel rhyw dacteg arbennig. O ran y gwaith o ddelio â'r bonwr Hazard, mi weithiodd y tactegau fel wats ar y noson. Pan oedd Eden yn llwyddo i golli pwy bynnag oedd yn ei farcio fo roedd aelod arall o'r drindod gan amla'n dod i'w gau o i lawr yn syth.

Gwarchod cyflwr corfforol a seicolegol y chwaraewyr cyn pob gêm

Yn ogystal â rhoi sylw i'r elfennau tactegol yn y cyfnod paratoi, mae gofalu am gyflwr corfforol a seicolegol y garfan yn hollbwysig. Mae'r gwaith corfforol dan ofal Dr Ryland Morgans, sydd hefyd yn Hyfforddwr Ffitrwydd CPD Lerpwl ac yn addysgu'r elfennau corfforol ar y cyrsiau hyfforddi. Mae Ryland a'i dîm yn wych ac yn un o'r rhesymau mawr am ein llwyddiant. Yn ystod yr wythnos gynta o ymarfer, efo'r chwaraewyr yn gwisgo teclynnau tracio GPS, mi fyddwn yn astudio'r darlleniadau ar y cyfrifiadur ar ochr y cae bob dydd gan gofnodi'r holl ystadegau perthnasol ynglŷn ag ymdrech corfforol pob chwaraewr unigol. Ar sail y rheini mi fyddwn falla, ar ôl sylwi bod y chwaraewyr wedi bod yn rhedeg yn rhy galed ac yn dangos arwyddion o flinder, yn mynd ati wedyn i leihau maint y maes chwarae. Yn yr un modd, os oes angen eu cael nhw i frasgamu mwy a chael mwy o le iddyn nhw arafu wrth fynd ar wib, mi fyddwn yn gwneud y cae'n fwy. Gan ein bod ni'n graddio'r modd y byddwn ni'n eu cael nhw i'r lefelau cywir ar gyfer y gêm ei hun mi allai hynny olygu bod rhai'n gorfod gwneud mwy ar y cae ymarfer yn gynnar yn y cyfnod paratoi ac yna arafu wedyn.

Fel mae'r gêm yn nesáu mi fyddwn ni'n eu cael nhw i leihau'r rhediadau sy'n golygu arafu neu gyflymu'n sydyn, gan fod hynny'n fwy tebygol o achosi rhwygiadau bach yn y cyhyrau a all gymryd hyd at 72 awr i fendio. Falla fod y darlleniadau'n dangos bod ambell chwaraewr, yn enwedig os ydy o wedi bod yn chwarae tipyn o gêmau cyn ymuno â'r garfan neu os ydy o'n gwella'n raddol ar ôl cael anaf, wedi bod yn gwneud gormod. Mewn achosion felly mi fyddwn yn gofyn i'r unigolion hynny beidio ag ymdrechu i gyfro cymaint o dir, neu beidio â symud ymlaen cymaint i gefnogi chwaraewyr eraill. Ar ôl pob sesiwn ymarfer mi fydd y staff yn mynd ati i astudio'r cyfan gafodd ei ffilmio, i ddadansoddi'r ystadegau ac i baratoi clipiau fideo, er mwyn cynnal cyflwyniad byr i'r garfan cyn swper. Tra bod hyn yn digwydd mi fydd y chwaraewyr yn cael sylw gan y *physios* a staff perthnasol eraill neu'n ymlacio fel maen nhw'n ei ddymuno.

Mi fydd y gwaith corfforol caled efo'r garfan yn gorffen 72 awr cyn y gic gynta er mwyn sicrhau na fydd y chwaraewyr yn debygol o ddiodda o flinder yn ystod y gêm ei hun. Yn yr un modd mae'r ochr seicolegol i'n paratoadau ni'n bwysig iawn yn ogystal. Dwi'n cofio un adeg, pan oedd Gary wrth y llyw, bod gormod o fynd a dod o gwmpas y gwesty a ni'r staff yn ei chael hi'n anodd cael gafael ar y chwaraewyr ar adegau, yn enwedig y rhai oedd yn diflannu i chwarae golff am gyfnodau. Felly ddaru ni gyflwyno ychydig o reolau i geisio cael gwell trefn ar bethau, gan gynnwys gwahardd golff! Ond daeth Craig Bellamy, capten y tîm, i'n gweld ni a gofyn i ni ailystyried, a'i ddadl o oedd ei bod hi'n hollbwysig iddo fo ymlacio trwy weithgaredd fel chwarae golff ar ddechrau wythnos baratoi, a pheidio â meddwl yn ormodol am y gêm fawr tan ddiwedd yr wythnos. O fethu cael cyfle i ymlacio ar ddechrau'r wythnos, erbyn i'r gêm gyrraedd mi fydda fo'n teimlo rhyw dyndra. Roedd y ddadl honno'n gwneud llawer o synnwyr ac mi gafwyd cyfaddawd. Pwy bynnag oedd am fynd i chwarae golff, mi fasan nhw'n cael gwneud hynny ar ddechrau'r wythnos ar yr amod eu bod nhw'n cael bygi i fynd â nhw o gwmpas y cwrs. Mae'n bwysig ein bod ni fel staff, er mwyn sicrhau carfan ddedwydd, yn cael barn y chwaraewyr bob amser fel y gallwn drefnu gweithgareddau cymwys ar eu cyfer, o ran y paratoadau pêl-droed neu'r gweithgareddau cymdeithasol.

Bydd gan ein seicolegydd ni, Dr Ian Mitchell, rôl allweddol yn ystod y cyfnod paratoi, ac yn enwedig fel mae'r gêm yn agosáu. Erbyn hynny mae o'n gorfod sicrhau nad yw cyffro'r holl achlysur yn effeithio ar y criw yn rhy fuan, gan anelu at gadw eu traed nhw'n weddol sad ar y ddaear. Yn yr un modd mae gofyn iddo ofalu na fydd naws rhy bryderus yn dylanwadu ar y garfan wrth bwyso a mesur y pwysigrwydd mae'r cyfryngau a'r cyhoedd yn ei briodoli i'r gêm. Roedd 'Mitch' yn chwaraewr proffesiynol ei hun cyn troi at y byd academaidd felly mae'n deall i'r dim beth yw'r gofynion a'r pwysau sydd ar aelodau'r garfan. Ddaru mi ddod â fo i mewn i'r gyfundrefn i weithio, i ddechrau, efo fi a'r tîm o dan 16. Roeddwn i'n meddwl y bydda fo'n werthfawr iawn o ran asesu sut rown i'n gofalu am yr hogia ifanc. Roeddwn i am iddo ystyried a oeddwn i'n gofyn gormod yn gorfforol ganddyn nhw, oeddwn i'n eu trin nhw'n iawn, oeddwn i'n rhoi gormod o bwysau arnyn nhw ac oeddwn i'n egluro'n ddigon manwl. Mae'r ffactorau hyn yn hollbwysig o ran cael carfan fodlon a gweithgar a thîm sy'n barod i fabwysiadu'r cynllun chwarae roeddan ni wedi ei argymell. Mi fyddwn i hefyd, cyn pob anerchiad rown i'n bwriadu ei roi i'r hogia, yn ei ddangos i Mitch er mwyn iddo awgrymu newidiadau neu welliannau y gallwn i eu gwneud.

Ddaru Chris sylwi ar gyfraniad positif Mitch i weithgarwch y tîm dan 16 a phenderfynu y basa ganddo rôl i'w chwarae ym mharatoadau'r tîm hŷn. Bellach mae o wedi cael ei dderbyn gan y chwaraewyr fel aelod cyflawn o'r criw hyfforddi ac yn bresennol ym mhob un o'r sesiynau paratoi, gan gynnwys yr ymarferion ar y cae. Er mai drwy Chris a finna, fel arfer, mae cyfraniad Mitch yn cael ei gyfleu i hogia'r garfan, mi fyddan nhw, erbyn hyn, yn mynd at Mitch eu hunain os ydan nhw'n meddwl y gall o eu cynorthwyo nhw mewn unrhyw ffordd. Tan yn gymharol ddiweddar roedd o ar staff academaidd Prifysgol Metropolitan Caerdydd ond pan ddaru Garry Monk fynychu cwrs cymhwyso i fod yn hyfforddwr yn ein pencadlys ni yng Nghasnewydd mi sylwodd ar y gwaith arbennig roedd Mitch yn ei gyflawni a bellach mae ganddo swydd amser llawn efo'r Elyrch ar y Liberty!

Mae gynnon ni dargedau y dylia pob chwaraewr ymgyrraedd atyn nhw o ran eu cyflwr corfforol a'u dyletswyddau yn ystod y cyfnod paratoi, a'n gwaith ni ydy sicrhau eu bod nhw'n ateb y gofynion hynny, fel eu bod nhw ar eu gorau yn ystod y gêm ei hun. Mi fydd y cyfan yn cael ei grynhoi ar eu cyfer nhw 48 awr cyn y gêm, pan fydda i a Mitch (ynta'n goruchwylio a sicrhau bod y neges yn cael ei throsglwyddo'n gywir) yn gadael taflen yn ystafell pob aelod o'r garfan yn nodi'n gryno, gan ddefnyddio diagramau lle bo hynny'n briodol, pa beth y bydd disgwyl i'r chwaraewr hwnnw ei wneud ar y bêl ac oddi ar y bêl yn ystod y gêm.

Hamdden y chwaraewyr

Mae sicrhau bod gan yr hogia ddigon o weithgareddau hamdden yn ystod y cyfnod paratoi yn hollbwysig. Maen nhw'n hoff iawn o aros yng ngwesty St David's yn y Bae gan ei bod hi'n gyfleus iawn iddyn nhw fynd allan oddi yno i gael coffi efo'i gilydd neu fynd i'r sinema. Ond tydy hi ddim bob amser yn bosib cael lle yno, felly mae gwesty'r Vale neu'r Celtic Manor yng Nghasnewydd yn llefydd y bydd y garfan yn hapus iawn ynddyn nhw hefyd ac yn hwylus iawn o ran cael cyfleusterau ymarfer da yn ogystal. Mae rhai aelodau o'r garfan, fel Gareth Bale, yn licio ymarfer ym mhencadlys Cymdeithas Bêl-droed Cymru ym Mharc y Ddraig, Casnewydd, lle byddwn ni'r staff yn gweithio o ddydd i ddydd. Yn wir, mae Gareth mor hoff o ddefnyddio'r cyfleusterau ardderchog sydd yno fel ei fod o, yn ystod yr ychydig ddyddiau o wyliau a gafodd o yng Nghaerdydd dros gyfnod y Nadolig yn 2014, wedi dod â chriw o'i fêts efo fo i Barc y Ddraig er mwyn cael cicio pêl o gwmpas y maes am awr neu ddwy.

Bydd tipyn o fynd ar y bwrdd darts a'r tenis bwrdd yn y gwesty, a chystadlu brwd rhwng yr hogia. Dave Edwards ydy'r pencampwr ar y darts, ac Aaron a Chris Gunter yn giamstars ar y tenis bwrdd, ond mae Ben Davies yn feistr ar gêmau FIFA ar yr Xbox! Y peth pwysig i ni yw bod y gweithgareddau hyn yn dod â nhw allan o'u hystafelloedd i gymysgu efo'i gilydd fel eu bod yn dod i nabod ei gilydd yn dda. Mae hyn yn arbennig o berthnasol i'r hogia newydd fydd yn ymuno â'r garfan. Er bod rhai o'r grŵp yn ffrindiau penna, fel Aaron Ramsey a Chris Gunter a Gareth Bale ac Adam Matthews, mi fydd pawb yn cymysgu â'i gilydd yn dda iawn, yn un grŵp clòs. Ond fydd y garfan byth yn eistedd yn y gwesty yn yr un grwpiau dro ar ôl tro yn ystod y prydau bwyd. Pan fydd gofyn am ryw fath o drefn, o ran pa bryd mae angen mynd i nôl bwyd neu adael rhyw weithgarwch cymdeithasol er mwyn cynnal rhyw gyfarfod neu'i gilydd, Ash, fel capten, sy'n cymryd at yr awenau.

Pan fydd rhywun yn ymuno â'r garfan am y tro cynta, fel y gwnaeth Tyler Roberts, yn 16 oed, cyn y gêm fawr yn erbyn Gwlad Belg, bydd yn rhaid iddyn nhw ganu cân, o dan gyfarwyddyd Gareth, i ddiddanu'r hogia ar ôl y pryd bwyd cynta efo'i gilydd. Mae hyn yn ffordd arbennig o dda o gael gwared ar unrhyw rwystredigaethau ac yn gosod pob un o'r criw ar yr un lefel. Mi wnaeth Tyler argraff arbennig trwy ganu ei fersiwn o 'I Believe I Can Fly' gan wibio o gwmpas yr ystafell fwyta fel deryn. Yn sicr, mae cael hwyl yn elfen bwysig o'r cymdeithasu ac ar flaen y gad yn hynny o beth mae'r criw a fu efo'i gilydd yng nghlwb Crystal Palace, sef Wayne Hennessey, Joe Ledley, Danny Gabbidon a Jonny Williams. Oherwydd bod gan Jon bersonoliaeth mor hoffus mae'n gymeriad poblogaidd dros ben a phawb yn licio bod yn ei gwmni fo.

Mae rhai o'r hogia, fel Joe Allen, Ben Davies, Emyr Huws, Owain Fôn Williams a David Vaughan, yn siarad Cymraeg ac, yn naturiol, yn yr iaith honno y bydda i'n trafod â nhw. Mae Aaron yn deall popeth yn y Gymraeg ond does ganddo bellach ddim hyder i'w defnyddio hi wedi iddo gael ei roi mewn sefyllfa annifyr ar y cyfryngau Cymraeg yn gynnar yn ei yrfa. O ran gweithgareddau y tu allan i'r pencadlys mi fydd Ian Gwyn Hughes yn trefnu, pan fyddwn ni yn y gwersyll am gyfnod digon hir, i griw o'r hogia fynd ar ymweliad ag ysgolion lleol yn ardal Caerdydd i gynnal sesiynau hyfforddi. Mae'r gweithgarwch

Efo Chris a Jens Lehmann yn gwylio Bayern Munich.

Ryland Morgans ac Ian Mitchell.

Cynhesu'r hogia yn yr Amsterdam Arena cyn gêm yn erbyn yr Iseldiroedd, 2014.

Y chwaraewyr fel un yng Nghyprus.

Y llun eiconig o bawb yn dod at ei gilydd yn dilyn gôl allweddol Gareth Bale yng Nghyprus.

Dathlu ym Mosnia o flaen y cefnogwyr.

Efo Paul Trollope, Ian Mitchell a Martyn Margetson yn yr ystafell newid ym Mosnia.

Mwynhau efo'r hogia.

Yn yr ystafell newid efo dau o sêr Cymru.

Joe Ledley, Chris Gunter, Gareth Bale ac Aaron Ramsey yn dathlu efo'r cefnogwyr ac yn diolch.

Chris Coleman a Mark Evans wrthi'n dathlu ar ôl creu hanes.

Ar y cae yn Stadiwm Dinas Caerdydd yn mwynhau yn dilyn gêm Andorra efo Esther Wills, James Turner a Kevin McCusker.

Ar ein ffordd i'r Palais des Congrès ym Mharis.

Methu disgwyl am y *draw* ym Mharis efo Dai Griffiths, Jonathan Ford, Peter Barnes, Chris Coleman, Ian Gwyn Hughes, Amanda Smith a Rob Dowling.

Y foment y daeth enw Cymru allan o'r het i wynebu Lloegr.

Efo Chris Coleman yn dilyn y *draw* ym Mharis ar gyfer Euro 2016.

Yn stadiwm ffantastig Bordeaux, fydd dan ei sang ar yr 11eg o Fehefin, 2016.

Chris a finna wedi bod yn gwneud ein gwaith cartra ar stadiwm Toulouse cyn wynebu Rwsia.

Aduniad tîm Furman yn Greenville, De Carolina, 2013.

Lynne ar gae Eugene Stone yn Furman, lle gwnes i fwynhau fy mhêl-droed gymaint.

Yn ôl ar gampws hyfryd Furman.

Yn aduniad Furman yn 2013 efo fy hyfforddwr John Tart, ei wraig Beth a Lynne.

All-American

1986 Osian Roberts	2000 John Barry Nusum	2007 Jon Leathers
1988 Osian Roberts	2000 Matt Goldsmith	2007 Shea Salinas
1996 Pete Santora	2000 McNeil Cronin	2011 Walker Zimmerman
1997 Pete Santora	2001 John Barry Nusum	
1998 Matt Goldsmith	2001 Scott Blount	
1999 Daniel Alvarez	2001 Matt Goldsmith	
1999 John Barry Nusum	2002 Ricardo Clark	
1999 Matt Goldsmith	2002 Clint Dempsey	

Y cyntaf yn hanes Furman i dderbyn yr anrhydedd uchaf, 'All-American'. Mae sawl un wedi dilyn fy llwybr ers hynny, gan gynnwys Clint Dempsey.

Dal i gael fy nghofio yn Furman wedi dros chwarter canrif.

Parti Dad yn 80 oed.

Y fi, Llinos, Olwen ac Eirian yn Cartio Môn, cartref Eirian.

Nain.

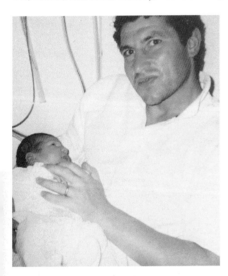

Y genod yn fach. Efo Cara ar y chwith ac Ela ar y dde, a'r ddwy yn yr ysgol gynradd.

Lynne yn yr Eidal.

Charlotte ac Aaron, Dolig 2015.

Charlotte a Lynne wrthi'n cefnogi Cymru yng Nghyprus.

Cinio efo teulu Lynne er cof am ei thad, Jac; efo Ollie, Janet, Aled, Karen, Jack a Lynne.

Efo Lynne a Youssef Safri yn Marrakesh.

Cara ac Ela.

Efo Lynne, Aaron,
Charlotte, Cara
ac Ela.

pwysig yma yn boblogaidd iawn gan y chwaraewyr a chan y disgyblion ac mae'n gyfle gwych, wrth gwrs, i ni ddarganfod ambell un o sêr y dyfodol.

Cymru 1
Gwlad Belg 0

Nos Wener, 12 Mehefin, 2015,
Stadiwm Dinas Caerdydd

Awyrgylch

Roedd yr awyrgylch yn drydanol wrth i'r bws deithio i Stadiwm Dinas Caerdydd o westy'r Vale ym Mro Morgannwg. Mae'n debyg mai unwaith yn unig ers i mi ymuno â staff Cymdeithas Bêl-droed Cymru 'nôl yn 2007 y ces i brofiad tebyg, a hynny cyn inni chwarae yn erbyn Lloegr yn Stadiwm y Mileniwm yn 2011. Ond ddaru heno wneud mwy o argraff o lawer arna i ac ar y chwaraewyr, oherwydd doedd dim cymaint o fwrlwm yn ymwneud â'r achlysur cynta hwnnw. Dwi'n cofio bod y bws cyn gêm Lloegr, wrth iddo nesu at y stadiwm, yn teithio ar hyd strydoedd oedd wedi eu cau i drafnidiaeth ac oedd, o ganlyniad, gymaint yn ddistawach.

Mor wahanol oedd hi heno wrth deithio i Leckwith... cefnogwyr ym mhobman yn bloeddio eu cymeradwyaeth ac yn cyfarch y tîm wrth i'r bws eu pasio. Tan hynny bu'n eitha tawel, a'r rhan fwya o'r chwaraewyr yn gwrando ar ba gerddoriaeth bynnag oedd yn eu plesio ar eu teclynnau personol. Ond bellach roeddan ni i gyd yn synhwyro ei bod hi'n noson arbennig iawn, a bod 'na ryw gyffro yn y gwynt.

Cyn cyrraedd Caerdydd

Er hynny, yr un fu patrwm y diwrnod ag unrhyw ddiwrnod arall fyddai'n arwain at gêm gyda'r nos. Roedd brecwast am

10 o'r gloch, awr yn hwyrach nag arfer, ond cyn eistedd roedd disgwyl i'r chwaraewyr gyflawni dwy dasg bwysig, fel y buon nhw'n ei wneud bob diwrnod ers ymuno â'r garfan bythefnos yn ôl. Yn gynta rhaid oedd ymweld â'r bwrdd o fitaminau y byddai'r swyddogion lles, dan ofal Ryland Morgans, wedi eu paratoi ar eu cyfer nhw. Mi fuon nhw'n cymryd rhain bob dydd ers cyrraedd y pencadlys ymarfer am ddau reswm. Yn gynta, er mwyn trio'u cadw nhw rhag codi rhyw anhwylder neu *germ*. Yn ail, os buon nhw'n chwarae tipyn o gêmau yn ystod y cyfnod cyn y gêm fawr, neu os ddaru nhw gael taith braidd yn hir neu flinedig i gyrraedd y pencadlys ymarfer, mae cymryd y fitaminau'n gwarchod eu system imiwnedd.

Yr ail beth mae gofyn i bob chwaraewr ei wneud bob amser brecwast yw llenwi ffurflen iechyd. Ar honna bydd yn rhaid iddyn nhw ateb nifer o gwestiynau am gyflwr eu hiechyd trwy roi sgôr rhwng 1 a 10 ymhob achos, er enghraifft sut gwnaethon nhw gysgu, sut maen nhw'n teimlo'n gorfforol, i ba raddau maen nhw'n teimlo o dan bwysau ac yn y blaen. Felly os bydd chwaraewr yn nodi mai dim ond rhyw bedair awr o gwsg a gafodd y noson cynt yna daw'r mater i sylw'r tîm meddygol. Mae'r tîm yn cynnwys rhyw 12 aelod i gyd, a hwytha'n arbenigo ar wahanol feysydd, fel y medran nhw gael gair efo'r chwaraewr hwnnw er mwyn trio datrys y broblem. Bydd y staff wedyn yn cyfarfod i bwyso a mesur holl atebion y chwaraewyr a nhw fydd yn penderfynu pa mor galed y dylai unigolyn sy'n cwyno ymarfer y diwrnod hwnnw, rhag ofn iddo ddiodda anaf.

Yn ôl yr arfer ar ddiwrnod y gêm bydd cinio am 1 a phryd arall eto am 4.30. Mae chwant y chwaraewyr am fwyd yn amrywio tipyn. Fydd rhai, falla, ddim yn cymryd brecwast, er bod disgwyl iddyn nhw ymuno â'r chwaraewyr eraill yn yr ystafell fwyta. Bydd eraill yn gwneud heb ginio ac ambell un yn dewis peidio â bwyta o gwbl yn yr oriau cyn y gêm. Mae pawb yn cael gwneud beth sydd orau iddyn nhw'n bersonol. Ond mae un peth yn gyson: mae safon y bwyd yn ardderchog. Bob tro y byddwn yn aros mewn gwesty, ym mha wlad bynnag y byddwn yn chwarae, mi fyddwn yn mynd â'n *chef* ni ein hunain efo ni. Mi fydden ni erstalwm yn dibynnu ar adnoddau coginio pa westy bynnag y bydden ni'n aros ynddo ar y pryd ond mi fydden ni weithiau'n cael ein siomi, yn enwedig mewn gwledydd tramor. O ganlyniad rydan ni bellach yn gallu dibynnu ar safon y ddarpariaeth a gynigir gan ein *chef* ni ein hunain.

Mae Mike Murphy, sydd yn dal y swydd ran-amser honno ar hyn o bryd, yn gallu sicrhau bod y bwyd y bydd yn ei baratoi yn cynnwys digon o brotein a charbohydradau. Caiff pasta a reis le blaenllaw ar y fwydlen bob amser, gan gydymffurfio â chyfarwyddyd yr arbenigwyr maeth sy'n gwasanaethu'r garfan. Felly caiff popeth ei goginio un ai o dan y gril neu ei botsio. Mae'r *chef* hefyd yn gallu cadw unigolion yn hapus drwy ddarparu bwydydd maen nhw'n hoff ohonyn nhw – bydd rhai'n ffafrio pysgod yn aml, tra bod ambell un, falla, yn licio cyw iâr yn fwy na dim byd arall. Ond y nod bob amser yw sicrhau ein bod ni'n cynnal yr un safon o brydau ag y mae nifer ohonyn nhw'n gyfarwydd â nhw efo'u clybiau.

Anerchiad Chris cyn mynd i'r stadiwm

Bu'r hogia'n ymlacio am y rhan fwya o'r diwrnod. Ond cyn ymadael am y stadiwm mi gynhaliwyd un cyfarfod byr a phwysig i amlinellu a chrynhoi beth roedd y garfan a'r staff wedi ei gyflawni yn ystod y bythefnos y buon ni efo'n gilydd. Yn ystod dau ddiwrnod diwetha y cyfnod hwnnw y nod oedd rhoi cyn lleied o wybodaeth â phosib i'r chwaraewyr fel bod eu meddyliau nhw'n gwbl glir a heb eu llethu â thactegau ac ystadegau cyn dechrau'r gêm. Felly yr hyn wnaeth Chris yn y sesiwn ola honno oedd cyflwyno fideo gryno a phositif i atgoffa'r chwaraewyr o'r agweddau y bu'r tîm yn eu cyflawni'n effeithiol yn ystod y gêmau diweddar ac a gafodd sylw yn ogystal yn y sesiynau ymarfer yn ystod y bythefnos ddiwetha.

Buon ni fel tîm hyfforddi'n pwysleisio yn y gorffennol ei bod hi'n bwysig bod aelodau o'r triawd yn y llinell gefn yn barod weithiau i symud 'mlaen i ganol y cae, yn ôl y galw. Yn hynny o beth mi dynnodd Chris sylw'r chwaraewyr at enghraifft o Ashley Williams yn gadael y llinell yn erbyn Israel a chamu ymlaen i'r canol er mwyn ennill y bêl oddi wrth un o'u hymosodwyr nhw. Yn ogystal â'r llun ar y sgrin roedd geiriau priodol i ddisgrifio'r weithred i'w gweld hefyd. Mae rheswm am hynny, sef ei bod hi'n ffaith bod unigolion yn ymateb yn well i rai cyfryngau cyfathrebu na'i gilydd. Bydd llun yn gwneud argraff arbennig ar ambell chwaraewr tra bod geiriau sy'n disgrifio'r llun yn cael mwy o ddylanwad ar eraill. Felly, wrth gyfuno'r ddau gyfrwng mi fyddwn yn gwneud yn siŵr y caiff y pwynt ei wneud yn gwbl glir i bawb. Mi gyflwynodd Chris hefyd enghreifftiau tebyg i ddarlunio agweddau penodol eraill y buon ni'n gweithio arnyn nhw, gan danlinellu wedyn bwysigrwydd canolbwyntio ar y perfformiad, nid ar y canlyniad, gan ategu y bydden ni'n siŵr o wneud yn dda os byddai'r perfformiad yn iawn.

Y noson cyn ein gêm ddiwetha ni yn erbyn Israel yn Haifa ar Fawrth yr 28ain ddaru ni ymarfer yn Stadiwm Sammy Ofer, lle roedd y sgorfwrdd ar y pryd yn dangos Israel 0 Wales 0. Aeth Chris ymlaen i ddangos llun o'r sgôr hwnnw ar y fideo ac yna uchafbwyntiau ein gêmau blaenorol ni yn y Bencampwriaeth, gan bwysleisio'r gwerthoedd roeddan ni wedi bod yn eu tanlinellu yn gynharach. Mi orffennodd â chlipiau o'n perfformiad campus ni yn erbyn Israel, gan gloi â llun o'r sgorfwrdd hwnnw ar ddiwedd y gêm yn dangos y sgôr Israel 0 Wales 3. Erbyn hynny roedd yr hogia ar dân ac yn ysu am wynebu'r ail dîm gorau yn y byd!

Y gefnogaeth

Ar ôl cyrraedd y cae mi ddaru ni'r staff technegol ymgynnull, yn ôl ein harfer, yn swyddfa Chris gan adael i'r hogia setlo fel roeddan nhw'n dymuno yn yr ystafell newid. Cyn hir roeddan nhw'n ymwybodol o'r awyrgylch anhygoel roedd y cefnogwyr yn ei greu yn y stadiwm a'n gwaith ni, cyn y gic gynta, oedd cadw traed y chwaraewyr ar y ddaear rhag i emosiwn yr achlysur gael y gorau arnyn nhw. Roedd perygl y gallasai'r emosiwn effeithio'n ormodol ar eu perfformiad yn ystod y gêm. Bu adegau yn y gorffennol pan oedd y gwrthwyneb yn wir, a ninna fel staff hyfforddi yn gorfod codi hwyliau'r tîm cyn ambell gêm, yn sgil, falla, rhyw ganlyniad siomedig diweddar neu yn wyneb y ffaith mai torf gymharol ddi-nod oedd wedi dod i'w cefnogi. Tra ydan ni'n ymwybodol ac yn werthfawrogol o deyrngarwch cnewyllyn ffyddlon sydd wedi bod yn dilyn y tîm cenedlaethol i bedwar ban, roedd yr hogia wedi sylwi ar y diffyg cefnogaeth a gawsant ar rai adegau yn ystod y blynyddoedd cyn hynny. Ar yr un pryd, maen nhw'n sylweddoli hefyd mai arnyn nhw mae'r cyfrifoldeb i newid y sefyllfa drwy sicrhau perfformiadau cofiadwy a chyffrous. A barnu wrth yr ymateb sydd wedi bod i'r gêm hon yn erbyn Gwlad Belg heno, maen nhw wedi llwyddo i ailgynnau'r fflam.

Yn ystod y cyfnod dwi wedi bod ar staff Cymdeithas Bêl-droed Cymru welais i erioed gymaint o frwdfrydedd dros dîm Cymru ag sydd i'w deimlo yn y stadiwm heno. Mae hi'n ferw gwyllt yma, efo dros 30,000 o gefnogwyr y tu cefn i'w tîm cenedlaethol. Mae'n wir bod y gêm honno yn erbyn Lloegr yn 2011 yn Stadiwm y Mileniwm wedi denu bron i 70,000 a bod 'na rywfaint o gyffro yn yr aer yr adeg honno. Ond does dim cymhariaeth mewn gwirionedd rhwng heno a'r achlysur hwnnw. Bryd hynny roedd nifer fawr o gefnogwyr Lloegr yn y dorf ac ymysg y Cymry oedd yn bresennol roedd llawer ohonyn nhw yr un mor awyddus i weld sêr Lloegr yn perfformio ag oeddan nhw i fod yn gefn i hogia Cymru. Heno mae'r mwyafrif llethol yma am eu bod nhw ar dân dros weld Cymru'n cymryd cam pellach tuag at ymddangos yn rowndiau terfynol Euro 2016 ac, wrth gwrs, mae ein perfformiadau diweddara ni yn y gystadleuaeth wedi creu rhyw falchder ynddyn nhw. Maen nhw'n sylweddoli bod ein gwlad fach ni bellach yn gallu cystadlu â rhai o'r gynnau mawr yn y byd pêl-droed. Mae'r balchder hwnnw wedi gafael hefyd yn y chwaraewyr ac ymhob aelod o'r garfan, a barnu oddi wrth yr arddeliad maen nhw'n ei ddangos wrth ganu'r anthem. Ac yn sicr, roedd arddeliad y dorf heno, wrth iddi benderfynu canu'r anthem yn ystod rhan ola'r gêm, yn wefreiddiol ac yn ysbrydoliaeth ychwanegol i'r chwaraewyr.

Yr Anthem Genedlaethol

Ddaru mi benderfynu rai blynyddoedd yn ôl y byddai'n fuddiol iawn i'r hogia oedd yn rhan o garfan Cymru dan 16 oed ddysgu canu 'Hen Wlad Fy Nhadau'. Roeddwn i o'r farn y byddai hynny'n gymorth gymaint mwy i gryfhau eu hymwybyddiaeth nhw o'u Cymreictod ac i'w cael nhw i werthfawrogi yr anrhydedd sydd ynghlwm wrth wisgo crys coch eu gwlad. Cyn hynny arferai'r rhan fwya ohonyn nhw sefyll fel delwau tra chwaraeai cerddoriaeth yr anthem yn y cefndir. Ymhen amser penodwyd Cledwyn Ashford yn Swyddog Lles ac Addysg y garfan honno ac mi fydd o bellach yn sicrhau bob blwyddyn bod yr hogia'n gwybod yr anthem ac yn ei chanu cyn pob gêm. Yn wir, mae ymroddiad y tîm yn hynny o beth wedi creu argraff ar rai o'r gwledydd y buon ni'n chwarae yn eu herbyn nhw, megis Ffrainc a Gwlad Belg. Gymaint oedd yr argraff a wnaeth yr hogia, mi yrron nhw aton ni ar ôl i ni chwarae yn eu herbyn a gofyn am DVD o'n hogia ni'n canu'r anthem er mwyn i'w chwaraewyr nhw ddysgu gwneud yr un fath. O ganlyniad i'r llwyddiant hwnnw efo'r tîm dan 16 cafodd rheolwr y tîm cenedlaethol ar y pryd, Gary Speed, ei ysgogi i ystyried y byddai'n werth cael y garfan hŷn i ddysgu'r anthem hefyd.

Felly, i bob chwaraewr sydd bellach yn dod drwy'r system, o'i ddyddiau yn y tîm o dan 16, mae dysgu a chanu'r anthem wedi bod yn rhan naturiol o'i ddatblygiad o. Ond nid dyna oedd profiad y garfan hŷn yn y dyddiau cynnar, felly doedd dysgu'r anthem ddim yn rhywbeth y gallai Gary a'r staff ei orfodi arnyn nhw. Er hynny, bu'r dull o gyflwyno'r syniad iddyn nhw yn gyfrwng i'w cael nhw i'w dderbyn o'n ddidrafferth. Yn y lle cynta bu Ian Gwyn Hughes, Pennaeth Materion Cyhoeddus FA Cymru, yn egluro cefndir a phwysigrwydd yr anthem i'r garfan ac yn cyfieithu'r geiriau er mwyn i'r chwaraewyr

ddeall eu harwyddocâd nhw. Yna, yn hytrach na gwneud
y gwaith o'i dysgu yn fwrn, mi ofynnwyd i Miss Wales ar y
pryd, Courtenay Hamilton, fyddai'n arfer canu'r anthem cyn
gêmau rhyngwladol yn Stadiwm y Mileniwm, ddod i mewn
i hyfforddi'r hogia sut i'w chanu, gan wneud eu tasg nhw'n
llawer mwy hwyliog a phleserus! Yn ogystal â chynyddu
ymwybyddiaeth y chwaraewyr o'u Cymreictod yn y ffordd
arbennig honno, mi fuon ni'n anelu at yr un nod mewn ffyrdd
eraill mwy anuniongyrchol yn y blynyddoedd diwetha. Yn y
gwesty lle bydd y tîm yn aros mae 'na daflenni y gallan nhw
droi atyn nhw os ydan nhw'n dymuno, yn crynhoi agweddau
ar hanes a diwylliant Cymru.

Tactegau ar ddechrau'r gêm

Roeddan ni'n gwybod bod tîm Gwlad Belg yn arfer dechrau eu
gêmau ar dân, a doedd heno ddim yn eithriad. Ddaru Chris a
fi eu gweld nhw'n chwarae yn erbyn Ffrainc wythnos yn ôl ac
roedd y sgôr yn 3–0 ar ôl 50 munud... digon i ddychryn rhywun
mewn gwirionedd. Does 'na'r un tîm yn y byd yn well na Gwlad
Belg am arddel dwy dacteg benodol sy'n hynod o effeithiol i roi
eu gwrthwynebwyr o dan y lach, ac mi ddaru nhw eu rhoi nhw
ar waith yn syth yn erbyn Ffrainc. Yn gynta, yn ôl eu harfer,
ddaru nhw bwyso'n uchel i fyny'r cae o'r cychwyn, gan drio
ein gorfodi ni i wneud camgymeriadau yn ein hanner ni o'r
cae ac yna, yn ail, gwrthymosod yn sydyn. Felly bu'n rhaid i ni
ymateb i hynny ac addasu ein ffordd ni o chwarae yn gynnar
yn y gêm fel nad oeddan ni'n rhoi'r fantais iddyn nhw cyn i ni
gael cyfle i setlo.

Yn hytrach nag adeiladu o'r cefn drwy chwarae'r bêl yn
fyrrach, fel roeddan nhw isio i ni ei wneud, ddaru ni newid i
batrwm mwy uniongyrchol gan chwarae'r bêl yn hirach. Felly,
yn lle symud y bêl trwy'r unedau o'n hanner ni ein hunain, y
cynllun newydd oedd chwarae'r bêl o *gwmpas* yr unedau neu
dros yr unedau. Yna, fel roedd y bylchau'n dechrau cynnig
eu hunain, roeddan ni'n gallu chwarae'r bêl drwyddyn nhw.
Hefyd roedd symud y chwarae i hanner Belg yn rhoi cyfle i gael

y dorf y tu ôl i ni yn gynnar yn y gêm, oedd yn fantais seicolegol bwysig. Yna, yn raddol, yn nes ymlaen yn y gêm mi ddaru ni fynd 'nôl at y cynllun gwreiddiol o ddechrau adeiladu o'r cefn. Ar ôl 25 munud mi gawson ni ein gwobr pan sgoriodd Gareth. Mae'n wir mai camgymeriad arweiniodd at y gôl honno ond dyna ydy natur y gêm ac mi ddaru o wneud yn wych i blannu'r bêl yng nghefn y rhwyd.

Nid nad oedd Gwlad Belg yn achosi problemau i ni. Yn wir, roeddan ni'n pryderu fel roedd yr hanner cynta yn dod i ben eu bod nhw'n amlwg yn ei gwneud hi'n anodd i ni ar hyd yr esgyll wrth i'r ddau gefnwr, Alderweireld a Vertonghen, wneud rhediadau pwerus. Gwendid y system roeddan ni'n ei defnyddio, sef 3-2-4-1, oedd ei bod hi'n tueddu i roi tipyn o le i'w dau gefnwr nhw. Rhan o waith Aaron a Gareth oedd cau'r ddau gefnwr i lawr. Ond daeth Aaron at y fainc ychydig cyn hanner amser i ddweud ei fod o a Gareth yn ei chael hi'n anodd gwneud hynny gan eu bod nhw'n cael eu symud o gwmpas gymaint. Felly roedd hi'n ymddangos bryd hynny y byddai angen i ni addasu ein patrwm yn ystod toriad hanner amser. Ond fel y digwyddodd pethau, fu dim rhaid i ni wneud hynny. O'r man lle safai Chris ar ochr y cae tra oedd y gêm yn cael ei chwarae doedd dim posib iddo weld beth roedd Marc Wilmots, Rheolwr Gwlad Belg, a'r Rheolwr Cynorthwyol yn ei wneud. Roeddwn i, ar y llaw arall, yn eistedd ymhellach yn ôl ac yn sylwi, fel roedd hanner amser yn dod yn nes, bod y ddau'n trafod yn brysur uwchben y bwrdd bach magnetig oedd ganddyn nhw i lunio tactegau. Roedd hi'n amlwg i mi eu bod *nhw* bellach, yn wyneb y ffaith eu bod nhw ar ei hôl hi, am newid eu patrwm.

Hanner amser

Mi fydd ein chwaraewyr ni, yn ystod egwyl hanner amser, yn cael rhyw dri neu bedwar munud iddyn nhw eu hunain, er mwyn pwyso a mesur sut mae pethau wedi mynd a chyfle i fynd i'r lle chwech neu i gael rhyw gymorth sydyn ar fwrdd y *physio*. Yna bydd Chris yn cloriannu'r perfformiad hyd hynny ac yn gwneud awgrymiadau pwrpasol ar gyfer yr ail hanner. Heno roedd achos ganddo, wrth gwrs, i ganmol sut roedd yr hogia wedi chwarae, heb awgrymu unrhyw newid amlwg i'n patrwm ni bryd hynny. Yn un peth, roedd hi'n ymddangos fel petai ein tactegau ni'n gweithio'n iawn. Yn ail, roedd bron pob un o'r tîm heb chwarae gêm ers diwedd y tymor pêl-droed ac o'r herwydd doeddan ni ddim yn rhy siŵr o'u lefelau ffitrwydd nhw. Annoeth, felly, fyddai newid ein ffordd ni o chwarae i drefn fyddai'n golygu bod ein chwaraewyr ni'n rhedeg o gwmpas ac yn dilyn cynllun nad oeddan nhw'n gyfforddus efo fo am nad oeddan nhw wedi bod yn ei ymarfer.

Newid y tactegau

Ond wrth i ni ddod allan o'r twnnel ar gyfer yr ail hanner ddaru ni sylwi bod hyfforddwyr Belg, mewn gwirionedd, wedi gwneud penderfyniad ar ein rhan ni fyddai'n dylanwadu ar sut roeddan ni'n mynd i chwarae. Roedd Lukaku yn sefyll ar yr ystlys yn barod i ddod ar y cae, ac o edrych yn sydyn tua'r canol mi ddaru ni sylwi bod Benteke yn dal ar y cae. Felly roedd hi'n ymddangos eu bod nhw'n mynd i chwarae efo dau ymosodwr blaen. Roedd hynny'n siwtio ni i'r dim achos roedd yn ei gwneud hi'n haws i'n tri ni yn y llinell ôl. Doedd dim cymaint o bwysau arnyn nhw i wneud penderfyniad ynglŷn â pha un ohonyn nhw fyddai'n marcio Benteke wrth i Wlad Belg ymosod a pha ddau oedd yn mynd i fod wrth gefn i symud allan. Bellach, mi fyddai gynnyn nhw ddau i'w marcio.

Y tu ôl i Benteke a Lukaku roeddan nhw rŵan wedi rhoi De Bruyne fel asgellwr de a Hazard fel asgellwr chwith, gan newid o'u patrwm gwreiddiol o 4-2-3-1 i 4-4-2. O ganlyniad, yr hyn fyddai'n debyg o ddigwydd pan fyddai'r bêl gynnon ni oedd y byddai mantais gan ein pedwar chwaraewr ni yng nghanol y cae yn erbyn y ddau yn y canol yn eu rhes nhw o bedwar. Ar y llaw arall, pan fyddai'r bêl yn eu meddiant nhw byddai De Bruyne a Hazard, sy'n ardderchog mewn sefyllfaoedd un yn erbyn un, yn debyg o gael nifer o groesiadau i mewn i'r cwrt cosbi ar gyfer Benteke a Lukaku. Felly roedd yn rhaid inni fod yn ffyddiog y byddai'n tri ni yn y rhes gefn yn gallu delio â'r bygythiad yna. Ond roeddan ni'n wynebu problem arall gan fod dau gefnwr Gwlad Belg, Alderweireld a Vertonghen, hefyd yn ymosod i lawr yr esgyll y tu ôl i De Bruyne a Hazard. Felly fedren ni ddim gadael iddyn nhw greu safleoedd lawr yr ochrau fyddai'n golygu y byddai dau ohonyn nhw yn erbyn un o'n tîm ni.

O ganlyniad, ddaru ni newid y patrwm rywfaint. Yn lle cadw at bedwar yng nghanol y cae ar ffurf bocs ddaru ni symud Gareth ac Aaron 'nôl i ymuno â Joe Ledley a Joe Allen mewn llinell o 4 yng nghanol y cae, gan roi patrwm o 5-4-1 i'r tîm. Bellach mi fyddai Gareth a Jazz Richards yn erbyn Vertonghen a Hazard ar ein hasgell dde ni ac Aaron a Neil Taylor yn marcio Alderweireld a De Bruyne ar yr asgell chwith, gan sicrhau bod gynnon ni ddau yn erbyn dau ar hyd yr esgyll. Roeddan ni'n gyfforddus iawn efo'r drefn hon, a gweithiodd y system mor dda nes i'r ymwelwyr, ar ôl 75 munud, benderfynu newid eu patrwm unwaith eto. Ddaru nhw dorri'r llinell gefn o 4 i 3 a daeth Carrasco ar y cae fel eilydd yn lle Alderweireld ac ymuno â De Bruyne a Vertonghen fel cefnwr asgellaidd (*wing back*). Felly roedd hynny'n golygu eu bod nhw rŵan yn chwarae system o 3-5-2, a dim ond un cefnwr, lle bu dau.

Unwaith eto roeddan ni'n ddigon hapus â'r drefn honno hefyd, achos roedd hynny'n golygu nad oedd angen i Gareth bellach ymgymryd â dyletswyddau amddiffyn ar hyd yr asgell. Doedd ganddo fo ddim cefnwr asgellaidd yn ei erbyn mwyach, oedd yn caniatáu i ni fynd 'nôl at y drefn oedd gynnon ni'n wreiddiol, sef 3-2-4-1.

Diogelu ein mantais

Ond roedd Gwlad Belg yn dal yn beryglus ac rown i'n teimlo y dylwn i gael gair efo Chris ynglŷn ag un agwedd benodol ar ein chwarae ni oedd yn achosi ychydig o bryder i mi. Doedd hi ddim yn hawdd cael mynd yn agos ato achos does dim hawl gan y naill dîm na'r llall i gael mwy nag un aelod o'r tîm hyfforddi yn sefyll ym mlwch y rheolwr ar yr ystlys ar unrhyw adeg, neu mi fyddai hynny'n arwain at gerydd gan y pedwerydd swyddog. Felly, yn sydyn iawn, mi es i lawr at Chris a thynnu sylw brysiog at yr hyn oedd yn fy mhryderu, sef bod yn rhaid i ni fod yn ofalus, wrth i ni gael mwy a mwy o'r bêl yn ystod rhan ola'r gêm, nad oeddan ni, wrth ymdrechu i drio cael ail gôl a thrwy hynny sicrhau'r fuddugoliaeth, yn rhoi cyfle i'r gwrthwynebwyr wrthymosod yn bwerus o effeithiol, camp roeddan nhw'n feistri arni.

Rown i wedi sylwi bod ein chwaraewyr canol cae ni, yn eu hawydd i ymosod, yn mynd heibio'r bêl yn rhy aml, a gallai hynny ein gadael ni'n fregus iawn pe bydden ni'n colli'r meddiant. Felly, er mwyn cael cydbwysedd amddiffynnol wrth ymosod roedd yn rhaid i Aaron a Joe Ledley sicrhau rhyngddyn nhw nad oeddan nhw'n symud ymlaen ar yr un pryd. Os oedd Aaron, sy'n reddfol ymosodol, yn bwrw 'mlaen roedd yn rhaid i Joe Ledley ymuno â Joe Allen yn y canol. Yn yr un modd, byddai'n rhaid i Aaron syrthio 'nôl pe byddai Ledley yn mynd i fyny'r cae. Roedd Chris yn cytuno a ddaru o roi'r cyfarwyddiadau priodol i'r chwaraewyr gan sicrhau nad oeddan ni'n mynd i roi cyfle i Wlad Belg ddwyn y fuddugoliaeth oddi arnon ni.

Wedi'r fuddugoliaeth

Wrth reswm, roedd yr ystafell newid yn un hapus a bywiog iawn wedi'r gêm, nid yn unig oherwydd i ni gael buddugoliaeth haeddiannol ond hefyd am ein bod ni wedi cyflawni'r hyn roeddan ni'n ymgyrraedd ato o ran y paratoadau ddaru ni eu gwneud. Doedd dim dathliad arbennig wedyn, ac ar ôl ychydig o fwyd yn y stadiwm mi ymwahanodd pawb. O'm rhan i, bu gweddill y noson a'r deuddydd wedyn yn gyfle i fwynhau cwmni'r teulu. Roedd fy rhieni, fy chwiorydd ac aelodau agos eraill o'r teulu wedi dod i lawr o Sir Fôn ar gyfer yr achlysur ac roedd hi'n braf iawn cael bod efo nhw am ychydig ddyddiau.

Fora Llun 'nôl yn y swyddfa roedd yn rhaid dechrau meddwl am y gêm nesa, tra bod aelodau eraill o'r staff yn cyflawni un ddyletswydd bwysig iawn yn dilyn yr ornest yn erbyn Gwlad

Belg. Ar ôl pob un o'n gêmau ni, caiff adroddiad ar bob chwaraewr ei lunio a'i gyflwyno i'r clwb mae o'n chwarae iddo. Bydd Real Madrid bellach yn derbyn dogfen fydd yn nodi ystadegau am baratoadau a pherfformiad Gareth Bale, gan gynnwys faint o rediadau wnaeth o, pa mor bell y bu'n rhaid iddo redeg, sawl tacl ddaru o eu gwneud a sawl un dderbyniodd o, pa mor gadarn oedd y taclo hwnnw, sawl peniad wnaeth o, sawl cyffyrddiad gafodd o â'r bêl, sawl anaf a sut driniaeth gafodd o ac a oedd ganddo unrhyw broblemau y bu'n gofidio amdanyn nhw. Hynny yw, degau o ffeithiau o ran y gêm ei hun yn erbyn Gwlad Belg a'r cyfnod paratoi yn arwain ati.

Pan ddechreuodd Chris yn ei swydd, aeth o a fi draw i Madrid i siarad efo rheolwr Real ar y pryd, Carlo Ancelotti, a'i staff a gofyn iddyn nhw sut adborth y licien nhw i ni ei gyflwyno iddyn nhw ar ôl pob gêm y byddai Gareth yn ei chwarae dros Gymru. Yn ôl yr hyn rydan ni wedi'i glywed yn y cyfamser, maen nhw wrth eu bodd efo'r ddarpariaeth y byddwn ni'n ei rhoi iddyn nhw yn yr adroddiad. Mae'r drefn yn talu ar ei chanfed i ni hefyd, am sawl rheswm. Mae hi wedi creu perthynas ddymunol iawn rhyngon ni a'r clwb hwnnw, sy'n golygu ein bod ni'n gallu ymddiried yn llwyr yn ein gilydd. Fel y bydd y cyfnod paratoi ar gyfer unrhyw gêm yn agosáu a Gareth, falla, yn cario rhyw fân anaf, mae Real bellach yn berffaith barod i'n staff meddygol ni ei drin yng Nghymru. Yn yr un modd, pe bai Gareth wedi cael amser caled ohoni ac wedi chwarae nifer fawr o gêmau i'w glwb, wrth ddynesu at gyfnod paratoi ar gyfer gêm ryngwladol bydd Real yn gwybod i sicrwydd y byddwn ni'n gwneud yn siŵr na fydd gormod o dreth ar Gareth, yn gorfforol nac yn feddyliol, tra bydd o yng ngofal staff tîm Cymru. Felly hefyd yn achos y garfan gyfan. Mae'r dasg o baratoi adroddiadau ar bob chwaraewr ar ôl pob gêm yn golygu gwaith manwl a thrylwyr, ond mae'n llawer mwy pleserus ar ôl canlyniad a pherfformiad fel ddaru ni eu cael yn erbyn Gwlad Belg!

Ffrainc Amdani!

Pan aethon ni i chwarae yn erbyn Bosnia ar gyfer ein gêm ola ond un yn y rowndiau rhagbrofol, gan wybod mai un pwynt yn unig oedd ei angen arnon ni i gyrraedd y rowndiau terfynol, doeddan ni ddim wedi gwneud unrhyw drefniant o gwbl ynghylch sut bydden ni'n dathlu pe bydden ni'n llwyddo y noson honno. A dweud y gwir, doeddwn i, fel y rhan fwya o bobol, ddim yn disgwyl i Gyprus guro Israel ac os oeddan ni'n mynd i warantu ein lle yn Ffrainc y noson honno, trwy ein hymdrechion ni ein hunain roedd hynny'n debyg o ddigwydd. Ond roedd hi'n edrych yn ddu iawn ar ôl 71 munud pan aeth y tîm cartra ar y blaen. Cyn y gêm roeddan ni, y staff a'r chwaraewyr, wedi penderfynu nad oedd dim cyfathrebu i fod efo'r fainc ynglŷn â'r hyn oedd yn digwydd yn Israel yn ystod ein gêm ni. Roedd pawb i ffocysu ar yr hyn oedd ar waith yn Zenica.

Diwedd gêm Bosnia

Efo rhyw ddeng munud i fynd, mi glywyd sibrydion o gwmpas y fainc, ddaru ddod yn wreiddiol oddi wrth Bryn Law, un o ohebwyr Sky, bod Cyprus ar y blaen. Roedd o'n gallu manteisio ar gysylltiad byw oedd ganddo â'r gêm yn Jeriwsalem. Daeth y si i'm clyw i drwy Martyn Margetson, hyfforddwr y gôl-geidwad, ond doeddwn i ddim yn barod i gredu'r peth nes bod gynnon ni dystiolaeth fwy pendant. Yna mi sgoriodd Bosnia eu hail gôl, a gobeithion ein chwaraewyr ni a ninna ar y fainc wedi pylu'n arw. Ond erbyn hyn roedd Bryn Law wedi symud i gornel y stadiwm o flaen y llecyn lle roedd cefnogwyr o Gymru wedi ymgynnull a lle roedd 'na ychydig bach o gyffro bellach. Dyma fwy o wybodaeth eto yn ein cyrraedd ni bod Israel yn dal ar ei hôl hi, felly ddaru James Collins, gan roi'r argraff ei fod o'n cynhesu er mwyn eilyddio efo un o'r hogia ar y cae, gynnig rhedeg draw i'r gongl at Bryn Law i gael cadarnhad o'r sefyllfa yn Israel. Dyma 'Ginge' 'nôl aton ni efo'r newyddion mai'r sgôr yno oedd Israel 1 Cyprus 2, ond eu bod nhw'n dal i chwarae.

Mi ddaeth ein gêm ni i ben ac erbyn hynny roeddan ni wedi penderfynu, er gwaetha'r newyddion calonogol o Jeriwsalem, y basa pawb yn ysgwyd llaw ac yn cerdded ar draws y cae i'r ystafelloedd newid, lle y basan ni'n medru cael cadarnhad o ganlyniad y gêm arall. Ond bellach roedd nifer o'r tîm wedi clywed bod Cyprus wedi ennill ac yn hofran o gwmpas heb fod yn siŵr be ddylian nhw fod yn ei wneud. Roedd Chris, ar ôl ysgwyd llaw efo hyfforddwyr Bosnia, wedi brasgamu ar draws y cae am yr ystafell newid ond ar y ffordd yno daeth wyneb yn wyneb â Mark Evans, Ysgrifennydd FA Cymru, sydd ddim, o ran greddf, yn un garw am wenu. Dyma Mark, efo golwg reit drist ar ei wyneb, yn gofyn i Chris oedd o wedi clywed y sgôr yn Jeriwsalem. "Well," medda Mark, yn greulon iawn, "Israel won [o glywed hyn ddaru Chris ddigalonni'n llwyr]... Cyprus 2"! Ar hynny, heb yn wybod i mi, dyma Chris, efo gwell rhediad nag a welwyd gan unrhyw chwaraewr yn ystod y gêm ei hun, yn carlamu fel peth gwirion draw at gefnogwyr Cymru gan ymgolli'n llwyr yn y dathliadau oedd wedi dechrau yn y rhan honno o'r cae.

Tua'r adeg yma roedd Gareth Bale, ac ynta wedi clywed am fuddugoliaeth Cyprus, wedi cerdded i ganol y cae. Fel nifer o'r hogia eraill, roedd o isio dathlu ond rown i'n dal yn amheus. Fy awgrym i eto oedd y dylian ni i gyd fynd i'r ystafell newid i gael cadarnhad cyn dathlu. Ond dyma Gareth yn gofyn, "Ond beth amdano fo?" gan amneidio i gyfeiriad Chris. Ddaru mi droi rownd bryd hynny a gweld bod Chris y tu ôl i mi yng nghanol rhialtwch dathliadau'r cefnogwyr. Chwarae teg iddo, roedd o'n haeddu cael eu clywed nhw'n canu ei glodydd o a'r tîm, ac ynta ar ôl dechrau mor sigledig wedi profi ei fod yn rheolwr craff ac ysbrydoledig ddaru ennill cefnogaeth lwyr y chwaraewyr a'r cefnogwyr. Cyn pen dim roeddan ni i gyd wedi ymdaflu i ferw'r dathlu a'r holl garfan wedi cyrraedd tu blaen i'r cefnogwyr trwy sglefrio ar eu boliau ar hyd y glaswellt.

Ar ôl y gêm

Yn ôl yn yr ystafell newid, er gwaetha rhyw ymdeimlad rhyfedd o fod wedi colli brwydr ac eto wedi ennill y rhyfel, roedd 'na gofleidio, tynnu lluniau, ambell gân a photel o gwrw haeddiannol yr un i'r hogia, cyn i ni fynd 'nôl i'r gwesty ar gyfer rhyw ddathliad tawel. Ar ôl pryd o fwyd dyma ni i gyd drwodd i'r lolfa gan eistedd yn un criw mawr efo'n gilydd. Doeddan ni fel staff ddim yn siŵr be oedd yr hogia am ei wneud y noson honno ond eu penderfyniad nhw oedd aros i ddathlu efo'i gilydd yn y gwesty. Cyn hir mi ddechreuodd y canu, efo James Collins, Hal Robson-Kanu ac Owain Fôn (sy'n un da iawn am ddynwared Johnny Cash) yn cyfeilio ar y gitâr. Ymhen tipyn roedd y rhan honno o'r gwesty yn cau ond mi agorwyd ystafell arall ar ein cyfer ni er mwyn i'r canu barhau a ddaru Chris hefyd erbyn hynny gael cyfle i ddangos ei ddoniau ar y gitâr. Yn y man mi gafwyd hyd i ryw fath o beiriant cerddoriaeth a ddaru'r lle droi'n ddisgo am ychydig, ond un i ddynion yn unig. Ond roedd y cyfan yn gyfle gwych i'r hogia gael tipyn o hwyl yng nghwmni ei gilydd wrth ddathlu'r gamp aruthrol o dywys eu gwlad i rowndiau terfynol cystadleuaeth ryngwladol am y tro cynta ers blynyddoedd mawr.

'Nôl adra

Roedd yr hogia, serch hynny, yn ddigon cyfrifol i beidio â mynd dros ben llestri efo'r dathlu gan fod gêm arall i'w chwarae yn erbyn Andorra ymhen tridiau. Roedd yn rhaid i ninna baratoi ar ei chyfer hi yn union fel ddaru ni ei wneud efo'r gêmau eraill yn y gystadleuaeth, ond y tro hwn mi fydden ni'n gallu paratoi heb fod unrhyw bwysau arnon ni. Ar ôl hedfan adra ar y bora Sul mi fasan ni fel arfer wedi gadael i'r hogia gael gweddill y diwrnod hwnnw i ffwrdd cyn ymarfer ar y dydd Llun. Ond unwaith eto, gan danlinellu, fel petai, yr arwyddair 'Gyda'n Gilydd. Yn Gryfach' a fu'n sylfaen ddyddiol i'r holl ymgyrch, daeth Gareth, Aaron ac Ashley aton ni'r staff i ddweud bod yr hogia i gyd yn awyddus i wneud rhywbeth efo'i gilydd y noson honno, fel cydnabyddiaeth o'u llwyddiant nhw. Felly mi drefnwyd bod tŷ bwyta Craig Bellamy ym Mhenarth yn agor yn unswydd ar ein cyfer ni, yn chwaraewyr ac yn staff, ac unwaith eto ddaru ni gael noson wych yng nghwmni ein gilydd dros bryd o fwyd ardderchog.

Derbyn clod

Yn sgil ein llwyddiant mi ddaru mi gael cannoedd o negeseuon yn ein llongyfarch a nifer fawr o bobol, gan amla'n rhai nad oeddwn i'n eu nabod, yn fy stopio i ar y stryd yng Nghaerdydd ac yn y siop leol i ganmol ein hymdrechion ni ac i ddymuno'n dda i ni yn Ffrainc. Roedd o'n brofiad chwithig braidd oherwydd mae pobol fu â chysylltiad â'r tîm cenedlaethol dros y blynyddoedd wedi gorfod profi'r ochr arall i'r geiniog yn rhy aml. Y siom fwya ddaru mi brofi erioed yn y byd pêl-droed oedd y gweir ddaru ni ei chael gan Serbia yn 2012, a ninna ar ddiwedd y gêm yn gorfod diodda dirmyg y cefnogwyr, yn haeddiannol felly. Roedd yn rhaid cymryd hynny ond eto, pan fo clod yn ddyledus, 'dan ni ddim fel petaen ni'n barod i'w dderbyn o, sydd yn fai ynon ni falla. Mae'n bosib bod hyn yn deillio o ryw deimlad y byddai mwynhau'r llwyddiant yn ormodol yn arwain at laesu dwylo a cholli ffocws. Felly mae rhywun yn tueddu i roi'r profiad o fwynhau i'r naill ochr ac yn parhau i ddyrnu 'mlaen. Falla ymhen blynyddoedd i ddod y bydd cyfle i edrych yn ôl a mwynhau'n llwyr yr hyn ddaru ni ei gyflawni yn Euro 2016.

Dathlu diwedd yr ymgyrch

Cyn mynd i Bosnia roedd hi'n anodd gwybod pa drefniadau oedd angen eu gwneud ar gyfer diwedd yr ymgyrch wedi gêm Andorra. Roedd y teuluoedd wedi bod yn holi a oedd angen iddyn nhw aros ar gyfer unrhyw ddathliad ar ôl y gêm ond ar y pryd doedd gynnon ni ddim ateb iddyn nhw. Ond erbyn y gêm ola honno yng Nghaerdydd roeddan ni wedi cael cyfle i gynllunio. Wrth gwrs, roedd y dathlu wedi dechrau yn ystod y gêm, a'r holl gefnogwyr yn cyfrannu i'r ymdeimlad o barti mawr a barhaodd drwy'r 90 munud. Yna, ar y diwedd, mi gafodd y chwaraewyr a ni'r staff gyfle i ymuno yn y gorfoledd gan ymgolli'n llwyr yn y dathlu efo'r cefnogwyr. Roedd o'n brofiad bythgofiadwy ac yn benllanw ar ymgyrch wych oedd yn adlewyrchu cyfraniadau penigamp gan wahanol adrannau'r Gymdeithas, sef y chwaraewyr a'r staff hyfforddi, wrth gwrs, ond hefyd y timau ffitrwydd, meddygol, cyhoeddusrwydd, cyfathrebu, arlwyo a sawl uned arall.

Felly, yn dilyn y gêm honno mi gafwyd parti mawr yng ngwesty St David's yn y Bae i bawb a gyfrannodd at y llwyddiant, gan gynnwys partneriaid, plant a rhieni. Mi gawson ni ein diddanu gan Only Men Aloud ac ambell grŵp arall ac roedd hi'n noson i'w chofio. Roeddan ni i gyd fel petaen ni'n perthyn i un teulu mawr, a rhai'n nabod ei gilydd ers amser maith. Mae Danny Ward, Jonny Williams ac Emyr Huws wedi bod yn cynrychioli Cymru yn yr un tîm ar wahanol lefelau ers pan oeddan nhw'n ifanc iawn. Yn sgil hynny mae eu rhieni nhw wedi dod yn ffrindiau penna ac roedd hi'n braf iawn eu gweld nhw'n cael achos i ddathlu efo'i gilydd y noson honno. Gobeithio, wrth gwrs, y bydd y dathlu'n parhau eleni eto wrth inni fwrw iddi yn Ffrainc.

Trefnu gêmau paratoi

Dechreuodd y paratoadau ar gyfer rowndiau terfynol Euro 2016 yn syth wedi i enwau'r gwledydd fydd yn y gwahanol grwpiau ddod o'r het yn y Palais des Congrès ym Mharis ar Ragfyr y 12fed. A dweud y gwir, doedd dim llawer o wahaniaeth gen i pa dimau fyddai'n ein gwrthwynebu ni yno oherwydd dwi'n reit ffyddiog y bydd gynnon ni siawns reit dda o guro unrhyw un o'r timau eraill fydd yno, dim ond i ni gael ein paratoadau'n iawn. Bydd yn rhaid i ni sicrhau bod yr hogia'n glynu wrth y cynlluniau y byddwn ni wedi eu cyflwyno iddyn nhw, fel ddaru nhw ei wneud mor wych yn ystod y gêmau rhagbrofol. Yn yr un modd, dwi'n llawn sylweddoli y medran ni, os na lwyddwn ni roi popeth yn ei le yn iawn, golli i unrhyw dîm hefyd. Ond roedd yn rhaid dechrau paratoi ar gyfer Ffrainc ar unwaith a'r nod cynta oedd trefnu gêmau addas cyn mynd yno fyddai'n rhoi cyfle i'r tîm gynefino â'r math o chwarae y byddan nhw'n debyg o'i brofi yn erbyn Lloegr, Slofacia a Rwsia.

Yn hynny o beth, yn y Palais des Congrès ddaru ni gytuno efo swyddogion tîm Gogledd Iwerddon i gynnal gêm gyfeillgar rhwng y ddwy wlad. O'n rhan ni, mi fyddai hynny'n rhoi cyfle i ni roi ein tactegau ar waith yn erbyn chwaraewyr sy'n chwarae yn y dull Prydeinig, fel mae chwaraewyr Lloegr yn ei wneud. Ar ben hynny, mi aeth y Gwyddelod drwodd i Ffrainc fel pencampwyr eu grŵp, fydd yn sicrhau bod yr ornest, ym mis Mawrth yng Nghaerdydd, yn un o safon ac yn un fydd yn ein rhoi ni ar brawf go iawn. Yn yr un modd, trefnwyd gêm yn erbyn yr Iwcráin yn Kiev bedwar diwrnod yn ddiweddarach er mwyn rhoi cyfle i'r hogia ddod i arfer ag arddull fydd yn ddigon tebyg i un tîm Rwsia. Yna, ar Fehefin y 5ed mi fyddwn yn chwarae yn erbyn Sweden yn Stockholm, tîm fydd hefyd yn edrych ymlaen at gystadlu yn Ffrainc ac sy'n arddel ffordd o chwarae sy'n solet ac yn hyderus, a seren fel Ibrahimović yn fygythiad mawr bob amser.

Gwybodaeth am y gwrthwynebwyr

Mae'r gwaith paratoi ar gyfer y tair gêm yma ar y gweill ers mis Rhagfyr, a'n dadansoddwyr ni'n darparu ystadegau perthnasol ar ein cyfer ni, yr hyfforddwyr. Ond yn bwysicach, mae'r dadansoddwyr hefyd wedi rhoi cychwyn ar y gwaith o hel gwybodaeth am y tri thîm y byddwn ni'n eu hwynebu yn Ffrainc, gan edrych yn fanwl ar eu perfformiadau nhw yn y gêmau yn arwain at y rowndiau terfynol. Ar ben hynny, mi fydd gynnon ni sgowtiaid yn bresennol yn y gêmau hynny ac yn adrodd yn ôl yn gyson i ni. Yn ogystal, erbyn yr haf mi fydd Chris a minna wedi bod yn gwylio Roma, Napoli, Benfica a Zenit Saint Petersburg yn chwarae, gan fod rhai o'r chwaraewyr perycla y byddwn ni'n dod ar eu traws nhw yn Ffrainc yn perthyn i'r timau hynny.

Y pencadlys yn Ffrainc

Ar ôl i gêmau'r Uwchgynghrair yn Lloegr ddod i ben ar Fai'r 15fed bydd y chwaraewyr yng ngharfan Cymru yn cael wyth diwrnod o seibiant. Yna mi fyddan nhw'n ymuno â'n gwersyll ymarfer cynta ni ar Fai y 23ain am wythnos ac yn cymryd rhan mewn gêm lawn ymysg ei gilydd, cyn cael toriad o ryw ddau ddiwrnod. Wedyn cyfnod o baratoi cyn gêm Sweden ac yna rhyw bum diwrnod o ymarfer yn arwain at ein gêm gynta ni yn y rowndiau terfynol yn erbyn Slofacia ar Fehefin yr 11eg. Ers mis Awst diwetha bu Chris a minna'n gweld rhyw ddwsin o lefydd yn Ffrainc y medren ni eu defnyddio fel canolfan yn ystod ein cyfnod ni yno, mewn dinasoedd fel Bordeaux, Paris, Chantilly ac Aix-en-Provence, a rhai'n plesio'n fawr. Ond yn sicr, y ganolfan ddaru wneud yr argraff fwya arnan ni ac a fydd yn berffaith o ran gofynion ein carfan ni oedd gwesty braf ar lan y môr yn Dinard yng ngogledd Llydaw, ac yn y fan'na y byddwn ni'n aros dros gyfnod y gêmau rhagbrofol.

Fel arfer bydd y gwesty hwnnw'n gwasanaethu fel rhyw fath o sba i bobol hŷn, yn enwedig rhai sy'n chwilio am adferiad iechyd ar ôl anaf, ac yn hynny o beth mae yno byllau ymdrochi pwrpasol a chyfleusterau *massage* a therapi amrywiol. Mi fyddwn ni'n aros mewn bloc annibynnol ac yno y byddwn ni'n treulio'r rhan fwya o'r amser, lle bydd gynnon ni ein hystafelloedd bwyta, ymgynnull a chymdeithasu i ni ein hunain. Ond mi fydd rhyddid inni hefyd ddefnyddio adnoddau cyffredinol y gwesty pan fyddwn yn dymuno gwneud hynny. Ar gyfer ein hymarferion pêl-droed mi fyddwn yn defnyddio cyfleusterau clwb Dinard, fydd yn daith o ryw ddeng munud o'r gwesty. Mae ein tirmyn ni eisoes wedi bod draw yno yn trafod ac yn paratoi efo gweithwyr cyfatebol clwb Dinard, efo'r bwriad o sicrhau y bydd y caeau yno mewn cyflwr perffaith erbyn i ni gyrraedd. Mae Chris a fi wedi cyfarfod efo Maer y dref ac mi ddaru hi gadarnhau bod yr ardal gyfan yn edrych ymlaen at groesawu'r garfan yno ac yn barod i gynnig unrhyw gymorth y byddwn ni ei angen. Roedd hi'n amlwg eu bod nhw wrth eu bodd cael bod yn rhan o'r paratoadau ar gyfer y rowndiau terfynol.

Cyfleusterau lleoliadau'r gêmau grŵp

Wrth gwrs, fyddwn ni ddim yno yn ystod cyfnod y gêmau grŵp oherwydd bod rheolau UEFA yn nodi bod yn rhaid inni gyrraedd lleoliadau'r gwahanol gêmau ar y diwrnod cynt ymhob achos, a chynnal sesiwn ymarfer a chynhadledd i'r wasg yno ar y diwrnod hwnnw. A hynny mewn golwg, mi fu Chris a minna ar ymweliad â Bordeaux, Lens a Toulouse yn gynnar ym mis Ionawr, gan roi sylw arbennig i'r tair stadiwm y byddwn ni'n chwarae ynddyn nhw. Buom hefyd yn bwrw golwg ar yr adnoddau ychwanegol y medran nhw eu cynnig a gweld lle bydd lleoliad y gwelyau ar gyfer y ffisiotherapyddion, beth yw maint yr ystafelloedd newid, faint o le fydd i'r tîm gael cynhesu cyn mynd allan ar y cae ac ati.

Mae'r Nouveau Stade de Bordeaux yn stadiwm anhygoel sydd, oherwydd y nawdd a gânt, yn cael ei galw hefyd yn Matmut Atlantique, ac yno y byddwn yn chwarae yn erbyn Slofacia ar Fehefin yr 11eg. Dim ond ym mis Mai 2015 y cafodd ei hagor ac os oes unrhyw achlysur yn Ffrainc yn mynd i wneud i'n hogia ni sylweddoli eu bod nhw 'wedi cyrraedd', wel bydd chwarae yn y stadiwm yma'n sicr o wneud hynny. Mae'n dal 43,000 o bobol, a chyda'r dorf fel petai'n agos at y cae mae'r awyrgylch yno'n gallu bod yn drydanol. Mae'r dorf yn y Stadium Municipal yn Toulouse, lle bydd y gêm yn erbyn Rwsia'n cael ei chynnal, hefyd yn agos at y cae ond mae Stade Bollaert-Delelis yn Lens, lle byddwn ni'n chwarae Lloegr, yn wahanol. Mae gwagle rhwng pob un o'r pedwar eisteddle sy'n amgylchynu'r cae ac sy'n codi'n uchel, gan eto greu awyrgylch arbennig pan fydd hi'n llawn, fel y bydd, wrth gwrs, pan fyddwn ni yno.

Ond doedd hi ddim yn fater o wneud arolwg o'r tair stadiwm yn unig tra oeddan ni yno. Roedd yn rhaid inni ddewis gwestai addas a sicrhau ymhob achos bod ystafelloedd addas ar gael ar gyfer cynnal cyfarfodydd (gan wneud yn siŵr nad oeddan nhw'n rhy swnllyd neu'n rhy olau o ran defnyddio cyfleusterau fideo ac ati), lle i storio'r cit, gofynion meddygol a bod y darpariaethau bwyta'n dderbyniol. Ar ben hynny, roedd yn rhaid rhoi ystyriaeth i ffactorau fel pa mor bell yw pob gwesty o'r meysydd awyr y byddan ni'n eu defnyddio a faint o ffordd sydd o'r gwesty i'r stadiwm yn y tri lleoliad.

Cwpan y Byd 2018

Mae'n amlwg y bydd cefnogwyr tîm Cymru yn teithio i Ffrainc yn eu miloedd ac mi fyddwn ni fel carfan ac fel staff unwaith eto'n gwerthfawrogi eu hymlyniad nhw i'r tîm cenedlaethol yn fawr iawn. Rydan ni'n gobeithio y cawn ni'r un gefnogaeth ag a gafwyd ganddyn nhw yng ngêmau Euro 2016 ar gyfer rowndiau rhagbrofol Cwpan y Byd 2018 yn ogystal. Mae'r gwaith paratoi ar gyfer y rheini eisoes ar waith hefyd, efo tîm o'n dadansoddwyr ni ar hyn o bryd yn hel gwybodaeth ac ystadegau am dimau Awstria, Iwerddon, Moldofa, Serbia a Georgia. Mi fydd hi'n rhy hwyr i ddechrau ar y gwaith hwnnw ar ôl gêmau Euro 2016, er na fydd Chris a minna'n gallu ymroi i asesu ffrwyth eu llafur tan fis Gorffennaf. Yn y cyfamser hefyd mi fyddwn wedi trefnu bod sgowtiaid yn bresennol yn rhai o'r gêmau y bydd y gwledydd hyn yn eu chwarae yn ystod yr haf, yn enwedig yn achos Awstria ac Iwerddon, fydd, wrth gwrs, yn ymuno efo ni yn Ffrainc.

Y dyfodol o'm rhan i

Fydd dim cyfle, felly, i laesu dwylo hyd yn oed ar ôl ymdrechion Euro 2016 oherwydd, beth bynnag ddaw o'n profiadau ni yn Ffrainc yn ystod yr haf, erbyn mis Medi bydd gêmau rhagbrofol Cwpan y Byd 2018 ar y gorwel. Ar ôl hynny... wel, pwy a ŵyr. Dim ond un peth sy'n sicr yng ngyrfa rheolwr pêl-droed, sef ei fod o, rywdro, yn mynd i gael y sac. Mae hynny'n rhan o natur y busnes. Y dyddiau hyn, cyfartaledd hyd oes rheolwr yn Uwchgynghrair Lloegr yw 13 mis, ac o ran fy swydd i efo'r tîm cenedlaethol dwi wedi bod yn ei gwneud hi ers dros bum mlynedd. Ond, wrth gwrs, mae parhad rhywun mewn swydd o'r fath yn dibynnu ar ganlyniadau, felly dwi'n gallu cysuro fy hun trwy feddwl y basa FA Cymru wedi cael gwared arna i pe baen nhw'n meddwl nad oeddwn i'n gwneud fy ngwaith yn ddigon da. Ond mae'n eitha posib y daw'r dydd, dyweder yng ngêmau rhagbrofol Cwpan y Byd 2018, pan na fydd y tîm cenedlaethol mor llwyddiannus. Bryd hynny mi allai'r sefyllfa newid yn sydyn iawn a minna, falla, yn colli fy ngwaith fel Is-reolwr y tîm hwnnw, fyddai'n dipyn o siom i mi.

Ond wrth gwrs, fyddwn i ddim allan o waith petawn i'n gorfod rhoi'r gorau i fy nyletswyddau efo'r tîm cenedlaethol gan y byddai fy nghytundeb efo Ymddiriedolaeth Bêl-droed Cymru yn golygu y baswn i'n parhau i weithio efo timau iau Cymru ac, mewn gwirionedd, byddai'r profiad y baswn wedi'i gael yn hyfforddi ar y lefel ucha yn fy ngwneud i hyd yn oed yn fwy cymwys i weithio efo'r chwaraewyr hynny. Yn yr un modd, mi faswn i'n dal i hyfforddi'r hyfforddwyr, gwaith dwi wedi bod yn ei wneud ers tua 25 mlynedd. Mae'r tân fu gen i erioed yn fy mol dros y ddwy agwedd hon ar ddatblygiad y gêm yng Nghymru hyd yn oed yn fwy erbyn hyn.

Er hynny, does 'na ddim byd wedi rhoi mwy o falchder i mi yn ystod fy ngyrfa na chael y fraint o hyfforddi tîm fy ngwlad. Does 'na'r un swydd hyfforddi yn bodoli fyddai'n gallu cymharu â hi o ran y boddhad dwi'n ei gael o'i gwneud hi. Ar ben hynny, dwi wedi gweithio'n galed a throedio llwybr anoddach na'r rhan fwya, falla, i sicrhau fy swyddi presennol. Felly byddai penderfynu rhoi'r gorau i'r gwaith hwnnw o ddewis yn anodd dros ben, ond falla na fydd yr opsiwn hwnnw gen i beth bynnag yn y pen draw. Dwi'n aml yn cael pobol yn gofyn i mi a faswn i'n licio rhoi cynnig ar y byd rheoli efo clwb yn Uwchgynghrair Lloegr. Y gwir amdani yw 'mod i wedi cael cynnig, gan un o gyn-reolwyr tîm Lloegr, i fynd yn Is-reolwr ar glwb yn yr Uwchgynghrair mor bell yn ôl â nawdegau'r ganrif ddiwetha, ond o'm rhan i doedd amseriad y cynnig ddim yn taro bryd hynny. Ddaru mi hefyd gael cynigion wedyn i fynd i weithio efo rhai o'r hyfforddwyr enwog a fu drwy gyfundrefn hyfforddi'r Ymddiriedolaeth. Penderfynu gwrthod y cynigion hynny wnes i hefyd ond, o ran y dyfodol, amser a ddengys.

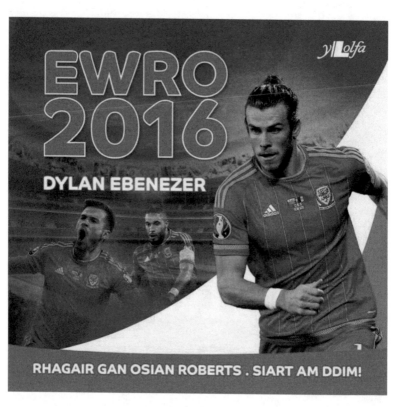

£4.99

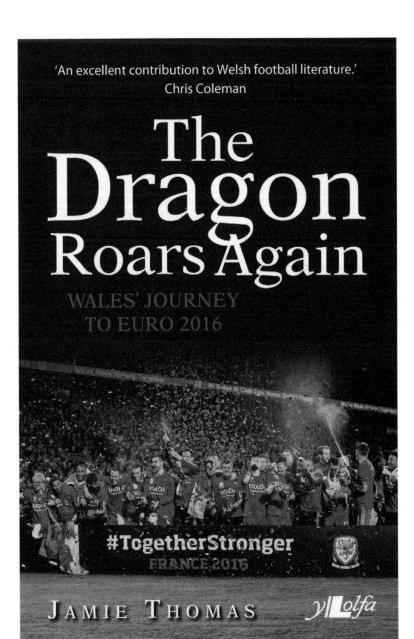

The
Dragon
Roars Again

WALES' JOURNEY
TO EURO 2016

#TogetherStronger
FRANCE 2016

JAMIE THOMAS

y Lolfa

£9.99

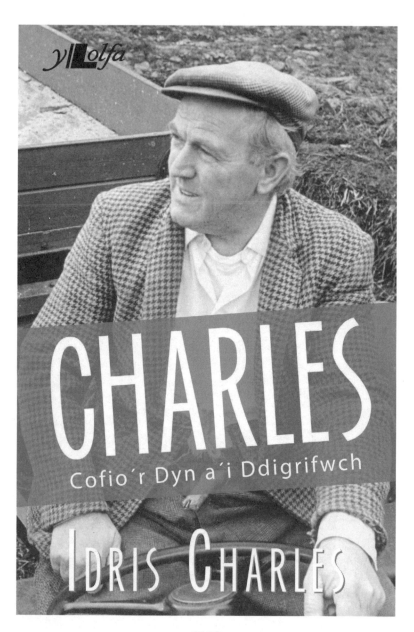

CHARLES

Cofio'r Dyn a'i Ddigrifwch

IDRIS CHARLES

£9.95

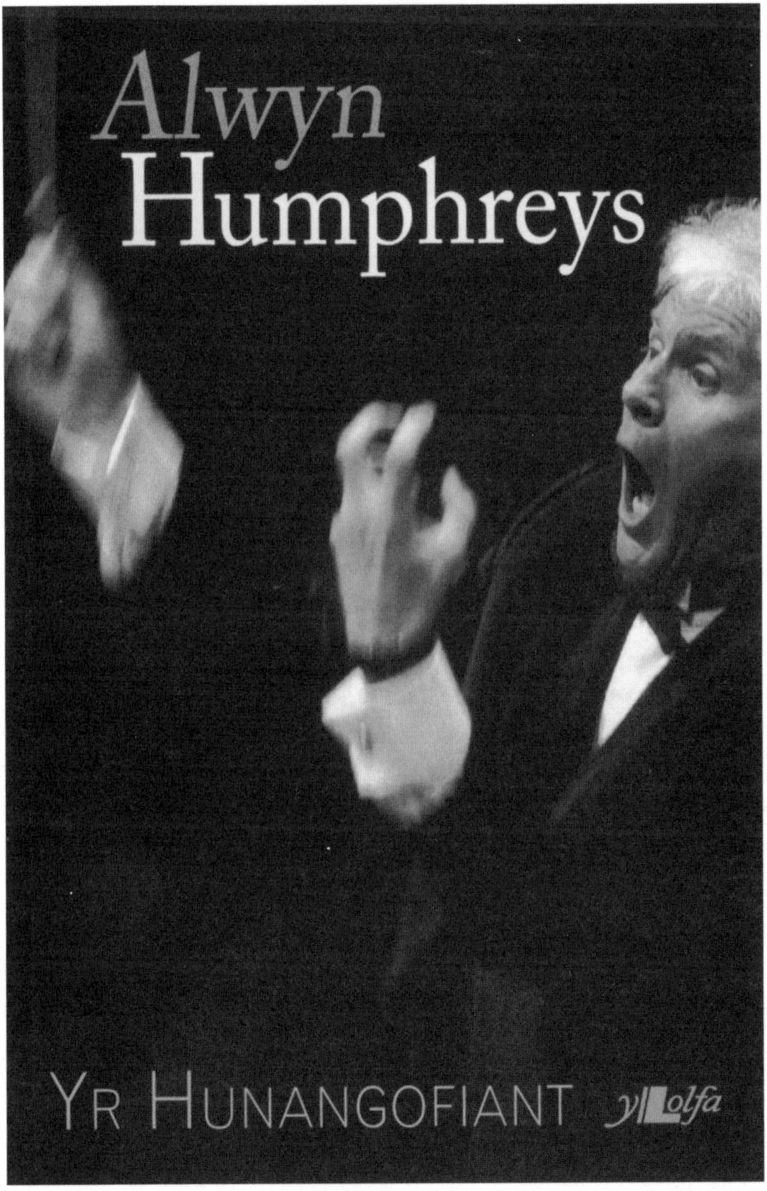

£9.95

Am restr gyflawn o lyfrau'r Lolfa, mynnwch
gopi am ddim o'n catalog
neu hwyliwch i mewn i'n gwefan

www.ylolfa.com

lle gallwch archebu llyfrau ar-lein.

TALYBONT CEREDIGION CYMRU SY24 5HE
ebost ylolfa@ylolfa.com
gwefan www.ylolfa.com
ffôn 01970 832 304
ffacs 832 782